中国保险法视维之保险判例精解

ZHONGGUO BAOXIANFA SHIWEI ZHI BAOXIAN PANLI JINGJIE

吉林大学专业学位研究省课程案例库建设项目『保险司法案例库』

潘红艳 何伟⊙著

知识产权出版社
全国百佳图书出版单位
—北京—

图书在版编目（CIP）数据

中国保险法视维之保险判例精解 / 潘红艳，何伟著．—北京：
知识产权出版社，2020.9
ISBN 978－7－5130－7073－7

Ⅰ.①中… Ⅱ.①潘… ②何… Ⅲ.①保险法—审判—案例—中国 Ⅳ.①D922.284.5

中国版本图书馆 CIP 数据核字（2020）第 132984 号

内容提要

此书是吉林大学法学院保险法学科与北京德恒（广州）律师事务所保险法律实践团队智慧融合的结晶。

上篇判例依据既定裁判和仲裁结论作出，包括教师实录和律师实录两部分内容。

中篇判例依据保险判例教室选取的案例作出，是对保险判例教学过程的总结。

下篇判例依据热点系列案件作出，是对保险案件的综合评析。

（读者扫码即可获取判决书全文，裁判文书尚未上网的除外）

我们所做的案例评析，或直指案件本身，或延伸至与案件相关的类案，或拓展至与案件联系的理论。

本书系吉林大学专业学位研究生课程案例库项目“保险法司法案例库”的结项著作。

责任编辑：彭小华　　　　**责任校对**：潘凤越
封面设计：刘　伟　　　　**责任印制**：孙婷婷

中国保险法视维之保险判例精解
潘红艳　何　伟　著

出版发行：	知识产权出版社有限责任公司	网　　址：	http：//www.ipph.cn
社　　址：	北京市海淀区气象路 50 号院	邮　　编：	100081
责编电话：	010－82000860 转 8115	责编邮箱：	huapxh@sina.com
发行电话：	010－82000860 转 8101/8102	发行传真：	010－82000893/82005070/82000270
印　　刷：	北京九州迅驰传媒文化有限公司	经　　销：	各大网上书店、新华书店及相关专业书店
开　　本：	720mm×1000mm　1/16	印　　张：	17
版　　次：	2020 年 9 月第 1 版	印　　次：	2020 年 9 月第 1 次印刷
字　　数：	322 千字	定　　价：	78.00 元

ISBN 978－7－5130－7073－7

前　言

中国保险司法文明40年发展与展望

1978年开始改革开放至今，我国正逐步从保险大国向保险强国迈进，保险业在国家的经济社会发展中发挥着越来越重要的作用。随着保险业的繁荣发展，保险司法文明的进步举世瞩目。保险纠纷案件数量呈连续增长态势，司法统计数据显示：2008年，全国各级人民法院共新收一审保险合同纠纷案件28 231件。2009年，全国各级人民法院共新收一审保险合同纠纷案件41 752件。2010年，全国各级人民法院共新收一审保险合同纠纷案件59 767件。2011年，全国各级人民法院共新收一审保险合同纠纷案件73 206件。2012年，全国各级人民法院共新收一审保险合同纠纷案件76 430件，已经是2008年受理该类案件数量的2.7倍。2013年，全国各级人民法院新收一审保险合同纠纷案件82 564件，2017年达127 611件。此外，大量侵权纠纷案件中也涉及保险合同纠纷，如道路交通事故人身损害赔偿纠纷案件中多数涉及保险合同问题。这些案件的审理和裁决过程反映和体现了我国保险司法文明的进程。

一、保险司法文明的集中体现

1978年开始改革开放以来，随着保险立法的不断完善和发展，真正意义上的保险司法活动也逐步展开。自《中华人民共和国保险法》（以下简称《保险法》）1995年6月30日公布至今，最高人民法院颁布了4部与《保险法》司法审判配套的司法解释，这4部司法解释的颁布实施，既是保险司法审判经验的总结，也是对我国《保险法》的有益补充。

1985年至2018年，《最高人民法院公报》共颁布保险案例35个，2010年以后的公报案例具有了指导案例的地位。2012年至今，最高人民法院通过官方网站公布的保险指导案例汇集了各级人民法院保险审判的精华，是保险司法审判文明进程发展的重要体现和标志。从案例和司法解释的视角来看，我国保险司法文明的发展集中体现在两个方面。

（一）颁布4部保险合同法部分的《最高人民法院关于适用〈中华人民共和国保险法〉若干问题的解释》

我国是成文法国家，不能通过具体的案例来解释或创造法律，司法解释起到了立法的拾遗补阙作用，以及对保险司法审判活动规则的统一作用。从承接和发挥保险立法功能，细化和发展保险司法审判规则的双重角度看，中国保险司法审判的进程和最高人民法院对保险法司法解释的进程是统一的。

第一，2009年9月21日公布《最高人民法院关于适用〈中华人民共和国保险法〉若干问题的解释（一）》（以下简称《〈保险法〉解释（一）》），针对人民法院适用2009年2月28日第十一届全国人大常委会第七次会议修订的保险法的有关问题进行规定，以解决新旧保险法的适用衔接问题。

第二，2013年5月31日公布《最高人民法院关于适用〈中华人民共和国保险法〉若干问题的解释（二）》（以下简称《〈保险法〉解释（二）》），针对保险法中关于保险合同一般规定部分有关法律适用问题进行解释。

第三，2015年11月25日公布《最高人民法院关于适用〈中华人民共和国保险法〉若干问题的解释（三）》（以下简称《〈保险法〉解释（三）》），针对保险法中保险合同一章中有关人身保险部分法律适用问题进行解释。

第四，2018年5月1日公布《最高人民法院关于适用〈中华人民共和国保险法〉若干问题的解释（四）》（以下简称《〈保险法〉解释（四）》），针对保险法中关于保险合同一章中有关财产保险部分法律适用问题进行解释。

（二）发布公报案例以及保险指导性案例

《最高人民法院公报》案例的发布从1985年开始展开。1991年最高人民法院时任院长在第七届全国人大四次会议上作的《最高人民法院工作报告》中指出："通过《最高人民法院公报》公布了一批典型案例，发挥案例指导审判工作的作用。"1985年至2018年，《最高人民法院公报》公布的保险案例共计35个。

自2005年最高人民法院发布《人民法院第二个五年改革纲要》提出建立和完善案例指导制度，各地法院进行了案例指导制度的建设。2010年最高人民法院发布了《关于案例指导工作的规定》，该规定第7条规定："最高人民法院发布的指导性案例，各级人民法院审判类似案例时应当参照。"2012年开始，最高人民法院通过官方网站发布指导性案例，其中保险案件两件。

二、保险法司法解释的主要贡献

每部保险法司法解释的颁布和实施，都集中反映保险立法的变化，集中解决保险司法审判中亟待明确的法律适用问题，四部保险法司法解释发挥出以下功能：统一保险司法尺度、服务保险审判实践以及满足和促进保险经营需求。

（一）保险审判规则新旧衔接

2009年10月1日，修订后的《保险法》开始实施，最高人民法院据此颁布了《〈保险法〉解释（一）》，解决保险司法审判中具体适用法律的问题。鉴于人民法院受理的保险案件绝大部分是保险合同纠纷，尤其是履行期限较长的人身保险合同纠纷，涉及保险业管理的纠纷很少，这部司法解释的适用范围限定在保险合同纠纷案件。这部司法解释的制定，贯彻了加强保护投保人和被保险人利益的立法精神，体现了既要符合合同法共性要求又要符合保险法特殊要求的特征，遵循了新法一般不具有溯及力的精神。

（二）强化保险审判的特殊性

《〈保险法〉解释（二）》针对保险合同的特殊性，明晰了专属于保险审判的以下问题：保险利益、保险合同成立、保险人说明义务、投保人告知义务、免责条款界定、保险合同解释、保险理赔、被保险人和受益人请求权、保险代位权、保险机构的诉讼地位等司法实践中亟待明确的法律适用问题。这些规定在力求符合立法精神的前提下，终结了法律界和保险实务界的一些争议，统一了裁判尺度，也进一步对保险市场起到了规范的作用。《〈保险法〉解释（二）》兼顾各方主体利益，既注重投保人利益的保护，又注重保险人的权利维护，以增强交易主体的保险意识，促进行业健康发展。这部司法解释贯彻依法、公平、服务市场经济和诚实信用原则，强化人身保险合同和财产保险合同司法审判的特殊性。

（三）强化人身保险合同审判的裁判标准

《〈保险法〉解释（三）》针对人身保险合同的专业性，明晰了人身保险合同审判的以下问题：第一，明确人身保险利益主动审查原则，防范道德风险。第二，细化死亡险的相关规定，鼓励保险交易。第三，明确体检与如实告知义务的规定，维护诚实信用。第四，明确保险合同恢复效力的条件，维持合同效力。第五，规范受益人的指定与变更，保护受益人的受益权。第六，规范医疗保险格式条款，维持对价平衡。此外，对保险金请求权的转让、作为被保险人遗产的保险金给付、受益人与被保险人同时死亡的推定、故意犯罪如何认定等问题作了规定。

（四）强化财产保险合同审判的裁判标准

《〈保险法〉解释（四）》体现了以人为本，以及对保险消费者合法权益的保护。凸显平衡保护，在保护投保人、被保险人利益的同时，注重寻找其与保险业健康发展的平衡点。尊重保险司法规律，尊重保险的特点和特性，恪守保险的一般原理。本部司法解释针对财产保险合同的专业性，明晰了财产保险合同审判的以下问题：第一，明确保险标的转让的相关问题。第二，明确保险代位求偿权的相关问题。第三，明确责任保险的相关问题。

三、保险司法文明的展望

（一）以公法和私法的划分为基础，进一步统一保险司法裁判标准

我国保险案件均与保险合同纠纷相关，保险监管纠纷尚未出现。最高人民法院司法解释、《最高人民法院公报》公布的保险案例以及最高人民法院发布的保险指导性案例所涉均为保险合同纠纷案件。进一步强化保险合同法的特殊性，需要将保险合同立法主旨、立法原则以及保险合同法各项制度协调统一。目前我国的保险法是将保险合同法和保险业法规定在同一部法律中，鉴于公法和私法理念的差别而带来了保险立法主旨的不统一，这种不统一反映在具体的保险法律制度上会导致保险司法裁判标准的冲突。

（二）以保险司法功能的发挥为导向，加强最高人民法院保险法司法解释和指导性案例的融合

作为专业的司法审判机构，最高人民法院发布的指导性案例对保险司法裁判标准的统一具有示范作用。业已形成的保险法司法解释，实际上发挥双重功能：统一司法裁判标准和弥补立法的缺失。将这两重功能进行分解，再与指导性案例相结合，既可以获得保险司法审判标准的中国路径——兼顾我国保险司法审判以及保险立法实际状况，又可以兼采大陆法系与英美法系立法之长。

大陆法系很多国家的立法颁布以后，通常采取公布实施细则的方式为司法活动提供更明确的指引。结合成文法的特点，我们的保险法司法解释中对立法的明确、标准细化的部分可以成为类似法律实施细则的内容，其法律约束力也与法律实施细则等同。结合英美判例法的特点，我们可以将保险法指导案例同保险法司法解释结合在一起，将每个司法解释的系列案例中的典型案例作为指导性案例，同时在每条司法解释之后列明该指导性案例，并将其他系列案例做索引性提示。

目　　录

上篇　实务保险判例精解

中篇　教学保险判例精解

下篇　保险判例综合评述

上　篇

实务保险判例精解

第一章　保险判例教师实录

第一节　未年检车辆保险理赔纠纷案

中国已经成为世界上机动车保有量最多的国家，每年的交通事故率以及因交通事故死亡人数均位居世界前列。截至2017年3月底，根据公安部交管局统计的数据显示，我国机动车保有量首次突破3亿辆，其中汽车保有量首次超过2亿辆，机动车驾驶人数已经超过3.64亿，有资料显示，我国万车死亡率约为6.2，这一数据是发达国家的4到8倍。① “车祸猛于虎”已经成为国内交通安全的瓶颈，国家出台了《中华人民共和国道路交通安全法》（以下简称《道交法》），对行驶在公共道路上的机动车采取强制加入保险（交强险）的做法，并同时要求机动车在法律规定的年限中，接受年度检查，人们习惯将其称为“车辆年检”，以保证在《道交法》中规定的道路上行驶的机动车，都具备安全性能，防止机动车因设备故障，从“交通工具”转身成为“杀人工具”。鉴于此，我国对机动车实施强制安全检测，目的是保证机动车质量符合安全技术要求，防止机动车存在安全隐患。在未年检的机动车发生交通事故受损或面临承担赔偿责任的情况下，保险公司是否一定要承担补偿损失的责任？

目前法院的判决结果不一，有的判必须承担责任，有的判无须承担责任。那么，在发生上述情况下，保险公司是否一定要承担理赔责任？还是在不同情况下，应当区别对待？

我们将与各位读者一起来分析，探究，并将研究结果与大家分享。

一、法院判决各行其是，保险公司被迫应招

（一）各地法院对车辆未年检发生保险事故，保险公司是否应当理赔的案件各行其是，判决结果大相径庭

举三个比较典型的案例，来管窥此种情况下司法判断的各种结果。

---

① https：//www.sohu.com/a/168570822_99955533，访问日期：2018年6月19日。

案例1：李某诉陆某、平安保险上海分公司机动车交通事故责任纠纷案［（2016）沪71民终20号，审理法院：上海铁路运输中级法院，来源：《人民法院报》2017年3月30日，第6版］。根据公安部、国家质量监督检验检疫总局2014年颁布的《关于加强和改进机动车检验工作的意见》第11条规定，自2014年9月1日起，注册登记6年以内的非营运轿车等机动车可以凭有关证明直接向公安机关交通管理部门申请领取检验标志，无须到检验机构进行安全技术检验。该机动车符合免检条件，具有免检资格。保险合同所采用的为2009年版机动车辆保险条款，该条款制定之时尚无注册登记6年内非营运机动车可免于年检的规定。据此判定，保险公司以机动车未按时年检为由提出不在商业第三者责任险范围内承担赔偿责任的抗辩，不应被采纳。

案例2：戴某与陈某等机动车交通事故责任纠纷案［（2014）岩民终字第10号，审理法院：福建省龙岩市中级人民法院］。法官在判决书中写明，“根据保险法理之近因原则，如果本案保险事故的发生确系投保车辆未按规定年检所致，保险人则依约有权提出抗辩。然而，就本案而言，投保车辆未年检并非有效促成出险事故发生的原因”，判定“被上诉人中国太平洋财产保险股份有限公司龙岩中心支公司”“在商业三者险责任限额内赔偿上诉人戴某财产损失”。

案例3：丁某诉林某、某电子玩具有限公司、某财产保险股份有限公司保险纠纷案（审理法院：广东省汕头市中级人民法院，来源：《人民司法·案例》2012年第2期）。被保险机动车在投保时已连续几年没有按照规定进行检验，保险公司没有对该车的情况进行审核，也未尽到明确的提示、说明义务，接受其投保，从而导致依据双方签订的第三者责任保险条款第6条第10款的规定，投保人在交付保险费后无法得到任何赔偿。法院认为发生交通事故后，保险公司主张根据该合同规定不承担赔偿责任显失公平，保险公司应承担赔偿责任。

（二）不当之偏差：以上三个案例中，在适用《保险法》和《道交法》时，出现了偏差

在案例1中，保险公司约定的年度年检制度与行政规章规定的6年免检制度遭遇适用冲突，法院选择适用行政规章的新规定而非保险合同的约定。

在案例2中，法院没有一概而论的判决保险公司承担保险责任，而是介入没有履行年检义务的机动车与出险事故是否具有因果关系的实质判断中来。

在案例3中，保险公司将机动车没有进行年检视为保险合同的免责条款，法院则适用免责条款的明确说明义务否定了保险公司不予赔偿的请求。

（三）理辨则明：上述三个案例，给人们留下一种印象，车辆未年检发生交通事故，保险公司理应理赔

那么，车辆未年检发生保险事故，保险公司究竟是否应当理赔？我们进行以下的分析。

在案例 1 中，国家规定 6 年免检制度，该如何应对？

保险合同条款的解释不应当只停留在保险合同使用文字的表面，应当结合保险合同的目的进行整体解释。对“机动车不按照规定进行年检保险公司不予赔付”的条款进行解释时，“年”的含义不应停留在常识使用的 365 天的年的范畴，应该结合设置该条款的目的：借由行政性的机动车年检制度，降低保险人厘定和控制风险的成本，简化保险公司厘定和控制风险的程序。

保险公司将投保人进行年检直接在保险合同中加以规定的原因在于：依托机动车的法定年检制度，控制承保机动车的危险，将具有安全隐患的机动车排除在承保范围之外。保险公司上述做法符合确定危险和控制危险的高效能要求，如果不依托机动车年检制度，保险公司要实现上述的功能就必须自行采取措施对每一辆投保的机动车进行单独的、年度的安全检查，其成本的支出势必导致机动车保险费的大幅度提升。如此，不仅是高昂的保险费在投保群体中分担的问题，而且可能是机动车群体是否能够承担得起保费的问题。

行政规章规定的变化，由以往的按年进行年检变更为一定条件下 6 年免检，保险合同条款应该实时变更，即使没有实时调整保险合同，法院在做出判决时也应该探查保险合同条款的本意。

在案例 2 中，事故与年检有无因果关系，该如何判断？

该案件判决中包含两层逻辑关系：第一，保险事故的发生是因为投保车辆存在安全隐患导致的。机动车存在安全隐患未必一定是造成交通事故的原因。第二，机动车是否存在安全隐患与是否年检之间的因果关系。法官将两层关系混淆在一起，作出判决，实在难以理解。

（1）第一逻辑层次的问题属于投保人索赔理赔、保险公司判断造成事故因果关系的问题。对于保险事故的发生是否因机动车存在安全隐患这一问题的判断，是保险公司判定所发生的危险是否属于保险公司承保范围的前置性问题。保险公司进行保险金理赔，首要问题是查明导致危险发生的原因，然后判断危险造成的损失是否属于保险合同的承保范围（判断投保人是否购买了某种类型的保险）。与第二逻辑层次的问题不发生直接联系：机动车是否年检无法判断出损害的发生是否属于保险公司承保范围。

（2）第二逻辑层次的问题的实质在于：法院介入机动车是否存在安全隐患与年检的关联性的判断之中。未年检的机动车未必一定具有安全隐患，年检的

机动车未必一定不存在安全隐患。法院的这种介入错误有二：①《道交法》是规范机动车年检的准据法，法院只有依法判决的职权，无进行机动车安全实质判断，否定《道交法》规定的权力；②法院否定机动车年检制度，对机动车是否存在安全隐患越俎代庖地进行实质判断，是对保险公司经营自主权的不当侵害。保险公司将机动车应当年检纳入保险合同是前文述及的危险厘定高效性的需要，属于保险公司经营自主权的范畴。保险产品是商品的一种，商品经济的元初性活力在于商主体的自由，保险公司也是如此，除了基于公共利益的考量对保险公司进行监管的范畴以外，任何主体在没有法律依据的情况下都无权侵害保险公司的经营自主权。法院的做法无疑越界，法官的作用在于居中公允地裁判，而不是一味地将自己置于投保群体之中，从一般投保大众的角度判断整个案件。（投保群体利益的保护，应当由《保险法》等法律通过具体法律制度的设置实现。）

在案例 3 中，保险公司的说明义务，该如何履行？

保险公司将机动车未按照规定年检作为免除条款加以规定，是实务中引发纠纷的主要案由，投保人常常会以保险公司没有履行免责条款的明确说明义务为由而要求保险公司给付保险金。机动车应当依法年检属于法律的直接规定，保险公司对此规定的明确说明义务应当免除。

二、面对无车检投保，保险公司应如何应对

例外的案例：丁某诉林某、某电子玩具有限公司、某财产保险股份有限公司保险纠纷案（审理法院：广东省汕头市中级人民法院，来源：《人民司法·案例》2012 年第 2 期）。法院判决，被保险机动车在投保时已连续几年没有按照规定进行检验，保险公司没有对该车的情况进行审核，也未尽到明确的提示、说明义务，接受其投保，从而导致依据双方签订的第三者责任保险条款第 6 条第 10 款的规定，投保人在交付保险费后无法得到任何赔偿。发生交通事故后，保险公司主张根据该合同规定不承担赔偿责任显失公平，保险公司应承担赔偿责任。

本案属于保险公司明知机动车未年检的情况，与前述案件存在本质区别。法院的判决符合保险法的基本原理和规定。保险公司在承保时已经明知被保险机动车未进行年检的事实，罔顾其中存在的安全隐患，放弃自身危险要素审核的权利，对本应被排除在承保范围的被保险机动车实施承保。保险公司的行为属于《保险法》第 16 条规定的保险人明知的情况：“保险人在合同订立时已经知道投保人未如实告知的情况的，保险人不得解除合同；发生保险事故的，保险人应当承担赔偿或者给付保险金的责任。”法院判定保险公司给予赔偿并无不当。

三、车检制度保障国民的交通安全，无年检车上路违法

（1）车检制度是《道交法》规定的，年检是验证机动车是否具有安全隐患的法定程序，不进行年检是违法行为。《道交法》第 13 条规定，对登记后上道路行驶的机动车，应当依照法律、行政法规的规定，根据车辆用途、载客载货数量、使用年限等不同情况，定期进行安全技术检验。对提供机动车行驶证和机动车第三者责任强制保险单的，机动车安全技术检验机构应当予以检验，任何单位不得附加其他条件。对符合机动车国家安全技术标准的，公安机关交通管理部门应当发给检验合格标志。

（2）未年检车不能进入《道交法》规定的道路上行驶，驾驶员的行驶行为违法，发生交通事故的损害赔偿责任，不应由保险公司承担，其损失不能给予补偿。放任未年检车在道路上行驶，等于安放了定时炸弹，安全隐患极大，将年检制度的规定放入《道交法》中，其意义十分明确，就是要排除这种安全隐患，不能让未年检车进入《道交法》规定的道路，即公道。

（3）法院如果判决未年检车发生事故，保险公司需理赔的话，其后果十分严重：未年检车可以大肆通行，形成遵守法律的盲区，为交通安全带来极大的隐患，是事故多发的原因。除强制保险之外，保险不能为违法行为买单。如果保险公司和未年检车车主签订保险合同，其本身就不符合有关保险合同签订的法律规范，其保险合同无效。

四、维护交通安全人人有责，严控未年检车隐形风险

（一）保险公司

（1）为了避免陷入免责条款明确说明义务的纷争，保险公司可以将“机动车需要依法进行年检”纳入危险厘定和危险控制的合同条款中，而不是作为免责条款加以约定。这样的做法也更符合保险人直接运用机动车年检制度控制承保风险的本意。

（2）必须坚持未年检车不能投保，保险公司应拒赔明知没有年检而承保的机动车，不然将自食其果。

（3）及时调整保险合同条款的约定内容，与行政规章规定的变化保持同行，防止诉争案件的增加以及案件判决结果的不确定。

（二）投保人

从投保人角度，机动车需要年检是机动车使用者必须遵守的法律规定，具备法定的年检手续是保险公司予以承保的前提条件。未进行年检被保险公司拒

赔符合投保人的预期，仍纠缠于保险金给付实在有违公序良俗。

（三）审理法院

只要发生交通事故，保险公司就一定要理赔，不论事故原因是什么。社会上有些人已经将保险公司当成取之不尽的家庭银柜，事无巨细均可向保险公司索取。保险公司不是慈善机构，不是只要一出事故，保险公司就应当承当补偿责任，这是一种误解。

交通安全维护的是人身安全，未年检车隐藏着“马路杀手”的巨大风险，保险保的是事故发生后的善后经济保障，并非防范事故发生的保障。因此，全民有责防止未年检车出现在公共交通道路上。是时候严厉举措，期待保险公司、交警、法院联手把我国营造成交通安全大国。

第二节　故意造成保险事故车险理赔纠纷案

机动车保险案件的司法裁判结果，不仅关涉诉争双方的保险赔付与否的利益纷争，同时关涉车险中道德风险的防范——案件的裁判结果，直接决定涉案被保险人的道德风险能否得到有效防范。对此类案件的理论梳理、分析和论证，包含三个递进的理论层次：首先，以案件诉争的核心事实，保险合同纠纷为起点，需要围绕保险合同条款，进行符合保险法律规定以及车险运营原理的探查；其次，以案件法律适用及法律解释的结论为起点，围绕防范道德风险的导向，进行符合常理以及被保险人利益的探查；最后，将案件置于类型化的车险纠纷之中，以保险法律和保险制度的融贯为导向，进行与保险制度功能发挥为终点的法律适用逻辑和法律解释论支撑的探查。

围绕车险裁判中的道德风险防范问题，笔者选取两则案例：一起是受害人故意制造事故（俗称“碰瓷”），向保险公司索要保险金的案件，（2019）粤01民终5199号案件；另一起是被保险人故意造成保险事故，向保险公司请求保险金的案件，（2018）粤0106民初9262号案件。在全面开放保险市场的背景下，以案例的分析为起点，将研究视角拓展至车险的产品革新维度中，是我国车险产品推陈出新的走向。

一、案件核心事实及裁判要旨

（一）（2019）粤01民终5199号案件核心事实及裁判要旨

2017年10月30日，广州市白云区某路段发生一起交通事故，龙某昌驾驶小型轿车行驶至事发地点，遇行人刘某平持户外遮阳伞行走，龙某昌驾车驶过刘某平身边时，其驾驶轿车左侧与刘某平所持遮阳伞发生碰撞，刘某平倒地后当场死亡。公安机关无法查明事故发生前后行人刘某平持户外遮阳伞在事故地点活动的行为动机，交通事故成因不明。交警部门提供的案发现场视频资料显示：事发之前，行人刘某平从另一辆小轿车中下车，并从附近草丛中取出雨伞，载刘某平的小轿车停在事发不远处等待。肇事小轿车行驶出现后，刘某平取出雨伞，与肇事小轿车发生碰撞。此后，搭载刘某平的小轿车驶回事发现场，下来一男子冲向现场，并踹了肇事司机以后离开。综合公安部门有关刘某平曾涉嫌参与制造交通事故方式进行敲诈勒索的案件，以及法医对刘某平的尸检报告结论、广东省某汽车保险事故咨询服务有限公司出具的有关肇事车辆检验情况的说明等证据材料，可以认定受害人故意制造事故的事实。

本案一审法院判决保险公司支付50%的保险金；二审法院认定了受害人刘某平因故意制造事故而发生意外，导致自身死亡，进而判决保险公司不承担给付保险金的责任。

（二）（2018）粤0106民初9262号案件核心事实及裁判要旨

（1）案件核心事实。原告李某维驾驶投保车辆在某国际赛车场内参加试驾活动发生碰撞护墙的单方事故导致该车损害。事故发生后向被告某保险公司请求理赔，被拒。

（2）裁判要旨。法院认定了原被告之间的保险合同关系，判定原告将被保险车辆开进某国际赛车场赛道内高速竞驶发生事故造成损失，符合保险条款载明的免责情形。原告的行为不属于常规的驾驶行为，极大且无谓地增加了被保险车辆的风险，此为常理，无须提示及明确说明。进而驳回原告李某维的诉讼请求，判令被告某保险公司无须对被保险车辆的损失进行赔付。

二、车险纠纷中道德风险防范的功能扩容及法律路径

（一）车险纠纷中道德风险防范的功能扩容

道德危险防范是贯穿于保险立法中各项保险法律制度的指针，也是保险经营过程中保险人以营利为导向应当采取的必要手段。车险中的道德危险，形成以下多维的谱系：投保车险的被保险人内在放纵保险事故发生的心理，被保险人与没有投保车险相比驾驶行为谨慎程度降低，发生交通事故以后被保险人放任损失继续扩大的结果发生，被保险人或者受害人故意制造事故。车险赔付案件中，道德风险防范的功能需要以车险所处的社会场景为出发点进行需求导向的扩容。

首先，车险道德风险的防范关涉多维法律关系。

车险的转嫁危险目的角度，构成了三个层次的法律关系：第一，单一的、个体的车险投保人和保险人之间的法律关系；第二，车险投保群体与车险承保主体之间的法律关系；第三，整体道路交通参与者与道路交通风险承担者之间的法律关系。这三个层次的法律关系以道德风险的防范为靶心，指向以车险合同条款设置的合理性问题。

其次，车险道德风险防范关涉保险法与其他部门法的融贯。

保险法对车险案件的调整是以保险合同为基础展开的，道德风险防范功能的发挥受限于保险法调整的社会关系。实现充分防范车险案件道德风险的目标，需要与侵权法以及道路交通安全法等其他部门法共同进行。

最后，车险是以交通事故为具体场景的，车险的道德危险防范不仅指向保险合同内部关系本身，还指向以车险为核心的交通事故涉及的其他主体。受害人故意导致交通事故发生，取得保险金请求权的也应当纳入道德危险防范的范畴之内。

（二）车险道德风险防范的法律路径

从法律制度层面，道德风险的防范是综合的和系统的，以前述两个案例为观察基点，车险案例中道德风险防范的法律制度路径包括以下三种：

（1）限缩免责条款明确说明义务的适用范围；

（2）运用危险增加保险人免责的法律规定；

（3）借助侵权责任法中有关受害人故意，加害人免责的法律规定。

三、对车险道德危险防范法律制度布局的分析

（一）以保险法律制度为基准，将（2018）粤0106民初9262号案件中萃取的法律规定作为分析对象

（2018）粤0106民初9262号案件法官作出最终判决拣选的法律制度包括两个：第一，《保险法》第17条第2款，保险人免责条款明确说明义务的规定；第二，《保险法》第52条第2款，被保险人不履行危险增加通知义务保险人免责的规定。

1. 免责条款明确说明义务的制度内核

保险合同具有专业性、技术性特征，又是保险人提供的格式合同，投保人对保险合同内容的探知受限于其对保险以及保险合同条款的认知程度。我国《保险法》规定保险人应当负有对免责条款的明确说明义务，使得投保人可以对其购买的保险产品有充分翔实的知悉。

《保险法》第17条第2款规定："对保险合同中免除保险人责任的条款，保险人在订立合同时应当在投保单、保险单或者其他保险凭证上作出足以引起

投保人注意的提示，并对该条款的内容以书面或者口头形式向投保人做出明确说明；未作提示或者明确说明的，该条款不产生效力。”可见，免责条款明确说明义务的制度内核由三个方面构成：第一，对免除保险人责任条款范围的确定；第二，对保险合同中免责条款提示的判定；第三，对保险人是否履行明确说明义务的判定。

2. 危险增加通知义务的制度内核

危险增加虽然属于个案和单个险种具体衡量的事项，在保险合同层面，危险和危险确定的义务相互联系。危险属性本身包含着变化，以危险为基础的保险合同本身包含着危险的变化特征。一般程度的危险增加是保险合同当然的承保对象，只有当危险显著增加时，法律才存在调整的必要。我国《保险法》以危险“显著”增加为调整对象，体现了对危险基本属性的顺承，也体现了保险合同与保险标的的功能发挥的顺位：保险标的功能的发挥顺位优先于保险合同对保险标的的保险保障，保险法对危险增加的调整是以充分发挥（不阻碍）保险标的功能为前提的。对“非显著”的危险增加法律不加以规定和干涉，仅对“显著”的危险增加进行调整符合危险的基本属性。

《保险法》第 52 条规定了危险增加通知义务及其法律后果。该条第 1 款规定：“在合同有效期内，保险标的的危险程度显著增加的，被保险人应当按照合同约定及时通知保险人，保险人可以按照合同约定增加保险费或者解除合同。保险人解除合同的，应当将已收取的保险费，按照合同约定扣除自保险责任开始之日起至合同解除之日止应收的部分后退还投保人。”该条第 2 款规定：“被保险人未履行前款规定的通知义务的，因保险标的的危险程度显著增加而发生的保险事故，保险人不承担赔偿保险金的责任。”

（二）以侵权法律制度为基准，将（2019）粤 01 民终 5199 号案件中萃取的法律适用过程作为分析对象

（2019）粤 01 民终 5199 号案件首先对案件的事实和证据进行认定，然后对案件适用法律进行分析。法官将二审的争议焦点确定为刘某平是否故意制造案涉交通事故，对案件证据和事实进行综合全面分析。（2019）粤 01 民终 5199 号案件判决书中，法官分析了以下事实：刘某平是否故意制造案涉交通事故的事实，其中包括《道路交通事故证明》对案件事实认定的影响、案涉事故发生经过的事实认定、案涉事故发生前后刘某平与套牌车的行为分析。在此基础上，得出结论：“刘某平故意制造案涉交通事故具有高度可能性。”① 最终选择适用

① （2019）粤 01 民终 5199 号案件判决书。

《中华人民共和国侵权责任法》（以下简称《侵权责任法》）第27条以及《道交法》第76条第2款①作为判决依据。依据《侵权责任法》第27条规定：“损害是因受害人故意造成的，行为人不承担责任。”

四、两则车险案例司法裁判能动性分析

（一）（2018）粤0106民初9262号案件裁判司法能动性分析

（2018）粤0106民初9262号案件中法官对保险法规定的应用未局限于该法律制度内核，而是显现出了司法裁判过程的能动性。从制度内核观察，危险增加的法律制度规定包括两个层次：第一，危险增加通知义务；第二，危险增加未通知的法律后果。对《保险法》第52条两款的设置进行体系解释可知，第1款危险增加的通知义务是第2款中规定的保险人不承担给付保险金义务的前提，同时，保险人在被保险人未履行通知义务时应当行使合同解除权，否则不能直接推导出保险人不承担责任的法律后果。即依据该法条的文义解释和体系解释，第2款规定的保险人不承担责任的条件包括3个：第一，危险程度显著增加；第二，被保险人未履行通知义务；第三，保险人行使解除权。法官在适用该法律规定时，并未拘泥于保险人免责的表层法律解释，而是将危险程度显著增加的判断纳入车险发生的具体场景中，并将判断标准与“常情”进行连接和比对。在此基础上得出结论：“被告车辆投保的是家庭自用保险，私家车在高速路上的时速不得超过120公里，原告在赛道上的时速超过180公里，车辆的危险程度显著增加是显而易见的。”②

1. 案件事实判断的能动性分析

法官的裁决和判断兼顾了车险案件的内部性和外部性两个方面，从内部性角度衡量，本案需要解决围绕机动车保险合同展开的合同条款效力以及承保范围等问题。本案所涉保险合同是针对一般家用机动车展开的，在保险费率厘定上，以家用机动车的危险为确定保险费精算的基础。以保险交易的等价有偿标准衡量，作为投保人交纳保险费的对价的是，保险人承保公共道路上，以常态驾驶方式和正常速度实施的驾驶行为过程所蕴含的危险。从外部性角度衡量，本案需要考察与本案所涉的机动车保险合同相对应的其他保险类型，即与本案

---

① 《道交法》第76条第2款规定：“交通事故的损失是由非机动车驾驶人、行人故意碰撞机动车造成的，机动车一方不承担赔偿责任。”本书中未将该法条作为分析对象纳入论证过程的原因在于：该法条与侵权责任法的规定同质，且本书侧重观察《保险法》与《侵权责任法》之间的关系，将《侵权责任法》作为保险案件的外部性支撑部门法进行探查。

② （2018）粤0106民初9262号案件判决书。

中被保险人所实施的赛道内高速驾驶行为相匹配的机动车保险类型。然后将属于本案涉及保险合同承保范围的危险与被保险人发生事故时实施的具体行为进行比对，从而实现兼顾保险合同内部性事实和外部性事实的判断。

2. 案件法律适用的能动性分析

在适用法律的选择上，摒弃选择单一法律制度的做法，而是将《保险法》有关免责条款明确说明义务的规定、危险增加通知义务的规定作为一个整体加以适用。从本案的核心事实出发，被保险人在赛道内高速驾驶机动车造成损失，法官适用法律可以选取以下述方式展开：第一，与被保险人投保的机动车保险合同条款进行对应性适用法律的选择，从而选择适用《保险法》有关免责条款明确说明义务的规定；第二，与被保险人高速驾驶行为做对应，从而选择适用危险增加通知义务的规定。在适用免责条款明确说明义务的时候，没有局限于该规定的制度内核，对保险人是否履行了明确说明义务进行简单探查，而是综合运用对被保险人行为的主观状态和客观结果的分析，加上对危险增加通知义务的解释，以及对保险原理中有关危险的界定标准得出保险人免责的结论。法官在判决书中写道，“保险合同属于射幸合同，所承保的风险属于不可预料的风险，也因此在保险上将故意行为排除在承保范围之外”，“保险标的危险程度显著增加造成的损失，保险人不承担赔偿责任，是基于法律规定，无论保险人是否明确说明，均对被保险人产生法律约束力”。

（二）（2019）粤01民终5199号案件裁判司法能动性分析

（2019）粤01民终5199号案件虽然属于车险纠纷，但是法官在判决中并未适用《保险法》的规定，而是适用了《侵权责任法》的规定。法律适用的选择本身就是司法能动性的体现。

从确定保险合同权利义务关系的角度出发，侵权法律关系为保险法律关系的基础法律关系，保险法律关系是侵权法律关系的上层法律关系。保险合同关系和侵权关系具有各自独立的功能指向，探查目的和内容也不相同，需要进行区隔。区隔的意义在于将保险案件与侵权案件加以各个层面的区分。

1. 立法层面

保险法和侵权法各自的功能和基本理论不同：保险法偏重保险合同的制度设置以及各方利益平衡；侵权法偏重加害方、受害方的综合考量，惩戒与赔偿综合考量。两种法律关系牵涉的保险人和被保险人的利益体系并不相同。

2. 司法层面

保险人的案件利益和作为加害人的被保险人的案件利益并不相同：保险人的案件利益核心在于确定侵权基础法律关系中被保险人需要赔付的部分，并将这部分赔付和保险合同做对应，以最终确定保险人是否需要履行保险金给付义务；作为加害人的被保险人的案件利益核心在于确定侵权法律关系中被保险人应当承担的责任。

但是，侵权案件和保险案件常常存在交叠，尤其在车险案件中，机动车第三者责任险的承保范围是被保险人交通肇事中应当承担的责任，责任的确认过程和侵权案件的处理过程重叠。从本案的事实出发，处理机动车责任保险纠纷需要依次解决两个问题：首先，需要判定交通事故中被保险人是否应当承担责任；其次，在被保险人需要承担责任的前提下，再对被保险人的责任是否属于机动车责任保险的承保范围进行判断，在此基础上作出保险人是否应当支付保险金的最终判断。第一个层次的问题需要解决的就是被保险人（交通肇事者）与受害人之间的侵权法律关系，本案中，只要能够证明受害人属于故意，被保险人则无须承担交通事故责任；第二个层次的问题也就无须进行判断。

（三）保险司法裁判能动性的范畴和方式

根据前述对两则案件司法能动性的分析，可以将保险司法裁判能动性以图1.1表示。

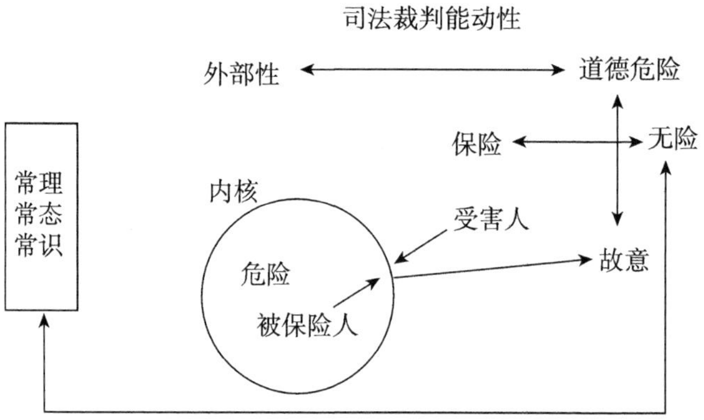

图 1.1　保险司法裁判能动性图

从保险内核分析，保险是分散危险、消化损失的制度，道德危险的防范需要将被保险人的故意行为排除在车险合同的承保范围以及保险法律制度允许的范围之外。从保险的外部性分析，道德危险防范的核心功能是保证被保险人和受害人在即使没有保险的前提下，会实施同样的交通参与行为。以道德危险防范对故意行为的排斥为纵轴，以保险的转嫁危险功能以及其最终指向的“无险”状态为横轴，我们可以确定保险司法裁判能动性的作用范畴和方式。

（1）将道德风险防范与车险所处外部性进行衔接，突破道德风险防范的保险制度内核和保险法律视域，将被保险人和受害人的故意行为防范均作为道德危险防范的问题视域之中。

（2）将保险与“无险”进行衔接，突破保险的既有功能视域，将无险作为保险的终极功能导向，进而将保险与保险所处的社会常态（常理、常态、常识）进行比对探查。

第三节　高原环境发生疾病意外保险理赔纠纷案

引言：问题的提出与逻辑轴线

本书着力于弥合投保群体①常识和保险行业认识（“专识”）之间的鸿沟，凸显和强化保险司法裁判的社会功能。投保群体常识和保险行业专识的鸿沟集中体现在具体的保险案例中，经过司法裁判的过程（其实质是以法律的专业认识介入、引导、确认投保人和保险人之间争议的过程），进而使得投保群体常识与保险行业专识之间的鸿沟借由法律专业作用的发挥（律师的和法官的）而获得评判。

笔者对案件的研究着眼于将案情相同或者相似的系列案例进行从个体到整体的观察和评析，寻求弥合保险市场主体和消费主体之间的认识鸿沟的路径。具体的方法是，将对作为潜在投保群体的问题导向性调查结果作为常识探查的结论，将案例作为司法探查的结论，两相对照实现理论预设和案件实例之间的印证；然后分析对照过程中发现的新问题，将判决的理论和实际分析过程作为连接和填补的工具，实现司法社会功能保险法律作为保险经营导向。最终实现对接常识和“专识”，以样本案例的分析结论作为保险合同条款完善的导向，再以完善后的保险合同条款内容作为新一轮可能引发的司法争议的基础，从而探查保险案例与保险经营的双向推进路径。

意外伤害保险在承保范围和除外责任的设定上并未明确地将被保险人“急性暴露于高原环境中”，（区别于以高原作为常态生活环境的情况）发生疾病反应列为意外伤害保险的免责范围中，也并未明确地列入承保范围内。疾病导致死亡伤

---

① “投保群体不仅包括单一保险合同中由投保人、被保险人、保险金受益人组成的小投保群体，也包括依据危险匣定原理而形成的具有相同危险的大投保群体。”参见潘红艳：“论保险法对投保群体利益的保护”，载《法制与社会发展》2019年第4期，第206页。

残等伤害，直观判断应该属于健康保险中医疗保险的承保范围，①但是引发疾病的原因常常是暴露于高原一样的特定环境，急性暴露于高原地区是否能够被确定为意外？在诸多急性暴露于高原地区诱发疾病，造成伤害甚至死亡的案例中，对高原病伤害是否属于意外伤害的判断上，不仅不同法院的判决存在差别，一审和二审法院的判决也存在差别，如（2017）桂01民终7655号案件，一审法院判定高原反应属于意外伤害，二审法院则持相反观点："一审认为高原反应是多种外在环境因素所导致的人体的适应能力不足而发生的一系列症状，上述症状非置身特定环境下不能发生，而非因唐某自身疾病所致，该特定环境所引发的后果具有偶然性、突发性、非本意的特征，符合保险条款关于意外伤害的定义，与本案事实不符，也没有法律依据。"如何判决成为困扰保险经营和法律人共同的课题。

为什么会存在处于高原地区引发疾病伤害的判决差异呢？首先，从对案例的探查角度可以观察到的原因是：类型化案例的背后是千差万别的事实情境，不同的案情直接导致了法院作出不同的判决。（2014）漯民一终字第162号案件的核心案情是，投保人赴高原地区前没有证据证明存在心脏病治疗史，赴九寨沟途中发生心跳、呼吸骤停死亡，法院最终判决属于意外伤害。（2016）云7102民初53号案件的核心案情是，投保人赴高原地区之前存在多种疾病，在高原地区死亡，法院最终判决不属于意外伤害。从法律专业群体的角度，通过一个对比调查试图发掘其中的原因。对同一问题分别在法律专业群体（其中包括法学教师、律师、法官）以及非法律专业群体中展开问卷调查，将调查的结果进行比对。问卷内容是：请看到问题后第一时间作出判断，不需要细致思考和理由支撑。健康的人到高原地区，发生疾病遭受伤害，是否属于意外？A为属于意外，B为不属于意外。参与调查的人数为150人，调查结果如表1.1所示。

表1.1　法律专业群体高原伤害调查表

观点	是意外	不是意外
人数	60人	70人

与下文中非法律专业同样问题的调查结果（表1.2）比较，法律专业人士认为属于意外与非法律专业人士认为是意外的人数比例是60∶145；法律专业人

① （2014）漯民一终字第162号判决中，一审原告因为赴九寨沟旅游途中发生心跳、呼吸骤停死亡，一审法院判定承保团体旅游意外伤害保险的保险公司给付保险金，该保险公司不服原审判决，提出上诉称："意外伤害是指非自身原因的、外来的、突发的，宋某某的死亡是自身疾病导致的。某旅行社在我公司投保的是意外伤害保险，死者的死亡原因是疾病，不属于我公司的赔偿范围。"疾病致害还是意外伤害致害，成为判定保险公司是否给付保险金的争议焦点。

士认为不是意外与非法律专业认为不是意外的人数比例是70∶0。可见，法律专业人士对意外的判断差异是引发诸多意外伤害保险争议理赔案件（尤其是健康人去高原地区发生疾病损害的具体情境下）的一个潜在原因。①

一、意外伤害保险的核心要素及对意外的常识性探查

（一）“探查意外伤害保险核心要素”与“对意外进行常识性探查”并列的原因

高原伤害事故是否属于意外伤害事故，是判断意外伤害保险公司是否应当进行赔付要解决的第一个问题，“起因应以常识为标准来确定，并能为一般人所理解”②，在意外伤害保险合同条款与投保人对意外伤害的常识性判断之间寻求有机的结合关涉保险经营与保险法律的综合判断。保险经营是一个将公众常识与保险产品对接的过程，意外伤害保险的承保范围要符合一般公众对“意外伤害”的常识层面的认知，这种常识的探查和法律对意外伤害保险的调整在应然层面是互相衔接的：作为一种标准化合同，保险合同与传统的契约自由距离越来越远，“或者接受或者离开”成为保险交易双方当事人的形象写照。单纯依托个体的自由的、理性的、明晰的意思表示一致而实现保险合同作为投保人一方当事人的法律层面权利自我保护的制度已经和保险合同的现实相去甚远。以保险合同条款监管以及保险合同法律制度体系两个层面结合的调整方式实现对投保人利益的保护，是实现保险合同双方当事人法律地位平等的现实路径。一方面，意外伤害保险合同条款对承保范围、除外责任有详细的而具体的界定；另一方面，投保人对意外伤害保险有基于一般消费者层面的常识性理解。何者为准？哪一个应当成为衡量法律对保险合同调整是否符合公平原则的尺度和准绳？如果以保险合同条款为准，则违背了投保人和保险人基于保险合同标准化、专业化的现实属性，保险合同内容的复杂化和非常识化使得保险合同无法也不可能与投保人的一般性认知保持一致，这种不一致直接决定了投保人和保险人作为合同双方当事人在利益层面的失衡。相应地，如果以投保人对意外伤害保险的常识性认知为标准，则可以缓解投保人和保险人的利益失衡状况。但是，意外伤害保险同其他保险一样，均属于保险经营的组成部分，保险人的营利性

---

① 法律在现代社会必然是专业性的，与普通人的常识有鸿沟，这也是法律职业存在的原因。弥补常识和法律专业知识，无非有两种路径：第一，普法，让普通人学法懂法；第二，从常识中产生法律。但二者无法从根本上弥补常识和法律专业知识之间的鸿沟。

② ［英］约翰·T. 斯蒂尔：《保险的原则与实务》，孟兴国，等译，中国金融出版社1992年版，第40页。

决定了其承保的范围。因而，应当综合考量投保人对意外伤害的常识性认知与保险合同条款揭示的承保范围，将二者的重叠部分作为意外伤害保险的承保范围，以作为进一步确定高原伤害事故是否应当理赔的前置问题。

（二）意外伤害的核心要素

在保险实务中，意外伤害的合同条款内涵为外来的、突发的、非本意的和非疾病的客观事件为直接且单独的原因致使身体受到的伤害①。意外是引发伤害的原因，伤害是意外的结果。一般而言，伤害的结果是外观的、可查的，也是引起投保人向保险人请求给付的直接动因。造成伤害的原因很多，只有那些意外造成的伤害才是意外伤害保险的理赔范围，如何判断“意外”成为意外伤害保险最核心的要素。意外是偶然的、外来的事件，偶然的是事先无法预知的、不以人的主观意志转移的要素，外来的是基于外部原因的、不是来自人身体内部的原因。

（三）对何为意外的常识性探查

“除数学和逻辑外一切知识都源于经验，感性认知是知识的源泉，并在经验中得到印证”②。作为语言表达的组成部分，在对现代社会义务教育的背景作出判断之后对常识性探查是根据字典进行的，字典中对意外的解释是：“1. 料想不到；意料之外。2. 指意料之外的不幸事件。”这一解读与意外伤害保险合同条款中的解读保持了一致，我们可以剔除投保人和保险人之间由于对意外概念的理解的差别而出现对保险理赔的争议了。接下来需要解决的问题就是“高原反应是否属于意外”，剔除长期以高原为居住地的情况，更确切地可以将问题描述为：急性暴露于高原而发生伤害结果是否属于意外？

二、急性暴露于高原伤害事故的情境分解

“从事思想实验就是在假定的框架内进行推理论证。…虚构的情境在帮助我们决定应当做什么方面与真实的一样有效”③。以“意外伤害”还是“疾病伤害”作为裁取标准，我们将高原反应引发疾病发生危险事故的具体情境分解为三种类型。

（1）一般人的一般体质下，高原反应引发疾病，发生危险事故的。目前，

---

① 如中国人寿保险股份有限公司合同编号为2015532502818700000489号的《国寿绿洲团体意外伤害保险（A型）（2013版）》，合同条款第21条规定：“意外伤害：指遭受外来的、突发的、非本意的、非疾病的客观事件直接致使身体受到的伤害。”

② ［英］约翰·洛克：《人类理解论》，关文运译，商务印书馆1959年版，第529页。

③ ［美］佩格·蒂特尔：《图利的猫———世上最著名的116个思想悖论》，李思逸译，重庆大学出版社2012年版，第1－3页。

医学界对于此种前提下的研究成果表明：第一，急性暴露于低压低氧环境中会引发许多疾病，包括肺部疾病，如低氧性肺动脉高压导致的右心室肥厚和右心衰竭。此类疾病与“上升的高度、到达的高度、遗传因素有关。”① 第二，各类高原疾病的“发病机制并不明确，现主要认为是一种多因素疾病，其初始和发展都受遗传和环境因素的控制”。② （2）患有一般疾病（病理上不属于不适宜高原地带的疾病），高原反应诱发疾病加重，发生危险事故的。（3）患有特殊类型疾病（病理上属于不适宜高原地带的疾病），高原反应诱发该种疾病加重，发生危险事故的。后两类情境在现行医学中并无对应的答案，医学专业人士认为：从人体细胞所需的正常环境角度，所有患有疾病的人均在一定程度上不适合去高原，高原低压低氧的环境本身就存在导致任何疾病加剧的可能，并不存在“一般疾病”与“不适于高原地区的疾病”的假设性划分。

我们将前述情境依据医学专业的结论矫正为以下三种类型。

（1）健康人急性暴露于高原中引发疾病，发生伤害事故，与下文对应统一称为“高原引发疾病，疾病发生伤害”，这种情况可以用公式表示为：高原 + 疾病 = 伤害。

（2）本身患有疾病，高原引发该种疾病加剧，之后发生伤害，这种情况可以用公式表示为：疾病 + 高原 = 伤害。

（3）本身患有疾病，高原环境引发另外一种疾病而遭受伤害。这种情况可以用公式表示为：疾病 1 + 高原→疾病 2 = 伤害。其中的→包括两种具体情形，下文详述。

三种情况的共同特点在于发生在伤害之前的两个要素分别为高原和疾病，如何判断不同情况下高原和疾病与伤害结果之间的因果关系，成为判断对外意外伤害保险公司是否负责理赔的关键问题。

三、不同情境下因果关系探析

在探查急性暴露于高原环境引发伤害的因果关系前，需要剔除主观要素的影响，将高原、疾病作为客观的要素，探查其对伤害产生的作用，此时患病的主体被赋予了医学上客体的属性。剔除主观要素的原因在于实现事实因果和意

① 魏冠平、黄煜综述，何庆审校：“高原疾病的种类、发病机制及治疗药物”，载《安徽医科大学学报》2019 年 5 月，第 830 页。

② 同上文，第 832 页。

外伤害保险法领域因果关系[①]的统一，意外伤害保险承保的范围特点就在于“意外”，在于承保超出人的主观意志以外的因素造成的损害。

（一）高原引发疾病，疾病发生伤害

此时高原与伤害之间的事实因果关系符合必要因果关系的特征，A 是引发 B 的必要条件，若无 A 则无 B，若没有高原环境，则不会引发疾病，若没有发生疾病，则不会发生伤害。高原是引发疾病的必要因素，高原的低压低氧环境，作用于人体正常细胞，使之超越常态的功能发挥区间，进而导致疾病的发生而造成伤害。奔赴高原，是行为人主观意志支配的行为，其行为本身并不属于意外的范畴。将自己处于高原环境之下不必然引发伤害，引发伤害是因为高原而诱发疾病反应。问题转化为：“高原诱发疾病”是否属于意外？

对此问题能够诉诸的解决路径有两个：第一，回归意外的基本含义，超出人的预想之外即为意外，奔赴高原虽然属于人主观意志支配的行为，高原反应也在人的主观预想范围之内，但是客观上高原疾病引发伤害仅为低概率事件，主观上高原疾病引发伤害超出人的主观可预知的范围，当然此时的主观可预知并非绝对意义上的完全超出预知，仅为相对的可预知的范围。毕竟常态下没有人会明知会受伤害而依然选择奔赴高原地带，对这种超出主观相对的可预知范围而属于意外的结论可以做个横向的比较：在马路上行走存在被机动车撞倒而受伤或者死亡可能性，机动车撞人超出了行为人相对的主观可预知范围，属于典型的意外事件。此时保险公司应当进行赔付。第二，对“高原引发疾病，疾病发生伤害”是否属于意外进行问卷调查，剔除保险的要素，剔除高原和疾病之间关联性的医学要素，从不同年龄、不同专业背景的人群获取是否属于意外的认知。然后和前述“第一”的逻辑判断结果进行比对，如果二者一致，则实现了一般性认知和逻辑认知的统一；如果二者不一致，再探查导致不一致的原因。为了获取尽量剔除专业性思考壁垒的第一手答案，笔者是这样设计调查问卷的，“健康的人到高原地区，发生疾病遭受伤害，是否属于意外？A、属于意外，B、不属于意外”，同时在问题之前强调，“请看到问题后第一时间作出判断，不需要细致思考和理由支撑”。将该问卷分发到 10 岁、20 ~ 30 岁、40 ~ 50 岁的人群中，10 岁年龄段的被调查者均为小学生，20 ~ 30 岁年龄段的被调查者包括学生、工人、教师；40 ~ 50 岁年龄段的被调查者包括军工企业管理人员、医生、计算机软

① 因果关系不仅是一个事实问题，同时也是一个法律问题。首先需要在事实层面判断因果关系是否成立；其次方能在此基础之上决定责任范围的大小，即法律上的价值考量。参见陆玉、傅廷中：“保险法中的近因原则与民法中因果关系原则之辩”，载《中国社会科学院研究生院学报》2016 年第 1 期，第 92 页。

件设计人员以及海外华侨。问卷结果如表 1.2 所示。

表 1.2　高原伤害意外判断调查表

年龄	10 岁	20～30 岁	40～50 岁
是意外	15 人	60 人	70 人
不是意外	0 人	0 人	0 人

即在所有的非法律专业的 145 名被调查者中，一致认为高原引发疾病，疾病发生的损害属于意外。这一结论和我们之前探查的逻辑结论相同。两相印证，保险公司应该对高原引发疾病，疾病发生伤害的情况给予理赔。

1. 案例探查

我们将这种情况和以下案例做对应观察。

（1）（2015）烟商二终字第 485 号（健康＋高原＋死亡＝意外伤害）案件。①本案的核心案情。被保险人购买某保险公司的《团体意外伤害保险》，入藏前身体健康状况良好，赴西藏高山病综合征急性发作死亡。

②争议主张。“责任免除”条款中所约定的免责情形，没有以高山病作为免责情形的约定。“释义”条款第 25 条约定：“意外伤害，指以外来的、突发的、非本意的和非疾病的客观事件为直接且单独原因致使身体受到伤害。”该条款中的“疾病”指的是内发性的狭义疾病，即被保险人自身疾病，而不包括外在环境所致的意外伤害，比如车祸等他人造成的外伤或高山病综合征之类环境造成的损害，均为意外伤害；高山病从法律、合同意义上讲不是病，而是环境造成的意外伤害，是外来的、非本意的、非病症的客观事件，等同于车祸对人所造成的意外伤害；该条款中没有排除高山病为意外伤害，上诉人也没有将这一排除内容告知投保人。高山病的发生是因人体所处的外部环境直接作用于人体，使人体遭受的伤害，而该种伤害是在特定条件下产生的。

③裁判要旨。被保险人是因高原反应所引发的高山病综合征急性发作致死，即因多种外在环境因素下导致的人体的适应能力不足而引起的突发疾病，这种突发疾病是非本意、非本身存在的疾病，非置身特定环境下则不能发生。

（2）（2017）沪 01 民终 9427 号案件。①本案的核心案情为：《某某保险公司旅行意外伤害保险》，保险项目为：意外身故及伤残保障。赴西藏引发身体不适，返回家中去医院检查，被诊断为脑部水肿。

②争议主张。身体健康无疾病史，此次系因缺氧直接、唯一地导致突发急性高原反应，急性高原脑水肿，急性高原肺水肿，非本身疾病、更非本人意愿。除非特殊身体健康原因，对前往西藏旅游可能发生高原反应应当有所预见，一般人士对于高原低氧环境在短期内也是可以适应的，高原病并非一般意义下的

疾病，其会随着海拔的降低、空气含氧量的增加而有所缓解甚至完全康复。

③裁判要旨。虽然高原反应又称为高原病、高山病，但与疾病仍有区别，疾病的本义是身体固有的内患，而高原反应是由外部不良环境引起的。

（3）（2015）溧商初字第00237号案件。①本案的核心案情。当事人投保《个人国际旅行意外伤害保险》，从尼泊尔海拔4 000多米的高峰下到海拔2 000多米左右的当晚，突然出现呼吸急促，最后经抢救无效死亡。解剖中心某医学院法医部作出结论：死亡原因为高原反应，死亡方式为意外死亡。

②争议主张。一方当事人认为，根据保险合同，意外事故是指遭遇外来的、突发的、非本意的、非疾病的、不可预见的客观事件，并以此为直接且单独原因导致其身体伤害、残疾或身故。高原病是一种疾病，不符合保险合同对意外伤害的定义。另一方当事人认为，高原反应其实是一种外在因素给身体造成的不良反应，而病的本身是一种身体的内患，如肺痨、肿瘤之类。高原反应与医学概念上的病有以下本质的区别：A. 医学概念上的病是内发的，高原反应是外来的。B. 医学概念上的病是固定的，无论走到南极北极还是赤道都是带病的，高原反应离开高原气候是自行恢复的，即“来则有，去则无”。C. 医学概念上的病需要治疗才能缓慢恢复，高原反应无须治疗，离开即能恢复。对于缺乏保险专业知识的普通被保险人来说，对高原反应导致的意外伤害通常理解是应该得到赔偿，而被告作为专业的保险公司在类似的赔偿案件及诉讼已多次发生的情况下，对于容易发生争议的事项故意隐瞒而不加释明，违背了保险法的诚信原则，所以依法应当承担赔偿责任。

③裁判要旨。应作出对被保险人和受益人有利的解释，高原病属非疾病，不属自身疾病，因高原反应致人死亡，属意外身故，保险公司应当给付保险金。

（4）（2016）苏03民终266号案件。①本案的核心案情。当事人投保《安吉无忧意外伤害保险》《安心综合意外伤害保险》，高原反应身亡。保险合同条款约定：“意外身故保险金被保险人在本合同有效期间内遭受意外伤害（见7.1），并自意外伤害发生之日起180日内以该意外伤害为直接原因身故的，我们按基本保险金额给付意外身故保险金，本合同终止……”第7.1条记载：“意外伤害指外来的、突然的、非本意的、非疾病的使身体受到伤害的客观事件。”

②争议焦点。高原反应引发的脑水肿和肺水肿是否属于医学上的高原反应突发性疾病。

③一审裁判。意外事故既包括有形物作为外因导致的伤害，也包括无形物作为外因导致的伤害，高原反应即是缺氧和低气压等无形的外界环境作为外因导致的伤害。

④二审争议。一方当事人认为，高原病也是疾病的一种，是由于人体机能

缺乏免疫力造成的对抗不了高原环境的剧烈变化所致。高原病存在个体性差异，且具有可预见性，不符合意外伤害的范畴。另一方当事人认为，格式条款中载明的“非疾病的”含义通常理解应是自身内部的疾病，而高原反应是外在的物理性因素所导致，并非自身内部的疾病。

⑤二审裁判要旨。高原反应本质而言系外来因素给身体带来的一种不良反应；非本意性，系相对于被保险人主观状态而言，指损害之发生非基于被保险人的故意所造成，即使被保险人事前对危险有所认知，只要其对危险结果的发生不具有预见性，则应认定为“非本意性”；突发性系相对于缓慢发生的事件而言，指短时间内发生的剧烈行为导致人身伤亡。

2. 常识和案例的对应观察

除了前述列举的案例以外，系列案例作出了相同的判决：（2014）漯民一终字第162号判决、（2015）朝民三终字第668号判决、（2018）鲁1312民初2341号判决对于健康人赴高原地区发生疾病导致死亡伤害的情况，均做出了同样的判断：认为高原病虽然在病理上属于一种疾病，但是从与意外伤害的对应关系上，均是由于赴高原环境而导致的疾病伤害，高原与伤害之间存在因果关系，保险公司应该给付意外伤害保险金。

与前述判决结果不同的是，（2017）桂01民终7655号案件，二审法院推翻了一审法院的判决结果，但并未给出正面的判决理由，直接认定高原反应不属于意外伤害。二审法院认为：“因高原反应出现的胸闷、胸痛、头晕等症状，不属于在旅行期间因遭受意外伤害事故导致的情形，也并非外来的、突发的、非本意的和非疾病的客观事件，为直接且单独的原因致使身体受到伤害的结果。”

（二）本身患有疾病，高原引发该种疾病加剧，之后发生伤害

1. 常识探查

此时事实因果关系是充分因果关系，A是引发B的充分条件，因为A则B，因为疾病和高原，引发伤害。高原和疾病成比例地造成伤害的结果，赔付的依据应当采纳比例因果关系学说，该学说对“因果关系的可能性比例加以证明”①，从而突破既有的“全有或全无”② 的因果关系理论，要探查不同原因与结果之间的比例关系。

与前述理论判断结论相呼应，我们进行了问卷调查，问卷内容如下：请看到问题后第一时间作出判断，不需要细致思考和理由支撑，本身患有疾病，高

---

① 陈聪富：《因果关系与损害赔偿》，元照出版公司2007年版，第230页。

② 同上。

原引发该种疾病恶化遭受伤害，是否属于意外？A 为是意外，B 为不是意外，C 为不知道。统计结果如表 1.3 所示。

表 1.3　高原疾病恶化意外判断表

年龄	10 岁	20～30 岁	40～50 岁
是意外	2 人	7 人	11 人
不是意外	12 人	52 人	59 人
不确定	1 人	1 人	0 人

其中 10 岁年龄段的人作出的判断结果除了 1 个不确定和 2 个认为是意外，其他人均认为不是意外，追问认为其作出是意外判断的理由包括：他应该知道自己有病不应该去高原，应该知道高原不适合人体疾病的恢复。成年人群体形成了一定的分歧，给出不确定答案的理由是：如果有保险就是意外，如果没有保险不是意外。可见回归至问题的实质判断，该不确定的答案仍然可以归入不是意外的答案中。这样，在 145 个被调查人群中，认为属于意外和认为不属于意外的比例是 20∶123。从以上调查结果我们可以观察到 3 点：第一，对于 10 岁的小学生而言，如果有病就不要做让病情加剧的事情，安全性和可预测性成为其判断的支撑。第二，在成年群体中，认为不是意外的比例远多于认为是意外的群体。第三，消除年龄段的差别，认为是意外和认为不是意外的比例是 20∶123，从数字的对比关系上看形成了“因果关系的可能性”。

2. 案例探查

我们将这种情境和（2016）云 7102 民初 53 号案例做了对应观察，该案的核心案情是：当事人赴成都都江堰、汶川、松藩、川主寺等地旅游，突感身体不适，在等待“120”急救车时意外身亡。此前医院调取的证据显示，当事人患有多种疾病：（1）冠状动脉粥样硬化性心脏病、急性下壁、右室心肌梗死、心功能 3 级；（2）高血压性心脏病、心功能 3 级；（3）高血压病二级、极高危组；（4）二型糖尿病；（5）两下肺感染；（6）右侧胸腔积液。该案的争议在于：在无医学证明死亡原因时，赴高原地区死亡是否构成意外伤害死亡？本案判决的裁判要旨在于：松潘县川主寺镇海拔较高可能发生高原反应是事实，但叶某身故后家属未对其作相应医学检验鉴定确定其死亡原因，结合其自身患有冠状动脉粥样硬化性心脏病、右室心肌梗死、心功能三级、高血压性心脏病、高血压二级极高危组等心血管疾病的情况，在没有确切证据证明其死亡原因的前提下，对其死亡原因的推断不能得出唯一结论，故原告诉讼代理人推断叶某系遭受高原反应导致意外死亡的事实无证据支持，不予认可。

3. 常识和案例对应探查

通过前述常识探查和判例对应之间的研究，如果将赴高原之前当事人的身体疾病状况设定为 A + B + C，赴高原地区当事人的身体疾病状况设定为 A + B + C’,还原本案案情，赴高原地区原告当事人死亡的原因并无明确证据证明。从民事证据高度盖然性的要求可以推知，C 和 C’之间的差异系属是否处于高原地区而导致。有鉴于本案原告当事人未能提出有关 C’和 C 之间关联性的任何证据，导致原告当事人身体疾病状况与高原地区之间的关联关系链条断裂，未能进一步追踪可以适用比例赔付的支撑性证据，最终败诉在情理之中。

（三）本身患有疾病，高原环境引发另外一种疾病而遭受伤害

1. 常识探查

此时可以进一步探查两种疾病之间的关系如何？疾病 1 和疾病 2 之间是否存在属于医学上并发症的关联性？如果疾病 2 是疾病 1 的并发症，疾病 2 是由疾病 1 引起的，那么问题就变成了“本身患有疾病，高原引发该种疾病加剧”情况的延伸，应当依据比例因果关系的学说解决赔付问题。

如果疾病 2 不是疾病 1 的并发症，而是单独由于高原环境引发的疾病，那么问题就变成了“高原引发疾病，疾病发生伤害”的情况，应当依据必要因果关系说判定高原为产生伤害的原因。

我们与前述理论判断结论相呼应进行了问卷调查，问卷内容如下：请看到问题后第一时间作出判断，不需要细致思考和理由支撑，本身患有疾病，高原环境引发另外一种疾病而遭受伤害，是否属于意外？A 为是意外，B 为不是意外，C 为不知道，问卷调查结果如表 1.4 所示。

表 1.4　高原其他疾病意外判断表

年龄	10 岁	20～30 岁	40～50 岁
是意外	15 人	59 人	67 人
不是意外	0 人	0 人	0 人
不确定	0 人	1 人	3 人

不确定的四个人均认为：需要依据疾病是否因为前一种疾病而作出决定。这一结果对我们所做的类型区分以及理论判断起到了印证的作用。

2. 案例探查

我们将这种情况和（2018）川 10 民终 959 号案例进行了对应观察，该案的核心案情如下。

（1）一审案情。赴西藏后医院检查心肺未见明显异常，次日死亡。医学鉴

定结论为冠状动脉粥样硬化性心脏病、干细胞脂肪变性、脾小动脉玻璃样变性、双肾、胰腺自溶改变。

司法鉴定意见书的鉴定意见为：①安某生前有隐匿性冠心病，进入高原后因发生高原反应诱发急性心律失常死亡；②高原反应不是安某死亡的直接原因，高原反应与安某的死亡之间存在间接因果关系；③安某的死亡与生前的隐匿性冠心病、老年人、肥胖、轻度高血压及出行方式不当有一定关系，高原反应与安某死亡后果存在间接因果关系，为诱发因素，对安某死亡的参与度为20% ~30%。

（2）裁判要旨。不可否认的是，并非所有人来到高原环境都会产生高原反应，甚至同一人不同时期进入高原地区也并不都会产生高原反应，且一般人士对于高原低氧环境在短期内也是可以适应的，更罔论达到本案中引发死亡的程度。难以预见来到高原地区会导致如此严重后果，高原反应符合案涉保险条款中“外来的、突发的、非本意的”意外伤害要件。

3. 常识和案例对应探查

本案凸显的三个问题如下。

（1）现代医学对高原疾病的认定和意外伤害保险承保范围之间是何种关系。

这一问题可以分解为两个具体的小问题：①现代医学是否能够提供何种疾病是由高原引发的，何种疾病不是由高原环境引发的诊断手段？我们对上述各个案件做了一个围绕这一设问为核心的案件事实经过以及法律证据视角的检索，给出的答案是：首先，前述设问在医学学科上的意义和针对具体不同情境下的意义并不相同，医学上的确定性和现实的确定性存在差异。其次，在不同情境下，针对不同的病患体质，不同地区（国家）的医院给出的现实结论并不相同。最后，医院确定死亡原因的结论和法律证据的需求存在时间差异和功能差异，这些差异直接导致了医院做出的事实的结论和法律所需的证据标准的结论之间存在对应性上的差异。围绕事后的、法律证明力导向的司法裁判需求，必须对医院结论进行法律上的再确认和判断。

②被医学认定为高原病造成的伤害是否属于意外伤害保险的承保范围？从现代医学的角度，人民卫生出版社出版的《内科学》第九篇专章讲解高原病，高原反应是高原病的别称（包括脑水肿、高原肺水肿等），高原反应属于疾病的范畴。从法律证据的角度，高原病是病，进入高原地区引发高原病，并非进入高原地区一定引发高原病，证明高原病为意外伤害。进而，虽然高原环境是客观存在的，进入高原地区是出于行为人的意愿，高原环境不是突然发生，也不是意志之外的因素。但是，进入高原地区引发高原病并非行为人的意愿。一如在路上走是行为人的意愿，被车撞死不是行为人的意愿，后者属于意外伤害

保险的承保范围，高原环境引发高原疾病同理也应当属于意外伤害保险的承保范围。

鉴定意见作出高原反应对死亡参与度为20% ~30% 的结论仅能作为法院确定安某遭受的意外伤害与其死亡结果之间是直接因果关系还是间接因果关系的证据，能否作为按比例赔付的依据?

(2) 医疗鉴定给出的高原反应和损害结果之间的参与度能否作为保险公司比例赔付的依据?

(2018) 川10民终959号二审法院维持了一审法院的判决结果，认定了医疗鉴定结论中的比例作为保险公司支付保险金的赔付比例。也符合前文中的理论预设结论。

(3) 意外伤害保险列举的除外责任范围与之不符合，案件的判决结果对保险合同条款产生何种影响?

(2018) 川10民终959号一审判决书中载明："13种情形均不符合安某死亡的情形，故太保内江支公司辩称安某死亡属于保险合同约定的免除责任范围的辩称理由缺乏事实和合同依据，一审法院不予采信。"案件的判决会引发保险公司对意外伤害保险合同条款的调整，保险公司为了避免赔付金额的上升，将根据赴高原地区发生疾病死亡保险公司被判决赔付的司法大数据的结果决定是否将赴高原地区疾病死亡列为意外伤害保险的除外责任。

四、对样本案例的整体分析

(一) 意外伤害保险因果关系的双重结构

本书分析的12个样本案例涉及的因果关系，与侵权法领域的因果关系存在问题视域的交织：所有样本案例均需要处理两个层面的问题，侵权领域的争议以及保险领域的争议。在因果关系的判定上，保险法领域的因果关系，与侵权法领域的因果关系的认定和在法律功能导向上存在差别。原因在于，保险法是以保险合同作为调整基础的部门法，关涉因果关系认定的保险类型又与侵权法存在交叉(责任保险中需要以侵权责任作为确定保险公司承担责任的基础和前提，而确定侵权责任所依托的因果关系规范属于侵权法因果关系的认定领域)。侵权法因果关系的特点在于在事实因果关系基础上进行侵权法功能导向的法律裁取，形成侵权法领域对法律因果关系的认定规则。由于侵权法是调整行为人侵权责任的部门法，侵权法因果关系是连接行为人的行为与侵权结果之间的关系，会解决法律责任的问题。保险法因果关系的确认存在两个大前提：第一，因果关系判定是基于保险合同；第二，因果关系的判定因不同保险产品而存在差异。

在意外伤害保险中，因果关系需要解决两个层面的问题：第一，意外与伤害之间的关联性；第二，在意外与伤害存在因果关系的前提下，需要解决意外伤害与意外伤害保险合同承保范围之间的关系。并非所有伤害均与意外存在因果关系，同样的，并非所有意外伤害均属于意外伤害保险合同的承保范围。

保险因果关系的探查是明确特定事实与损害结果是否具有因果关系，为保险理赔服务，作为确定保险人是否给付保险金的依据。保险因果关系仅需要与保险合同连接，具有双重结构：（1）损害事实与损害结果之间的因果关系；（2）损害事实与保险承保范围之间的关系。

当某一损害事实与损害结果之间具有因果关系时，才需要探查损害事实与保险承保范围之间的关系，这种关系包括三种逻辑和实际的延伸：第一，损害事实属于保险合同列明的承保范围，保险人进行赔付。第二，损害事实属于保险合同列明的除外责任，保险人不进行赔付。第三，损害事实处于中间状态，具体又包括三种情况：损害事实部分属于承保范围，部分属于除外责任；损害事实部分属于承保范围，部分不属于承保范围，也不属于除外责任；损害事实部分属于除外责任，部分不属于除外责任，也不属于承保范围。此时需要依据保险惯例对保险人是否给付保险金进行具体分析。

（二）是否应当适用《保险法》第30条

事实因果关系确定以后，对案件作出正确的判决需要选择对应的准据法规范，关涉意外伤害保险是否赔付，我国《保险法》成为依托的部门法。以下需要解决的问题是将核心案情和哪一个具体的保险法律制度做对应和衔接，我们作为分析样本的12个案例中，除了有关保险合同成立生效以及理赔的准据法依据以外，有的判决列明了据以适用的具体法律制度，如（2015）溧商初字第00237号案例在判决中将《保险法》第30条，即保险合同条款歧义解释的制度作为判决依据。从案情和法律对应的层面考量，意外伤害保险的合同条款中已经对何为保险合同承保的意外伤害进行了抽象的、定义式的规定，对这一规定本身并不存在歧义，只是对高原地区发生疾病死亡或者伤害的结果是否属于意外伤害存在争议。因而，核心案情所展现的争议并非对保险合同条款存在歧义，而是对案件事实与保险合同承保条款之间的对应存在争议，是对赴高原地区发生疾病死伤是否属于保险合同中约定的意外伤害情形存在争议，其实质是对具体情形的理解存在争议。出现这样的争议的原因与投保人和保险人基于常识和“专识”的判断鸿沟有关、与投保人和保险人基于保险合同而产生的利益诱发导向有关。据此，将分析样本的案件归入“不利解释原则”的适用案例并不合适。

五、结论及新问题

（一）结论

综合观察作为本书分析样本的12个案例，案件的裁判结果总体符合对投保人常识探查的结论，也符合对案件裁判的保险法律理论和准据法层面的探查结论，和同类案情的裁决结果不同的是（2017）桂01民终7655号案件，二审法院推翻了一审法院的判决结果，但并未给出正面的判决理由，直接认定高原反应不属于意外伤害，如表1.5所示。

表1.5　样本分析总表

	常识调查结果	对应案件	裁判结果
健康人赴高原疾病伤亡	属于意外	（2014）漯民一终字第162号 （2016）云7102民初53号 （2016）苏03民终266号 （2015）溧商初字第00237号 （2015）烟商二终字第485号 （2017）沪01民终9427号 （2015）朝民三终字第668号 （2018）鲁1312民初2341号 （2015）烟商二终字第485号	属于意外
		（2014）湛民一初字第560号	未判断是否属于意外
		（2017）桂01民终7655号	不属于意外
疾病人赴高原疾病伤亡	不属于意外	（2018）川10民终959号	不属于意外
疾病人赴高原其他疾病伤亡	属于意外	（2016）云7102民初53号	不能证明属于意外

（二）意外伤害保险合同条款调整与保险司法裁判的对向推进

通过前述样本案例的具体以及整体分析，回馈至保险司法案例同保险经营之间的关系领域，析离出以保险案例类型化探查功能为导向的新的问题：如何运用类型化保险案例的分析结论，调整保险商品和保险经营方向？相应地，保险经营和保险商品的实践，在何种程度上影响保险司法判例的裁判结果？解决这一对应属性问题，需要对案件的抽象特点进行归纳：首先，赴高原地区发生伤害与意外伤害保险合同约定的承保范围不能直接对应；其次，赴高原地区发生伤害也不属于意外伤害保险合同条款中免责条款的范围。是保险合同没有约定还是约定不明确？意外伤害保险合同中对意外伤害的内涵做了明确的界定，基于承保情境的千差万别，未能也不可能对所有意外伤害的具体情境进行列举。

但是，将前述分析样本案件进行整体观察之后的结论，可以作为保险公司预测赴高原发生疾病伤害或者死亡是否属于意外伤害，以及进一步确定是否需要进行保险赔付的依据。在调整和完善意外伤害保险合同条款时，根据对司法裁判的分析结论，进行两种方式的修改：第一，将健康人赴高原地区发生疾病死亡或伤害列举为意外伤害的具体情境而予以承保；第二，将本身具有疾病赴高原地区发生疾病死亡或者伤害列举为意外伤害保险的免责情形。如此，不仅可以提升意外伤害保险合同条款的确定性，也可以敦促保险公司将被保险人赴高原地区发生死亡和伤害的情况进行保险费精算层面的考量，使得意外伤害保险的保险费率更加科学精准，进而弥合意外伤害保险合同条款与投保群体常识之间的鸿沟。

保险公司根据司法裁判案件类型化、综合的分析结论调整意外伤害保险合同条款，也同时可以反作用于保险司法定纷止争功能的发挥，进而增强案件判决结果的可预测性和确定性。

第四节　被保险人未选择指定治疗方式理赔纠纷案

投保人出于为自己的健康购买一份保障，而选购了寿险公司的重大疾病保险，其目的是为了万一患上重大疾病或疑难杂症时，可以获得一份经济上的保障，不至于“因病致贫”或“因病返贫”。多少家庭因一人得重病而掏空其全部家资，一夜致贫。尽管人人都有医保，但是医保具有覆盖面广，保障水平低的特征，需要商业保险，特别是重大疾病保险类的保险产品来作为社保第三支柱，为人们提供更加充分的医疗健康保障。人们投保重大疾病保险就是为了防止出现因病致贫的现象，而对自己加入的保险具有保障功能而充满期待。

如果某人在一年前投保某寿险公司的重大疾病保险后，确诊为身患脑肿瘤，遵照医嘱没有采用手术以及放射性治疗的手段，采取药物治疗的保守疗法，在向保险公司申请理赔而遭受拒赔的情况下，该作如何想？保险公司的拒赔理由何在？如果保险公司申明，拒赔理由早就写在保险条款中，采用手术以及放射性治疗才能给付，药物治疗拒赔，而这些均是投保人事先完全不知的，该怎么办？我们将通过一个具体的案例，（2018）京04民终第165号案件，来揭示这种拒赔理由的理论构造，借以分析投保方对保险保障功能实施的期待性。

一、案情概要

2017年3月，王某作为投保人和被保险人在某保险公司购买两全保险和附加提前给付重大疾病保险，主险和附加险保险金额均为22万元，保险期间为终身。

所谓的提前给付为：被保险人患任何一种附加险所列轻症疾病，只要确诊后，不用等疾病治疗结束后，保险公司即可给付附加险保险金额20%的轻症疾病保险金。

2018年2月，王某以医院确诊为脑垂体瘤，该症属保险合同约定的轻症疾病为由，要求保险公司给付轻症疾病保险金44 000元（22万元的20%），并要求豁免该保险合同项下主险和附加险的续期保险费。

某保险公司以王某未达到疾病标准为由拒赔后，王某诉至法院。

案涉重大疾病保险第9.5条和第9.5.6条内容如下。保险条款第9.5条约定，“轻症疾病指下面列出的50种轻症疾病”。保险条款第9.5.6条约定，“脑垂体瘤、脑囊肿”指经头颅断层扫描（CT）、核磁共振（MRI）或其他影像学检查被确诊为下列病变，并实际接受了手术或放射治疗：（1）脑垂体瘤；（2）脑囊肿。

二、原告及上诉人的诉求

王某上诉请求撤销（2018）京7101民初974号民事判决，依法改判支持王某的原审诉讼请求。事实和理由：一、本案格式合同轻症脑垂体瘤条款中列写“并实际接受了手术或放射性治疗”，属于以限定治疗方式免除保险责任的条款。该条款无效，一审法院没有予以认定是错误的。某保险公司制定的重大疾病保险格式条款第9.5.6中关于“并实际接受了手术或放射性治疗”的规定不属于对疾病症状，病情程度的解释和描述，是对王某患病时治疗方式的限定，该条款不符合医疗规律，违背保险合同签订的目的，违背了《保险法》第19条约定，应认定该条款无效。二、王某病症达到诊断为一种轻症的标准，符合保险合同保险范围。某保险公司认可王某患脑垂体瘤，合同中对脑垂体瘤又没有约定其他病状程度条款。手术治疗或放射治疗与病情程度无关，用药物治疗与病情程度也无关。病重，甚至达到生命垂危患者也不一定选择实施手术或放射性治疗。不论是医院建议的方案，抑或是王某自主选择的方案，均是王某根据自身病情作出的认为是最佳方案的选择。王某治疗疾病不会考虑保险利益，不会为了获取保险利益而选择手术治疗或放射性治疗方式。当王某没有采取限定治疗方式时，不应认定王某病症没有达到诊断为轻症的标准，不符合保险合同的保险范围。

其所患脑垂体瘤是否严重，不应根据是否进行手术或放射性治疗来认定。保险合同中格式条款对被保险人患病时的治疗方式作出限定，既不符合医疗规律，也违背保险合同签订的目的。被保险人有权根据自身病情自主选择治疗方式，而不必受保险合同关于治疗方式的限制。保险人以限定治疗方式来限制原告获得赔偿的权利，免除自身保险责任，根据《保险法》第19条的规定，该条应该认定为无效条款。被告不能以原告没有选择保险合同指定的治疗方式而免除赔偿责任。关于原告病情的程度问题，病历中记载手术对脑垂体周围创伤较大，建议药物治疗，医生对手术或者放疗建议意见是不宜采取手术的方法，这种治疗方式与原告的病情程度没有关联性。

王某请求：（1）判令某保险公司给付轻症疾病保险金44 000元；（2）判令王某自2018年2月2日起不再交付续期保险费。

三、被告及被上诉人的答辩

某保险公司辩称，原告向被告某保险公司申请理赔，被告出具理赔批单，内容为，因被保险人本次所患疾病未达到轻症诊断标准，不予以赔付，保险责任继续有效。

根据保险合同约定，王某的病症没有达到轻症标准。保险条款中关于手术和放射性治疗规定与王某所说治疗方式限定没有任何关系。作为保险合同认定标准，重大疾病保险定义适用规范中很多疾病都是将治疗手段作为疾病的认定标准，这种标准已经综合考虑了保险原理和医疗规律，一种疾病设定一定赔付条件与医疗规律并不矛盾，合同约定赔付条件与治疗方式的原则属于不同的问题，王某是在偷换概念。

其作出拒赔的结论依据是根据保险合同的约定，约定轻症必须要满足两个条件，才能达到轻症的标准，才符合保险合同约定的责任。手术从侧面反映这种疾病的严重程度，如果说脑垂体瘤到一定的严重程度是需要手术治疗的，这也是进行保险产品设计的时候做了充分的考虑，是费率厘定的重要依据。至于采用什么样的治疗方式，是一种合同的约定。中国保险行业协会和中国医师协会联合制订的25种疾病当中有一项良性脑肿瘤，必须满足下列至少一项条件即实施了开颅手术或对脑肿瘤进行了放射治疗。轻症疾病规定属于保险责任条款，不属于免责条款，并且关于治疗方式的约定是双方关于保险责任的具体约定。

请求法院驳回王某的上诉请求。

四、判决要旨

（一）一审法院

（1）2017年3月24日，原告王某作为投保人和被保险人在被告某保险公司投保人寿保险，险种为重大疾病保险，基本保险金额22万元，交费年期为20年，保险期间为终身。

（2）2018年1月26日至2018年2月2日，原告在天津市某医院入院治疗，入院诊断为“鞍区占位垂体瘤”，住院时：结合具体功能检查考虑微腺瘤可能性大，肿瘤体积较小，手术对周围垂体创伤较大，医生建议药物治疗。向家属交代病情及治疗方案后，家属同意治疗方案。出院诊断为“垂体微腺瘤（泌乳素型）”，出院医嘱“出院后继续药物治疗”。原告表示，其上述疾病未实施手术或放射治疗，原告此次住院花费医疗费8 258.04元。

法院认为，原告王某与被告某保险公司之间的保险合同系双方当事人真实意思表示，不违反法律法规的强制性规定，合法有效，一审法院予以确认。一审案件争议的焦点为原告所患疾病是否属于一审案件所涉保险合同的保险范围。根据保险条款约定，属于保险范围的50种轻症疾病中包括的“脑垂体瘤、脑囊肿”是指“经头颅断层扫描（CT）、核磁共振（MRI）或其他影像学检查被确诊为脑垂体瘤、脑囊肿，并实际接受了手术或放射治疗”的疾病。该约定内容属于保险人与被保险人对保险责任范围的约定，亦即保险人只承担因手术或放射治疗情况下的脑垂体瘤的保险责任，对以药物治疗的脑垂体瘤不承担赔偿责任，该约定为保险范围的约定，不属于免责条款。原告主张该条款限制原告获得赔偿的权利、免除被告自身保险责任，故应认定为无效条款，依据不足，一审法院不予采信。一审案件中王某所患的脑垂体微腺瘤是脑垂体瘤的一种，可经过手术治疗、放射治疗、药物治疗等治疗方式。诚然，患者在选择疾病治疗方式上有一定的自主选择权，但在一审案件中，医疗机构在对王某病情的严重性作出专业判断后作出治疗建议，王某系遵医嘱选择药物治疗方式，现原告王某主张其选择的治疗方式与病情程度没有关联性，不受争议保险合同条款的限制，依据不足，一审法院不予采信。综上，王某所患疾病不属于一审案件所涉保险合同的保险范围，故对原告王某的诉讼请求，一审法院不予支持。

（二）二审法院

法院认为：王某与某保险公司之间的保险合同系双方当事人的真实意思表示，不违反法律法规的强制性规定，合法有效。本案的争议焦点可确定为某保险公司应否为王某所患疾病承担保险责任。保险合同约定“经头颅断层扫描

（CT）、核磁共振（MRI）或其他影像学检查被确诊为脑垂体瘤、脑囊肿，并实际接受了手术或放射治疗”，该条款是对保险责任范围的约定，不属于免除保险人责任条款。故王某主张该条款系以限定治疗方式免除保险责任，应为无效条款的上诉意见，缺乏事实及法律依据，本院不予采信。一审法院关于王某所患疾病不属于本案所涉保险合同的保险范围的认定并无不妥之处。故对王某的上诉请求，本院不予支持。

上诉人王某与被上诉人某保险公司人身保险合同纠纷一案，因没有新的事实、证据和理由，故不开庭进行了审理，现已审理终结。

综上所述，王某的上诉请求不能成立，应予驳回；一审判决认定事实清楚，适用法律正确，应予维持。

五、争议焦点

本案争议焦点有二：

第一，保险条款关于治疗方式的规定是否符合重大疾病保险的原理？该免责部分是否属于免责条款？

第二，本案的情况是否适用豁免保费的规定？

本案关键点在第一个争议焦点，第二个争议焦点是跟随第一个争议焦点判定的。因此，下文将围绕第一个争议焦点展开解析。

（一）关于第一个争议焦点保险公司方面的理由

1. 保险公司认为保险责任限定不同于责任免除

保险公司认为，一些保险条款规定的疾病，不但包括疾病状态，还包括治疗方式，不同于医学上界定的疾病。

王某的疾病状态，因未进行手术，不符合保险条款规定的疾病定义。认为王某提出的“脑垂体瘤不应根据是否进行手术或放化疗来认定”看似有道理，是混淆了医学上关于疾病的认定与保险合同关于该疾病是否应承担保险责任的认定。

保险公司声称如不对赔付条件进行限制，不但存在道德风险，保险公司的赔付率也将大大提高，最终将影响该保险产品的保险费率。

2. 治疗方式的规定不属“免除保险责任的条款”

保险公司认为：从法律规定的角度，具体的治疗方式也不应界定为免责条款范围。并以《保险法解释（二）》第 9 条规定，保险人提供的格式合同文本中的责任免除条款、免赔额、免赔率、比例赔付或者给付等免除或者减轻保险人责任的条款，可以认定为《保险法》第 17 条第 2 款规定的“免除保险责任的条款”作为上述结论的依据。

同时认为：为明确保险责任范围，很多保险产品均设定一些限定条件，如观察期、治疗方式等。如将保险责任条款界定为免责条款作无效认定，从短期看维护了被保险人的利益，从长期看伤害的是保险行业的健康发展。

（二）对争议焦点的评析

1. 什么是保险免责条款

顾名思义，保险免责条款就是保险人不承担保险责任，并根据法律或保险合同的合法约定而免除保险责任的相关条款。

从逻辑上讲，保险合同中规定了保险人承担保险责任的部分，不承担保险责任的部分就是免责部分。不论其在保险条款中冠有“责任免除”的小标题下罗列的条款，还是分散在各个保险条款中的规定，只要涉及保险人不承担保险责任的，均应视为保险责任免除规定条款。这是从保险诞生那天起，国外均认可的惯例法。不能仅将冠有“责任免除”的小标题下罗列的条款才认定为“免责条款”。

以本案中保险条款的第2.2条为例：

“在本附加险合同有效期内，我们承担如下保险责任：轻症疾病保险金，若被保险人于本附加险合同生效或最后一次复效之日起90日内（含第90日）因意外伤害以外的原因经专科医生明确诊断罹患本附加险合同所列的轻症疾病（见9.5）的一种或多种，我们不承担该种轻症疾病的保险责任，该种轻症疾病的保险责任终止”。

作者认为，短短的条文规定中，至少有以下两方面的问题。

第一，90天等待期内保险公司免责，属于免责部分，理应放在免责条款部分，并向投保人明确说明90天等待期保险公司免责的内容。该保险公司将本应放入免责条款部分中的内容，放到了保险责任范围之中，混淆了保险责任规定同免责规定的性质。

第二，90天等待期，保险公司是收取投保人保费的，却以格式化条款方式单方面规定不承担责任，有违保险合同的双务性原则。90天是收费的，就要承担保险责任，要么90天不收费。

由此可见，免责条款有时根据人为的因素，并不放在应有的位置上，从而规避法律和司法解释规定的对免责条款需履行的说明义务。

因此，该公司对保险免责条款的理解有误。“保险责任限定不同于责任免除”这句话本身是违反逻辑的，首先，“保险责任限定”的概念与“不承担保险责任限定”不是同一概念，是偷换概念。而根据上述的解析可以认为，“不承担保险责任的限定”就是“除外责任”，换言之就是“责任免除”。

2.“保险条款规定的疾病不同于医学上界定的疾病”的辨析

保险公司认为，保险条款规定的疾病，不但包括疾病状态，还包括治疗方式，不同于医学上界定的疾病。

此言差矣。目前市场上销售的保险，其保险条款的制定都没有经过保险当事人共同约定，而是由保险公司单方面编制的格式性保险条款。其虽然经过保险监管机构的批准或向该机构报备，但并非等同于双方当事人完全一致约定，若有明显不利于投保方的条款，根据保险法的“疑义不利解释”规定，将作出有利于投保方的解释。

再者，重大疾病保险条款中规定的疾病，若与医学上界定的疾病不同，根据保险公司的意愿，重新打造一种有关疾病的规定，那么至少有两个问题需要保险公司正面回答。（1）此种打造新的疾病概念是否经过当事人双方协商？（2）作为当事人一方的投保方，是否在投保时知悉此情？

如果既没有事先约定，也没有在投保时向当事人进行解释和说明，那么在作为当事人的投保方不知情的情况下，如何做到公平、公正？如何将重大疾病保险类的保险产品来作为社保第三支柱，为人们提供厚实的医疗健康的保障。如何满足人们投保重大疾病保险就是为了防止出现因病致贫的现象，而对自己加入的保险具有保障功能的期待？

若要所有投保人都精通保险，研究保险几十年再来买保险，是否太苛刻？

保险从其诞生之日起，就是按照人们普通生活和商业生活的模式构建起来的，按照百姓们的需求，承担其生活中的风险，疾病同样如此。对疾病的认识和了解，保险公司应当建立在社会普遍认识的基础上，也就是目前医学上认定的疾病概念和范畴，而非重新打造一个新的概念和范畴。保险就是为人们提供遭遇风险后经济损失上的补偿，不论通过定额方式还是补偿方式。

至于本案中，被保险人（患者）在医院确诊患有肿瘤的情况下，不论是选择手术还是放射性治疗，还是遵照医嘱使用药物保守治疗，都是医生和患者之间达成的治疗方案，都是为了解除已经确诊的疾患，为身体康复而做的决定。强调某种治疗方式能理赔，而其他方式不能理赔，这不是一种科学的保险条款的制定方法，有违医学，有违投保人投保初衷（得到保险具有提供风险保障的功能）。

因此，既然保险产品是根据大众需求而设计，而厘定费率的，那么，保险公司能否将厘定肿瘤手术治疗风险的具体风险率（10年以上的全国数据），厘定肿瘤放射性治疗风险的具体风险率（10年以上的全国数据），以及药物保守治疗风险的具体风险率（10 年以上的全国数据）公之于众，来说明该产品的费率厘定中，将药物保守治疗风险的具体风险率排除掉了，费率中没有包含该风险理赔的费用。其他疾病同样如此。保险公司能做到吗？显然是不能的，因为，保险经营是根据大数法则而建立起来的，保费的厘定必须根据历史上的该疾病的发生率和治愈率等大数据来进行，一般不会细分到使用哪种治疗方法的历史数据、大数据来具体厘定上百种重大疾病的各种治疗方法，因为大数法则本身就是一个概率。根据风险发生的概率来厘定风险发生率，来计算每个投保人需要交纳多少保费，才能将风险发生后的补偿或理赔费用和其他费用保持平衡状态，不至于因实际发生风险过大，而收取保费不足而造成该保险产品无法经营下去。

如果，产品设计离开了上述的大众需求，在保险条款的设计上，打造大众所不理解的疾病概念，追求尽量减少理赔支出，那么将违背保险产品设计的初衷，有违大众的期待。

（三）对该公司保险条款第 2. 2 条的质疑

1. 重大疾病保险条款第 2. 2 条内容

保险责任包括："在本附加险合同有效期内，我们承担如下保险责任：轻症疾病保险金，若被保险人于本附加险合同生效或最后一次复效之日起 90 日内（含第 90 日）因意外伤害以外的原因经专科医生明确诊断罹患本附加险合同所列的轻症疾病（见 9. 5）的一种或多种，我们不承担该种轻症疾病的保险责任，该种轻症疾病的保险责任终止。

"若被保险人因意外伤害，或于本附加险合同生效或最后一次复效之日起 90 日后因意外伤害以外的原因，经专科医生明确诊断初次罹患本附加险合同所列的轻症疾病的，我们将额外按本附加险合同基本保险金额的 20% 给付轻症疾病保险金。

"每种轻症疾病只给付 1 次轻症疾病保险金，给付后该种轻症疾病的保险责任终止，若被保险人同时患有两种及两种以上轻症疾病的，针对每种轻症疾病将给付 1 次轻症疾病保险金；本附加险合同的轻症疾病保险金累计给付以 5 次为限，当累计次数达到 5 次时，本保险责任终止……

"轻症疾病豁免保险费，如被保险人因意外伤害，或于本附加合同生效或最后一次复效之日起 90 日后因意外伤害以外的原因，经专科医生明确诊断初次罹患本附加险合同所列的轻症疾病的，我们将豁免本附加险合同及主险合同自轻症疾病确诊之日起的续期保险费，本附加险合同继续有效。"

2. 保险条款第 2. 2 条约定的评析

第一，90 天等待期内保险公司免责，属于免责部分，理应放在免责条款部分，并向投保人明确说明90天等待期保险公司免责的内容。

第二，90天等待期，保险公司是收取投保人保费的，却以格式化条款方式单方面规定不承担责任，有违保险合同的双务性原则。90天是收费的，就要承担保险责任，要么90天不收费。

第三，“轻症疾病保险金只给付一次，给付后该种轻症疾病的保险责任终止”，条款中没有说明，“该种轻症疾病的保险责任终止”后续期保费或期内保费是否减额？因为保险是根据患病风险的发生率是根据大数法则来预测的，而保费的费率就是根据预测风险率来厘定的，既然排除这种疾病风险，不承担保险责任了，那么理应对期内已付保费中的属于该风险承担费率的部分保费退还给投保人。而且在发生续期保费时，应当对上期保费进行减额后收取。

第四，对“累计次数达到5次时，本保险责任终止”的规定，主合同和附加保险合同全部终止还是附加重大疾病保险合同终止？不明确。

第五，“轻症疾病确诊之日”可能在保费期内，还不到支付续期保费之时，那么续期保费可以豁免，确诊之日起已经交纳的期内保费是否可以退还？无法确认其准确性。

综上所述，本案法院的判决有失偏颇，并没有根据保险的原理和保险法的规定，以及保险行业的惯例来判断，笔者认为本案保险公司理赔似乎更恰当些。

参考文献

1. 潘红艳．论保险法对投保群体利益的保护［J］．法制与社会发展，2019（4）．

2. ［英］约翰·T. 斯蒂尔．保险的原则与实务［M］．孟兴国，等译，北京：中国金融出版社，1992.

3. ［英］约翰·洛克．人类理解论［M］．关文运，译．北京：商务印书馆，1959.

4. ［美］佩格·蒂特尔．图利的猫———世上最著名的116个思想悖论［M］．李思逸，译．重庆：重庆大学出版社，2012.

5. 魏冠平，黄煜，综述．高原疾病的种类、发病机制及治疗药物［J］．何庆，审校．安徽医科大学学报，2019（5）．

6. 陈聪富．因果关系与损害赔偿［M］．台北：元照出版公司，2007.

第二章　保险判例律师实录之诉讼

我们将7年来办理的保险诉讼案件进行拣选，拣选的标准不仅仅是我们作为代理律师最终取得了胜诉的结果，更是我们在案件的办理过程中感受到的该案件对保险司法具有的推进作用。

第一节　保险人代位求偿权纠纷案

保险法知识点

1. 保费支付者与投保人概念区分
2. 财产保险合同中的保险利益
3. 保险人代位求偿关系中的“第三者”

一、核心事实

董某驾驶的挂重型特殊结构半挂货车，登记的所有权人为某物流公司。董某作为实际车主，与某物流公司签订了一份《车辆挂靠经营协议》，将该挂重型特殊结构半挂货车挂靠到某物流公司。后董某作为承运人承运了由某保险公司承保的一批货物，途中发生货损，某保险公司已依据保险合同向货主履行了保险责任。

二、诉讼概览

某保险公司依据保险合同的约定及权益转让书等向承运人董某及某物流公司提起保险人代位求偿权之诉。本案历经一审［（2014）临民二初字第11号］、二审［（2014）漯民二终字第133号］、再审［（2018）豫民再204号］，现已审理终结。

一审法院判决无偿付能力的司机董某承担责任，某保险公司上诉后案件被发回重审，一审法院重审改判某物流公司和董某都不承担责任，某保险公司继续上诉，二审法院经审判委员会讨论后改判某物流公司和司机承担连带责任。

后某物流公司申请再审，再审判决驳回某物流公司的再审请求，维持二审判决。

（1）某物流公司申请再审的理由如下：在运输合同关系中，因货主从应付承运人董某的运费中扣除了保险费，所以董某是案涉保险费的实际支付者，不属于《中华人民共和国保险法》（以下简称《保险法》）第60条第1款规定的第三者。虽然董某对被保险标的没有所有权，但对保险标的确有利益关系，如果保险人先行赔偿后，再向董某进行追偿，显然失去了保险的意义，也有违保险合同转移风险的目的。在保险合同关系中，保险费的实际支付者董某与被保险人货主存在共同的经济利害关系，董某应当纳入货主的组成人员范围。

（2）某保险公司答辩理由如下：董某没有与保险公司签订保险合同，也没有直接支付保险费。董某不是保险合同关系中的投保人，也不是货主的组成人员，其对保险标的不享有保险利益。董某在运输过程中给货主的货物造成损害，应承担侵权赔偿责任。保险公司向被保险人赔付后，依法享有对董某的代位求偿权。董某与物流公司系车辆挂靠经营关系，某物流公司应当对董某的行为所造成的损害结果承担连带责任。

三、裁判要旨

本案争议焦点为某保险公司对某物流公司是否享有保险代位求偿权。

（一）一审法院主要观点

董某是该货物运输保险的保险费的实际支付者，是实际的投保人，不属于《保险法》第60条第1款中规定的“第三者”，故保险人不能以此向实际的投保人董某行使代位求偿权。货主给保险公司出具的权益转让书不能适用于实际投保人董某。另外，支付保险费用却不享有保险利益明显有失公平。虽然董某对被保险标的没有所有权，但对保险标的确有利益关系。如果保险人先行赔偿后，再向实际的投保人董某追偿损失，失去了该货物运输保险的意义。因此，对保险公司的诉讼请求不予支持。

（二）二审法院主要观点

董某虽辩称其是本案保险费的实际支付者，并就其辩称主张提供了货主出具的证明材料，但某保险公司对此不予认可。董某与货主之间关于保险费的约定系其双方之间的内部约定，且现有证据不能证明某保险公司在承保时对其双方的该约定系明知。本案保险单上载明的投保人和被保险人均为货主，事故发生后，也是货主向某保险公司提出索赔申请并达成财产损失赔款协议书，后某保险公司亦是向货主支付了保险理赔款。综上，本案保险合同的双方当事人是某保险公司与货主，该合同是其双方之间的真实意思表示，且不违反相关法律规定，应受法律保护。本案事故发生后，某保险公司已经按照保险合同的约定履行了向被保险人赔偿保险金的义务，有权依照《保险法》第60条第1款之规定，在其赔偿金额范围内代位行使对董某请求赔偿的权利。

（三）再审法院主要观点

首先，根据《保险法》第60条第1款规定，“因第三者对保险标的的损害而造成保险事故的，保险人自向被保险人赔偿保险金之日起，在赔偿金额范围内代位行使被保险人对第三者请求赔偿的权利”。董某在运输过程中对保险事故的发生承担全部责任，对其所造成的货物损失应当承担民事赔偿责任。董某属于《保险法》规定的“第三者”。

其次，董某对案涉保险标的不享有保险利益。《保险法》第12条第2款、第6款分别规定：“财产保险的被保险人在保险事故发生时，对保险标的应当具有保险利益”；“保险利益是指投保人或者被保险人对保险标的具有的法律上承认的利益”。在运输合同关系中，因承运人与货主对保险标的具有不同的保险利益，只能分别投保与其保险利益相对应的财产保险类别，才能获得相应的保险保障。本案中，货主是保险标的的所有权人、投保人和被保险人，而董某既不是保险标的所有权人，也不是投保人或被保险人，故只能认定货主对案涉保险标的具有法律上承认的利益。

最后，董某将其运输车辆挂靠在某物流公司从事营运活动的事实清楚。《最高人民法院关于审理道路交通事故损害赔偿案件适用法律若干问题的解释》第3条规定：“以挂靠形式从事道路运输经营活动的机动车发生交通事故造成损害，属于该机动车一方责任，当事人请求由挂靠人和被挂靠人承担连带责任的，人民法院应予支持。”董某在承运案涉货物过程中发生交通事故造成其承运的货物受损，且负该事故的全部责任，某物流公司作为被挂靠人应当对董某的行为后果承担连带责任。

四、案件拓展评析

本案历经两次一审，两次二审，一次再审，依然得不到好的处理，被保险人甚至配合被告出具相关证据证明保险费的实际支付人是司机董某，因此实际投保人为司机董某，保险公司的追偿无依据。经办律师结合保险原理、保险实务以及保险法律从多角度驳斥对方观点，历经五审，最终获得省高级人民法院的支持，代理方完胜。

第二节 机动车保险纠纷之一保险合同纠纷案

保险法知识点

1. 投保单代签名效力
2. 免责条款的提示义务情形
3. 最大诚信原则的适用

一、核心事实

李某为其所有的车辆向某保险公司投保，投保书上有原告签名确认字样，保险公司承保并向李某出具保险单。保险单附有保险条款，约定在保险责任范围内，有下列情况的，保险人均不负责赔偿，被保险机动车在竞赛、测试期间，及因转让、改装、加装或改变适用性质等未及时通知保险人，导致被保险机动车危险程度显著增加的。被保险人李某驾驶该被保险机动车参加赛车活动，发生碰撞导致车损，某交警支队出具《不予受理通知书》，载明该碰撞事故不属于交通事故。事故发生后，李某与保险公司沟通未达成共识，双方各自进行了委托鉴定评估等工作，后保险公司出具定损通知书与拒赔通知书。

二、诉讼概览

李某以保险公司不履行合同义务，向人民法院起诉主张车辆损失保险金。本案经一审审理，现已终结［（2018）粤0106民初9262号］。

经笔迹鉴定，投保单非李某本人签名，李某以保险公司未就免责条款提示和明确说明为由，认为该免责条款无效。被告保险公司认为原告车辆投保的是家庭自用性质，在专业的赛车场里以超过180公里的时度行驶而发生的事故，无论出于何种原因，被告都不应当承担保险责任，理由如下。

（1）根据法律规定，原告的损失应当在赛车保险中理赔，被告不承担本次的保险责任，《保险法》第52条规定，在合同有效期内保险标的危险程度显著增加，被保险人应当按合同约定及时通知保险人，保险人可以增加保费或解除合同。被保险人没有履行通知义务的，因危险程度显著增加而发生的保险事故，保险人不承担保险赔偿责任。原告在国际赛车场内参加赛车活动，以高于180公里的时速行驶，必然会导致车辆危险程度的显著增加，这一点从参赛人员需要购买赛车保险就可以体现，正如被告提交的证据9、证据10被告车辆投保的是家庭自用保险，私家车在高速路上的时速不得超过120公里，原告在赛道上以超过180公里的时速行驶，车辆的危险程度显著增加是显而易见的，尽管原告的车辆是一台跑车，但跑车由非专业驾驶人员驾驶，用车的风险更加不可控制。原告在封闭的赛车跑道中体验速度与激情前就必须通知保险人，保险人可以增加保费或解除合同。原告没有履行法定义务，不仅损害保险人的知情权和解除权，也使车辆处于极度危险的状况中，由此产生的损失保险公司依法不承担保险责任。

（2）依据合同约定，被告同样不承担保险责任，原告在国际赛车场内的赛车行为所导致的损失属于责任免除的范围，保险合同第 8.3 条规定，竞赛中的损失保险人不予以赔偿。原告在赛道上与其他的车辆你追我赶竞争速度，最高时速超过 180 公里，最终造成了事故的发生，原告的行为符合保险条款的免责约定。

（3）原告在赛车场上参加赛车活动，是故意将车辆置于高危险状况，由此产生的损失也属于责任免责。保险合同属于射幸合同，所承保的风险是属于不可预料的风险，也因此在保险上将故意行为排除在承保范围之外，而被保险人的故意除了被保险人以损失保险标的为目的的行为之外，还包括被保险人将保险标的处于可预见且不必要的危险状态之下，保险人对这种行为可能导致的危害后果有完全的认知，损失发生的可能性极大，已经违背了保险承保或然性风险的原则。这种行为造成的损失实际上是被保险人自觉行为所导致的，完全处于被保险人的主观支配之下，因此所致损失应当由被保险人自行承担。

（4）保险标的危险程度显著增加造成的损失，保险人不承担赔偿责任，是基于法律规定，无论保险人是否明确说明，均对被保险人产生法律约束力。而且，案涉保险条款是中国保险行业协会的示范性条款，条款的第 9 条第 5 项同样将《保险法》第 52 条的规定列明于保险条款中，并且该条款已经按法律规定进行加粗加黑处理，尽到了法律所规定的提示义务，因此被告不承担保险责任符合法律规定和合同约定。

（5）保险合同讲求最大诚信，被保险人没有履行维护保险标的安全的义务，反而故意增加其风险，这种不守信的行为不应当受到法律保护。《保险法》第 51 条规定，被保险人应当遵守国家安全生产操作等方面的规定，维护保险标的的安全，这是诚信原则在保险合同关系中的具体体现。原告没有遵守限速每小时 120 公里的约定，故意在赛车场上高速行驶，这种行为导致的损失不论是否属于竞赛，都不应当由保险人来承担，否则等于鼓励被保险人任意妄为的行为，给社会带来负面的影响。最高人民法院印发了《关于进一步加强金融审判工作的若干意见》第 2 条第 6 点，要求准确适用《保险法》，构建保险诚信法律体系。

三、裁判要旨

本案的争议焦点是保险公司应否对原告的车损承担保险责任。

法院主要观点如下：原告将被保险车辆开进赛车场赛道内高速竞驶，并因之发生事故导致车辆损失，符合保险条款载明的免责情形。原告在赛道高速竞驶不属于常规的驾驶行为，极大且无谓地增加了被保险车辆的风险，这属于常理，一般人无须提示及说明均知晓。具体来看，案涉事故的发生与原告行为具有直接因果关系，原告应对此负责。故被告抗辩应免责符合权利义务一致原则、诚信原则、保险法原理及保险条款约定。原告申请对签名进行鉴定，其鉴定结果不影响对本案的处理，产生的鉴定费属于非必要费用，本院依法判令由原告承担。

四、案件拓展评析

本案投保单代签名，如果从传统的责任免除条款思路去抗辩，败诉风险极大，经办律师以保险法规定的危险程度增加未通知为由主张拒赔，不需要提示和明确说明，突破投保单代签名的不利局面，最终获得法院支持。现就《保险法》对危险增加的法律调整特点加以拓展评析。

（一）我国《保险法》对危险增加的法律调整的特点

我国《保险法》在财产保险合同一节中规定了危险增加的内容，该法第52条规定，在合同有效期内，保险标的的危险程度显著增加的，被保险人应当按照合同约定及时通知保险人，保险人可以按照合同约定增加保险费或者解除合同。保险人解除合同的，应当将已收取的保险费，按照合同约定扣除自保险责任开始之日起至合同解除之日止应收的部分后，退还投保人。被保险人未履行前款规定的通知义务的，因保险标的的危险程度显著增加而发生的保险事故，保险人不承担赔偿保险金的责任。

（1）仅在财产保险合同中规定了危险增加的调整内容。在人身保险合同中同样存在危险增加的情形，我国《保险法》没有加以规定。但间接的体现对人身保险合同危险增加内容的法律规定是存在的，对被保险人年龄以及人身保险合同中止和无效的规定中均涵盖危险增加的内容。

（2）仅对危险显著增加的情形进行调整。我国《保险法》的规定在危险增加之前加上了“显著”二字，并在司法解释中对何为危险显著增加加以确定标准的规定。对危险的“非显著”增加和危险的“显著”增加的标准、对危险的“非显著”增加的标准均未作法律规定。

（3）将危险的显著增加独立进行调整。我国《保险法》对危险增加的调整是独立进行的，未与投保人如实告知义务进行制度的融合，将何为“危险的显著增加”交由法院自由裁量。

（4）对危险增加调整采取保险人解除权和法律直接规定保险人不承担给付保险金两种方法进行。

（二）对我国《保险法》危险增加法律调整的思考

1. 危险基本属性视角思考

危险属性本身包含着变化，以危险为基础的保险合同本身包含着危险的变化特征。一般程度的危险增加是保险合同当然的承保对象，只有当危险显著增加时，法律才存在调整的必要。我国《保险法》以危险“显著”增加为调整对象，体现了对危险基本属性的顺承，也体现了保险合同与保险标的的功能发挥的顺位：保险标的功能的发挥顺位优先于保险合同对保险标的的保险保障，保险法对危险增加的调整是以充分发挥（不阻碍）保险标的功能为前提的。对“非显著”的危险增加法律不加以规定和干涉，仅对“显著”的危险增加进行调整符合危险的基本属性。

2. 危险增加的法律属性视角思考

危险增加在任何一种保险中均存在，仅表现形式不同。我国《保险法》仅规定财产保险合同的危险增加，而忽略了人身保险合同危险增加的调整与危险增加的基本属性并不相符。

3. 危险增加在保险合同中的体系衡量视角思考

危险增加虽然属于个案和单个险种具体衡量的事项，但在保险合同层面，危险和危险确定的义务相互联系，危险增加的调整也应当和危险确定的投保人如实告知义务相互联系。我国《保险法》将危险增加单独进行调整，割裂了与保险合同设置的告知事项体系化的连接，将危险显著增加交由法官的自由裁量，增加了个案的裁判难度，也增加了对法官的司法工作的专业要求。

第三节　机动车保险纠纷之二机动车交通事故责任纠纷案

保险法知识点

1. 故意制造保险事故的后果
2. 民事诉讼证据规则在保险案件中的适用
3. 公平原则的准确适用

一、核心事实

龙某 1 为其所有的某车在某保险公司投保交强险及 30 万元不计免赔商业三

者险。保险期限内，龙某 1 的儿子龙某 2 驾驶被保险车辆在某路段与刘某发生碰撞，事故导致刘某死亡。交警支队出具《道路交通事故证明》，载明“龙某 2 驾驶被保险车辆沿某路段由南往北行驶至事发地点时，遇行人刘某持户外遮阳伞在事发地点活动，龙某 2 驾车驶过刘某身边时，被保险车辆左侧与刘某所持的户外遮阳伞发生碰撞，造成刘某倒地后现场死亡的交通事故，无法查明事故发生前后行人刘某在事故地点活动的主观原因及行为”。交警部门出具《视频资料说明》载明，事发前半个小时一辆套牌车在事发地点周围多次出现，车上人员将雨伞扔到路边，后又在路边取出雨伞。事故发生后，该套牌车上下来一男子踹了龙某 2 后上车离开。《情况说明》中记载，死者刘某曾与事发当天抓获的以碰瓷形式诈骗的犯罪团伙成员有通话记录和住房记录；其中道路交通事故现场勘查照片显示，死者刘某身上有一瓶红色液体。

二、诉讼概览

死者刘某家属以机动车交通事故损害赔偿为由向人民法院提起诉讼。本案经一审、二审［（2019）粤 01 民终 5199 号］，现已审理终结。

死者刘某家属认为龙某 2 有过错，有超车行为，超车速度较快，造成本次事故。某保险公司及龙某 2 的家属答辩称，刘某是与套牌车的人员合作制造交通事故以获利，对本次事故负有全部责任。某保险公司提起上诉，理由如下：（1）从民事诉讼高度盖然性标准来分析，本案证据已足以使人形成事故是死者刘某故意制造的内心确信。（2）受害人故意制造事故的，保险人不承担赔偿责任。（3）司法裁判应考虑对社会的影响，起到正面的指引作用。司法裁判不能背离公平正义的核心价值，让人民群众在每一个司法案件中感受到公平正义，当中提到的人民群众不仅仅指普通老百姓，也指案件中的每一个当事人。一审判决无疑给社会传达这样一个信息，只要拒不承认碰瓷，至少能拿到 50% 的赔偿，这绝对不是公平正义的真实含义，会给社会带来严重的负面影响。

本案历经一审、二审，现已审理终结。一审法院认为，虽然交警卷宗显示死者刘某在事发前的一系列行为确有不同寻常之处，但未有充分有效证据证明本次事故是刘某故意制造的，龙某 2 驾驶机动车超车本身未违反法律法规的禁止性规定，但仍应尽谨慎、注意义务，龙某 2 具有一定的过错，刘某也未尽到相应的谨慎注意义务，本身也有过错，故一审法院从公平合理原则等予以考量，酌定龙某 2 对本次事故中刘某死亡的损失承担 50% 的赔偿责任。保险公司在交强险赔偿限额内先行承担赔偿责任，同时超出交强险的损失部分，由保险公司根据商业险保险合同的约定予以赔偿。二审法院经审判委员会讨论，从证据盖然性分析得到刘某具有故意制造交通事故的高度可能性，改判保险公司不承担任何赔偿责任。

三、裁判要旨

本案的争议焦点为死者刘某是否故意制造案涉交通事故。

二审法院认为，（1）《道路交通事故证明》是公安交警部门对案涉事故行政责任的认定，仅是本案证据之一，不影响法院综合本案证据及民事诉讼证据规则对本案事实作出认定。（2）刘某是因其持伞的伞柄与龙某 2 驾驶的机动车发生剐蹭而被携带倒地，但从事故发生经过分析，存在刘某故意制造案涉交通事故的可能性。（3）对套牌车在事故发生前后的行为分析，套牌车上人员和刘某之间具有较为明显的意思联络和配合行为，存在共同故意制造剐蹭事故的高度可能。故本案存在刘某故意制造案涉交通事故的高度可能性，未有充分证据证明龙某 2 对本案事故发生存在过错。

四、案件拓展评析

本案是一宗死亡案件，死者家属四处上访反映情况，给公安、交警、法院制造行政和舆论压力，部分机构迫于压力屈服，不敢对案件定性，被保险人也迫于压力站在受害人一边，希望保险公司赔偿一部分款项平息事态。一审法院也正基于此判决保险公司承担部分责任。但经办律师和保险公司不服，二审法院经审判委员会讨论改判保险公司交强险、三者险不承担任何赔偿责任。

第四节　财产保险合同纠纷案

保险法知识点

1. 保险标的内容的确定
2. 公估报告的效力与运用
3. 保险责任范围

一、核心事实

某科技公司向某保险公司投保财产综合险，投保单上记载保险标的、保险标的坐落地址等信息。某科技公司在投保人声明栏签字（盖章）处加盖公司印章。后受台风影响，天降暴雨，某科技公司租用的厂房及设备等遭受水浸。某科技公司向某保险公司报案，保险公司委托公估公司现场查勘，公估公司作出《公估报告》，认为本次事故为台风所致，属于保险责任承保范围，但出险地址不在承保的地址内，因此保险责任不成立。某科技公司也委托公估公司对涉案财产损失进行评估，认为原公估公司的评估报告超出了评估范围，但也确认出险地址不是保单约定的保险标的地址，同时认为其以 D 车间保额增加为由推断出险地址厂房是保险标的没有事实根据，对损失的核定没有事实根据；其对保险责任的认定超出评估范围，也不符合保险合同的约定。

二、诉讼概览

某科技公司依据财产保险合同向人民法院提起诉讼，要求保险公司赔偿损失。

本案经一审审理终结［（2018）粤 1202 民初 4031 号］。被告保险公司经办律师从保险标的、保险利益、危险程度等方面充分论述出险地址财产不属于保险标的，且出险地址厂房危险程度远远超过了保险地址的厂房。具体理由如下。

首先，本案的保险标的的地址是明确的，没有发生任何的变更，保险公司只承担保险合同约定的保险地址内的财产损失。（1）原告所主张的受损物品不是保险标的，根据保险条款第 2 条约定，保险合同在原地址内的财产才属于保险标的，那么原告以签字盖章的投保单形式告知保险公司保险标的是 × ×，连续 3 年原告都是投保这个地址没有发生过任何变化，保险公司也是根据原告告知的标的明细和坐落地址进行核保，根据保险标的的危险状况核定了费率并出具了保险单，保险单的明细表第四点清楚地记载原告的被保险的项目包括存货、机器设备、建筑物都是坐落在 × ×，而原告主张的受损物品的存放地址是距离保险地址两公里远的 × × × 的厂房，该厂房也不是原告的厂房，也不是保险标的的存放地址，因此原告主张没有依据。（2）原告自己提供的保险单与保险公司的保险单的第一页就有注明，投保人收到这个保险和保险条款要立即核对，如果有错误和遗漏，要在 72 小时内通知保险人。该字体已经加粗加黑，如果原告要变更保险标的的地址或者有遗漏的话应该在 72 小时内告知，但是原告连续 3 年，直到本案发生争议也没有告知保险公司保险标的地址变化。（3）这个出险厂房的面积跟保险公司与原告投保的地址面积是不一样的，原告这个出险地址的面积是 3 700 多平方米，也就是原告所认为的 C 车间的面积是 3 700 多平方米，但是保险合同内记载的 C 车间的面积只有 1 000 多平方米，而且地址也不一样，明显就不是这个保险标的的存放地址。（4）此外，出险的地址跟保险标的的地址的危险程度是完全不同的，根据保险公司提供的公估报告显示，保险标的的地址的厂房水平的位置比市政道路要高出 50 厘米，而出险地的厂房水平位置与市政道路是持平的，而且出险地址没有设置拦水闸。本次的水浸事故保险标的地址的厂房是没有遭受雨水的浸泡，而出险地址因为它的地理位置不是在坡上，也没有设置拦水闸，导致水浸有一米高，造成损失，也就是出险地址的危险程度显著高于保险标的的地址。（5）根据保险条款第25条的约定，如果保险标的的地址发生了变更，原告要及时地通知保险公司，保险公司有权增加保险费或者解除合同。因为原告没有履行这个义务，所以保险公司不承担赔偿责任。（6）连续3年，原告都在保险公司投保，保险的费率是逐年下降的，说明是同一个地址，没出现大的灾害事故，那么风险对于保险人来说是可控的，所以费率是逐年下降的，但是原告擅自变更了这个地址，也没有告知保险公司，导致保险公司以低费率承保了高风险。如果保险公司要承担出险地址这个危险程度大幅度提高的地址的损失，那么对保险人来说是不公平的，也不符合合同的约定。因为财产综合保险的性质决定了在保险合同中必须有保险标的的地址，如果标的的地址无限扩大，那么保险人的保险范围也会无限扩大。根据《〈保险法〉解释（四）》第4条的规定，保险标的所处的环境发生变化被认定为危险程度增加了，本案就是如此。

其次，保险公司委托的公估公司出具的公估报告是客观公正的，应作为裁判的依据。本次事故是2018年6月出险，公估师接受委托后立刻到现场进行公估，第一时间清点损失，指导原告采取施救措施，原告也积极清洗除锈、上防锈油、对物品进行了处理。公估师是现场的亲历者，原告没有对公估师的查勘行为提出任何异议。保险公司是否承担保险责任最关键的是受损的财产是不是保险标的，这个是客观的事实，因为出险地址不是保险标的的地址，因此保险公司委托的公估公司作出保险责任不成立的结论符合客观事实，也符合保险合同的约定。

三、裁判要旨

本案争议焦点在于被告保险公司应否承担保险责任。

根据保险条款“保险标的”第2条的约定，本案保险标的是本保险合同载明地址内的财产，属合同双方明确约定的特定地址内的财产，该地址也构成保险标的的要素之一。原告某科技公司在投保单和保险明细表记载保险标的的地址都是××。被告对保险合同约定的内容变更或增加应向原告作出明示，但原告内部将涉案厂房称为C车间并未在保险合同成立后72小时内通知被告。原告将涉案厂房纳入D车间项目下进行投保属于变更或增加保险合同内容，而原告既未在规定期限内通知被告，也未在合同期间与被告协商达成一致意见，因此，原、被告双方对保险标的地址的约定一直没有发生变更或增加。遭水浸厂房的地址位于×××，不属于本案保险标的；根据谁主张谁举证的原则，原告所提供的证据不足以证明原告称之为C车间的涉案厂房是被告承保的保险标的。该地址内的仓储物、原材料和机器设备不是双方约定的特定地址内的财产，也不属于本案的保险标的。因此，原告本案的损失不属于保险标的的损失，依双方保险合同约定，本案事故不属于保险责任范围，故被告不需对原告的本案损失承担保险赔偿责任。

四、案件拓展评析

该客户是保险公司的优质客户，连续5年投保，且赔付率一直很低。本案在保险公司内部争议较大，省公司认为属于保险责任，总公司理赔部门认为不属于保险责任。产生纠纷后，总公司要求经办律师必须全力以赴争取胜诉。经办律师采取实地调查、完善公估报告、申请公估师出庭的诉讼策略，从多次投保行为、保险标的和危险程度等角度答辩，最终获得法院支持。

第五节　人身保险合同纠纷案之一

保险法知识点

1. 投保人的如实告知义务
2. 重疾险的重复投保
3. 保险合同的解除

一、核心事实

2013年9月27日，周某向某人寿保险公司投保了主险种为人寿两全保险（附加保险为人寿附加多重给付重大疾病保险），其中重大疾病保险条款约定，被保险人首次发生经专科医生明确诊断患合同所定义的重大疾病，包括严重类风湿性关节炎，保险人按照保险金额100%给付“首次重大疾病保险金”，主险和附加险的保险合同条款中关于“如实告知”的约定均使用了黑体加粗字体。周某在投保申请确认书、合同资料客户签收函、保险合同签收回执的投保人处签名确认。周某于2014年1月2日至2014年1月24日在医院住院治疗，于2014年3月4日向某人寿保险公司申请理赔。

某人寿保险公司于2014年3月18日向周某发出《拒赔通知书》，表示其于2014年3月6日收到周某的重大疾病申请，但认为周某此次疾病没有达到合同对严重类风湿性关节炎的定义，拒绝理赔申请。同日，该人寿保险公司向周某发出《保险合同内容变更通知书》，表示由于周某在投保时未将投保前已患有风湿性关节炎病史的事实如实告知，主险和附加险的保费需要增加，如周某接受本次变更，请在14天内签署并书面回复，如超过14天而未收到任何书面回复，视为拒绝接受此变更，并将自始终止保险合同。周某收到上述通知不但不签收，而且不接受提高保费。2014年3月20日，某人寿保险公司派员工专门到周某处详细说明保险合同的调整计划，周某明确表示不接受变更加费，并扣留了保险公司员工。2014年4月2日某人寿保险公司向周某发出《合同解除通知书》，对于合同解除前发生的保险事故，不承担赔偿或者给付保险金的责任，并退还保费。周某于2014年4月3日至2014年4月21日期间在医院住院治疗。

二、诉讼概览

周某主张其疾病已经达到严重类风湿性关节炎的定义，按照合同约定向人民法院起诉某人寿保险公司赔偿保险金。

本案历经一审［（2014）东一法南民二初字第445号］、二审维持［（2014）东中法民二终字第1288号］、再审维持［（2015）粤高法民二申字第1155号］，现已审理终结。

某人寿保险公司答辩称周某在投保时没有履行如实告知义务，影响某人寿保险公司作出承保决定，某人寿保险公司已依法行使了合同解除权，双方之间的保险合同已经解除。某人寿保险公司对于合同解除前以及合同解除后所发生的事故均不承担保险责任。理由如下。

（1）周某在投保时故意隐瞒了周某在2013年9月17日已经确诊患有类风湿性关节炎的疾病史且对于某人寿保险公司明确询问的多项健康状况均没有如实回答。

（2）周某未如实告知的事项足以影响某人寿保险公司作出承保决定，根据周某投保前的病历资料及某人寿保险公司的投保规则，对于周某已经患有类风湿性关节炎的情况，某人寿保险公司承保的费率将要提高，若周某投保时如实告知相关病史并提供病历资料，某人寿保险公司则不会按案涉合同的条件承保，同时结合周某投保前患有其他疾病及隐瞒投保史等情况，某人寿保险公司会作出拒保的决定，根据《保险法》第6条第2款的规定，某人寿保险公司有权解除保险合同。

（3）某人寿保险公司已经依法有效地解除了保险合同，2014年3月18日某人寿保险公司通知周某拒绝该次理赔及变更保险合同，2014年3月20日某人寿保险公司的工作人员对周某进行上门服务时，周某向某人寿保险公司的工作人员表示不接受某人寿保险公司的决定并强行扣留了该工作人员的公文包、限制其人身自由。2014年3月27日周某再次到某人寿保险公司的办公场所进行吵闹争辩，某人寿保险公司经过再次调查发现周某在投保前还有其他既往病史没有告知，且曾经在多家保险公司投保理赔并被拒赔的事实。综上，某人寿保险公司于2014年4月2日作出了解除保险合同的决定，并向周某邮寄了合同解除通知书，且酌情退还了周某所交的保险费28 680元。案涉保险合同已经被依法解除，合同解除前和合同解除后发生的事故人寿保险公司均不承担保险责任。

（4）周某所患的疾病不符合保险合同约定的重大疾病保险金支付的条件，无论是2014年1月的病情还是2014年4月的病情均不符合合同约定的保险金支付条件。

三、裁判要旨

本案的争议焦点为周某有无履行如实告知义务及案涉保险合同是否已解除。

法院认为如下：周某在投保单上书写了“本人已阅读保险条款，产品说明书和投保提示书，了解本产品的特点和保单利益的不确定性”等字样。案涉多重给付重大疾病保险合同条款及投保提示书中关于“如实告知”的约定均使用了黑体加粗字体。由此可以认定周某在签订合同时未履行如实告知义务，根据《保险法》第16条第2款、第4款、第5款的规定，某人寿保险公司有权解除案涉保险合同，某人寿保险公司已经向周某发出解除通知书，周某也已经知晓某人寿保险公司提出解除合同。据此，某人寿保险公司主张案涉保险合同已解除合法有据，某人寿保险公司无须承担向周某支付保险金的责任。诚实信用是一个基本原则，如实回答保险人提出的与案涉保险相关问题是一个公民应当履行的基本诚信义务。

四、案件拓展评析

在纠纷发生初期，专业律师指导保险公司的法务人员及时对公司操作中的不规范行为采取补救措施很重要。如本案中及时向周某邮寄《拒赔通知书》《保险合同内容变更通知书》《合同解除通知书》，并均保存有证据。同时本案中周某涉及在多家保险公司投保理赔，针对重疾险重复投保现状，此处做拓展评析如下。

重疾险合同条款中并无投保人不得重复投保的禁止性规定，理论上，无禁止性规定的结果是投保人可以无限次数的投保重疾险，然后向多家保险公司请求同一重疾事故的多重理赔。实践中已经出现投保人短时间内向多家保险公司投保巨额保险金重疾险，然后短时间内提出理赔申请的事实。

首先，关于法律是否禁止重疾险约定适用重复保险。私法的基本理念是：

法无明文禁止即为权利，法不禁止即自由。凡是法律没有禁止的，都是合法或准许的；每个人只要其行为不侵犯别人的自由和公认的公共利益，就有权利（自由）按照自己的意志活动（张文显、于宁，2001）。保险法之所以将重复保险规定在财产保险合同一节之中，因其顺向逻辑符合保险基本理念：人身无价、财产有价。人身无价理念之下（樊启荣，2008），法律自无必要规定重复保险制度；财产有价理念之下，规定重复保险制度保证价格与价值的统一，防止被保险人不当得利。这一规定的逆向逻辑是：因为没有将重复保险规定在人身保险之中，人身保险就不能规定或者约定重复保险，反之，则违背私法理念，不能成立。重疾险因为承保被保险人身体疾病，而被归入人身保险之中。重复保险法律制度被规定在财产保险中，是否意味着人身保险中不能适用重复保险的规定？回归人身保险与财产保险的分类背后涉及的“人身无价”以及“损害填补”理念，重复保险本质上是防止投保人不当得利的法律制度工具，其功能是通过重复保险制度设置，对现实保险运营中出现的重复保险现象进行法律后果的规定和导引。防止借由保险制度超越“遭受损害”的范围，获得多于损害的不当得利。重疾险中并无有关重复投保的约定。结合重疾险保险金的申领方式，可以得出结论：重疾险不禁止投保人重复投保，其保险金给付条件是被保险人身患重疾，不像其他医疗保险，尤其是补偿型医疗保险中约定的给付保险金的条件是根据医院出具的诊疗费用，并且给付保险金以后保险公司需要在该诊疗费用单据上加盖保险金已经给付的印章。换言之，只要投保人支付得起保险费，保险公司无权干涉其是否重复投保、重复投保的相关情况以及重复投保的具体保险金额，全由投保人根据自身承担保险费的能力决定。投保人是何身份，对保险产品熟知与否，以及用多长时间投保，只能反映投保人的投保偏好，对重疾险的重复投保等相关问题不产生影响。

其次，关于重疾险中应否约定适用重复保险。我们的结论是：重疾险应约定适用重复保险，以保持风险厘定与保险金支付的经营预期得以实现。监管部门应倡导重疾险约定适用重复保险，以保护投保群体利益。原因有二：其一，以人身保险产品费率厘定基础和保险公司控制经营风险论，除了人寿保险以被保险人的年龄作为厘定风险的决定性要素以外，其他类型的人身保险产品（以重疾险为例），实际上均包括了以下的费率厘定基础：身患疾病的投保人在一般情况下的实际损失即医疗费用、所需要的康复费用、护理费用、劳动能力受损（或完全丧失）的经济损失、患病的精神抚慰金等实际发生的经济上可以货币形式量化的损失。这一定价基础显然与漫无边际的“人身无价”理念之间存在一个构想和市场的巨大鸿沟。允许保险公司依据其厘定保险费率的基础，自由设置保险合同条款，以市场的商业理性控制保险经营风险，是保险商品市场化运作的基础。在重疾险中允许保险公司以合同约定自决是否适用重复保险的规定，就是这一保险经营内在要求的体现。其二，以重疾险等的投保群体利益论，不因为投保重疾险等人身保险而发财，更深层次的原因在于对投保群体利益的保护。厘定保险费的基础是具有遭受重疾危险的一般投保人的一般可能造成的经济损失。如果出现极端的超出这一费率厘定基础的特殊投保人——意欲通过患病而发财的投保人，则超出了保险费厘定的基础。对这些投保人的行为以一定的技术手段进行限制，其实是保护购买了同类保险产品的其他投保人。如果任由这些意欲患病发财的投保人妄为，不啻借由医疗保险产品鼓励了违背公序良俗的投保人对善良投保人的抢劫行为。

最后，完善重疾险产品的建议。在重疾险等保险合同条款的设计中，保险公司应当展现其厘定保险费率基础的考量因素，以控制经营风险为功能性出发点，约定是否适用重复保险制度。为了避免与《保险法》规定的形式冲突，可以采取变换语言表达方式约定，或者缓和《保险法》有关通知义务的规定方式，目的是实现费率控制，防范重疾致富的道德风险，如，约定投保人应告知其向其他保险公司投保重疾险的情况。支付规则不能用，无法获得保险法支撑。恶意无效可以选择适用，归入违反如实告知义务解除合同的适用。①

第六节　人身保险合同纠纷案之二

保险法知识点

1. 投保人的如实告知义务
2. 保险人的提示与明确说明义务
3. 保险范围内意外事故的定性

一、核心事实

2006 年 9 月 28 日至 2006 年 11 月 2 日，贺某因颅内多发动脉瘤、自发性蛛网膜下腔出血及高血压病在医院住院并进行手术治疗。2011 年 9 月 28 日，贺某在保险公司投保某两全保险（分红型），在《人身保险投保书》的“投保人及被保险人声明及授权”部分亲笔书写“本人已阅读保险条款，产品说明书和投保提示书，了解本产品的特点和保单利益的不确定性”，并签名确认其已经认真阅

① 潘红艳：“重疾险重复投保现状及保险公司对策建议”，载《上海保险》第 9 期，第 52－55 页。

读并完全了解条款内容，且被告已经对责任免除条款进行了明确解释和说明。后贺某在超市购物时起身头部撞到货架后晕倒跌坐在地，经抢救无效死亡。医院出具的《死亡医学证明书》载明：导致死亡的直接病因为蛛网膜下腔出血。

二、诉讼概览

周某（贺某女儿）以贺某因意外事故死亡请求保险公司赔偿意外身故保险金。本案经一审审理，现已终结［（2013）穗天法民二初字第4606号］。

某保险公司答辩称：首先，原告没有举证证明贺某是因为意外事故为直接而单独的原因导致身故，虽然原告提供了贺某在超市晕倒的录像，但是原告从来没有提供任何确实充分的证据证明贺某是因为晕倒摔跤而导致死亡。其次，现有证据表明贺某因疾病而并不是死于外来的、非疾病的因素。最后，贺某投保时存在故意未如实告知的行为，已经影响到被告作出承保的决定。根据医院的病历资料显示，贺某投保前就曾经患有自发性蛛网膜下腔出血、颅内多发动脉瘤，而且颅内多发动脉瘤并没有治愈，但是贺某在投保时并没有向被告如实告知既往病史，这一未如实告知的行为，已经影响被告作出承保的决定，被告可以依据保险法和保险合同的约定解除合同并不承担任何保险责任。

三、裁判要旨

本案的争议焦点是贺某是否履行了如实告知义务及是否因意外事故死亡。

法院的主要观点如下。

（1）关于投保人贺某是否履行了如实告知义务的问题。投保人贺某曾在医院住院治疗时已被诊断有自发性蛛网膜下腔出血、高血压病及颅内多发动脉瘤等病症，但其在投保书中故意隐瞒病史，作出了否定性回答，且投保人贺某隐瞒的疾病与其死亡的原因存在密切的联系，故认定投保人贺某在投保时未能履行如实告知义务，足以影响被告作出是否承保或提高保险费率的决定。

（2）关于被保险人是否因为合同约定的意外事故导致死亡的问题。第一，被保险人贺某摔倒后因抢救无效死亡，对其进行救治的医院出具的入院记录显示其入院及出院诊断均为蛛网膜下腔出血，出具的医学死亡证明书显示死亡的直接病因是蛛网膜下腔出血，本院对被保险人死亡的直接病因是蛛网膜下腔出血的事实予以认定；第二，原告主张贺某是因跌倒时头部撞击货架导致出血并死亡，并提交了录像资料，但仅凭录像并不能得出被保险人贺某死于脑部撞击的结论；综上，本院认定被保险人贺某死亡的直接原因为疾病蛛网膜下腔出血，并非合同约定的非疾病的意外事故。

（3）关于原告要求被告支付保险赔偿金的问题。第一，承前所述，被保险人贺某在投保时故意隐瞒重要病史，未能履行如实告知义务，被告依法享有解除合同并拒绝支付保险金的权利；第二，承前所述，保险人贺某死亡的直接原因为疾病蛛网膜下腔出血，并非合同约定的非疾病的意外事故，其死亡不属于保险合同约定的保险事故，被告亦得以拒绝支付保险金。

四、案件拓展评析

对于蛛网膜下腔出血的成因进行医学上的深入研究是本案胜诉的关键。同时，此处对本案中投保人的如实告知义务进行如下拓展评析。

我国《保险法》第16条第2款规定："故意和重大过失违反如实告知义务，足以引起保险人是否同意承保和提高保险费率，保险人有权解除合同。"从这一款规定可以直观地总结出保险人解除权的构成要件：投保人直观故意和重大过失+客观违反如实告知+未告知的事项是"足以引起保险人是否同意承保和提高保险费率"的。构成要件中故意和重大过失的判断借鉴侵权行为法中的判断标准，即可完成司法适用的全过程。那么，应当如何认识"足以引起保险人是否同意承保和提高保险费率"？本书做出以下分析。"足以因其保险人是否同意承保和提高保险费率"被学界称为"重要事项"（以下简称"重要事项"）。

（1）与第16条第1款的内容交织，该重要事项在现代保险经营的语境下，限于"询问"范畴。

（2）将这一"询问"的"重要事项"用举证责任作为裁取标准，限于保险人能够提供录音、录像（口头询问）的以及投保书（网络投保书、纸面投保书）两种与保险现实经营对接的形式。

口头询问以及投保书询问事项与保险合同承保范围之间是何种关系呢？这一逆向的设问可以解决三个层次的问题：①重要事项与询问事项之间是否是同一关系？②重要事项的设置与保险合同承保范围条款之间是否是一致顺接的关系？进而导出这一表层设问需要的深层问题指向。③询问事项的设置与保险合同承保范围之间是否是顺接的关系？

（一）重要事项与询问事项关系追问

这一问题的回答顺向包括两个答案：重要事项和询问事项关系同一；重要事项并非询问事项。如果重要事项和询问事项关系不同一，那么询问事项除了重要事项还包括什么事项？从订立保险合同的目的出发，保险公司对投保人进行询问的目的是通过获取被保险人以及保险标的的相关信息，进行危险厘定、危险控制、危险归类。最终决定投保人的投保要约是否符合保险人承保的标准，如果符合保险人的标准，再根据被保险人确定保险费率的收取标准。保险人对投保人进行事项询问的行为本质指向两个方面：第一，对投保人是否“适格”（符合保险合同订立的标准）进行审核；第二，对收取的保费进行确定。

加上以下两个因素：保险人的专业性、保险人的理性，询问事项和重要事项的范围应当是相同的。即询问事项 = 重要事项，除非依据一般的常识和外观即可判断询问事项与保险人实施询问行为的本质不完全契合。再逆向纳入保险人询问的目的，可知重要事项和危险事项是同一的，即重要事项 = 危险事项 = 询问事项。《德国保险合同法》第 19 条规定，……对其决定订立保险合同有重要影响的事实，投保人应当向保险人如实告知。《日本保险法》第 4 条规定，……在订立损害保险合同时，就损害保险合同不成立与损害发生的可能性（以下在本章中简称“危险”）有关的重要事项……应当如实告知。

（二）重要事项和保险合同承保范围条款之间的关系

我国《保险法》第16 条第2 款的适用过程中，常常会出现对投保人违反如实告知义务，保险人享有合同解除权的构成要件是否包括投保人未如实告知的事项（重要事项）与损害发生的结果具有因果关系的迷局。这一迷局的破题关键就是回答重要事项和保险合同承保范围条款之间的关系问题。如果重要事项和保险合同承保范围条款是同一关系，虽然在第 16 条第 2 款中没有明确规定保险人解除合同构成要件包含“因果关系”，经由保险合同的约定，“因果关系”也是保险人解除保险合同的构成要件。如果重要事项和保险合同承保条款不同一，则应该依据第 16 条的规定，不将投保人未告知的事项与损害结果之间具有因果关系纳入保险人解除保险合同的构成要件中。

保险人设置重要事项的目的是确定危险、厘定保费，与保险合同承保范围条款的设置具有目的的同一性。但二者在理论和实践中均不同一：理论上，重要事项的设置目的包含是否承保，保险合同承保范围条款的设置目的则排斥这层目的，两者的目的并不完全相同，决定二者的范围不完全相同。实践中，重要事项与保险合同承保条款确实存在差异。

结论是重要事项和保险合同承保范围条款存在设置目的重合的部分，但二者的范围、表述并不同一。既然《保险法》第 16 条中未提及未告知的重要事项与损害结果之间应当具有因果关系，无法解释出保险人因投保人未履行如实告知义务解除保险合同的构成要件中包含“因果关系”要件。

（三）询问事项和保险合同承保范围条款关系

由于询问事项的设置和保险合同承保范围条款的设置存在目的的重合部分：确定投保人应当交纳的保险费率，二者必然存在关联性。即询问事项中与确定保险费率相关的部分与保险合同承保范围条款是一种顺接关系。如在投保人投保重大疾病保险前，保险公司的询问事项通常包括：是否患有重大疾病？

司法审判之所以认为保险人因为投保人违反如实告知义务时的合同解除权构成要件包括“因果关系”，就是将询问事项与保险合同承保范围条款之间的这种顺接关系理解为同一关系，进而将保险合同承保范围条款与询问事项条款混淆。所以将本来应当置于“保险合同承保范围”与“损害结果”之间的因果关系，置于“询问事项”与“损害结果”之间了，从而作出了超出《保险法》第1条第2款构成要件范围扩大的误判。①

第七节　申请诉中财产保全损害责任纠纷案之一

保险法知识点

1. 诉讼保全损害责任的构成要件
2. 财产保全申请人“过错”的认定

一、核心事实

2014年12月26日，赵某与廖某签订《借款凭证》，后廖某未按约还款，赵某依法向人民法院起诉要求廖某和叶某偿还贷款，一审法院判决叶某对廖某的债务承担连带清偿责任，廖某及叶某不服上诉，二审法院判决驳回上诉，维持原判，因廖某和叶某不履行生效判决文书所确定的义务，赵某向法院申请强制执行。后廖某和叶某起诉赵某偿还借款及利息（涉及其他案件和当事人），叶某在诉讼中向法院申请财产保全，要求查封冻结赵某在执行案件中的所有执行款，某财产保险公司为该保全提供了保单保函，一审法院驳回全部诉讼请求，廖某和叶某不服上诉，后撤回上诉，一审判决现已发生法律效力。判决生效后，叶某怠于履行解除查封、冻结的义务。

二、诉讼概览

本案经一审审理终结［（2019）粤0402民初9734号］。赵某起诉的主要理由如下。（1）本案为申请诉中财产保全损害责任纠纷，根据《民事诉讼法》第105条“申请有错误，申请人应赔偿被申请人因保全所遭受的损失”之规定，同时结合我国《侵权责任法》的归责原则，本案应适用一般侵权过错责任归责原则。（2）本案中被告叶某的诉讼请求最终未获得法院的支持，其申请保全的

① 潘红艳：“浅析我国保险法第16条的司法适用”，载《中国保险报》2018年9月5日，第4版。

财产已经失去了合法的依据，主观上存在重大过错，且被告叶某的行为已经使原告的上述执行款原本应继续按照年利率24%计算未支付的利息目前无法计算利息，从而使原告遭受了财产损失。因此，被告叶某申请对原告执行款进行查封、冻结的行为系滥用诉权的行为，被告叶某应当依法对原告的损失承担民事赔偿责任。（3）被告某财产保险公司作为被告叶某申请财产保全的担保人，根据《中华人民共和国担保法》第19条、第21条的规定，应当对叶某所要承担的责任负连带责任。（4）本案中，该笔执行款被冻结后，原告不能领取，造成原告无法领取使用、投资或者出借，而该效果相当于被执行人未履行相关的偿还借款义务而使赵某无法领取执行款，被告叶某申请诉讼财产保全查封错误，造成原告的损失主要是利息损失。基于原执行依据的民事判决书已经对利息的计算是以尚欠金额为基数，按照年利率24%计算利息直至清偿时止。故而本案中造成原告利息损失也应当按照年利率24%的标准计算损失。

被告保险公司辩称：（1）我方认为在本案中合并审理保险合同法律关系没有依据。本案的案由是因申请诉中财产保全损害责任纠纷，这是申请人与被申请人之间的侵权关系。而财产保全申请人与我方是保险合同关系，我方与原告并无合同关系，本案也没有法律上规定的被保险人怠于向我方行使保险索赔权的情形，因此本案合并审理没有法律依据；（2）财产保全制度的设立目的是为了保护当事人的合法权益以及判决以后有效的执行。而法院采取保全措施必然会使得被申请人不能自由地对保全财产进行事实上或者法律上的处分，不应完全以判决结果或者案件有无撤诉作为判定保全错误的参照标准。我方认为只要申请人鉴于现有事实以及证据提出合理的诉请，并确实尽到普通人应尽的合理义务，即便案件存在被驳回或者后续有撤诉的情况，也不能仅以此判断案涉的保全存在错误并承担相应的损失赔偿责任，而且保全损害责任是一种侵权责任，应当是适用过错责任规则即申请人在申请保全时主观上存在故意或者重大过失才可以认定保全错误，并且应当符合以下四个条件：①申请人主观上有故意或重大过失；②保全行为具有违法性；③损害事实确实存在；④错误的保全与损害事实存在因果关系，上述四个条件必须同时满足；（3）我方认为，申请人并没有存在主观上的故意或过失。如上所述，保全错误的评判依据是以申请人的保全是否有事实和法律依据，是否存在恶意过错，这是《民事诉讼法》第105条的本意所在，该过错的体现形式主要表现为诉讼主体是否存在严重错误、诉讼的请求是否明显没有依据、保全的标的是否合理，而本案中被告叶某在提起×号案件中，提供了大量的转账凭证等证据予以佐证，案件事实是存在的，并没有夸大诉讼请求，因此我方认为申请人在该案中为了保护自己的合法权益申请财产保全的行为具有正当性，而且案涉的××号案件中判决书也已经确认双方存在划款纠纷，因此本案的财产保全申请并不具有法律上规定的财产保全错误；（4）我方认为本案财产保全行为不具有违法性。被告叶某提起的是给付之诉，而诉讼请求标的和申请保全的诉额相同，无论是从申请保全的对象还是保全的标的，抑或是保全的程序，都是适当的，且该申请保全也是法院审查后才予以准许的，也不存在故意超标查封、恶意查封的事实；（5）本案原告也未提供任何证据证明被告叶某的诉讼保全行为存在过错且违法，也未提供证据证明该过错行为与损害的事实存在因果关系，原告在案涉的×号案中仅提及过超标的查封的异议，但未被法院采纳，除此之外，其也未对此次保全行为提出其他异议或者提出存在损害，说明其是认可此次保全行为的；（6）我方是保险机构，在根据投保人提供的材料的情况下审核相应的投保，已经尽到了审查义务，而且该保全行为也得到了法院的批准，足以证明涉案的保全是合法的。综上，我方认为原告主张我方承担共同赔偿责任没有法律依据；（7）即便假设本案申请人存在故意或重大过失，而根据我方的投保单、保险单明细表特别约定，因被保险人在收到案涉的判决书之后也未及时向我方提供，对因此而扩大的损失我方享有追偿权。

三、裁判要旨

法院主要观点如下，根据《民事诉讼法》第105条，申请有错误的，申请人应当赔偿被申请人因保全所遭受的损失，因财产保全引起的损害赔偿案件，申请人申请是否有错误，不能简单地以申请人的诉讼请求是否全部得到人民法院支持为判断依据，还应当考虑申请人申请财产保全是否存在让被申请人遭受损失的故意或重大过失。因为，申请人对自己权利的衡量可能与法院的判决存在一定的误差，当事人的合理诉请可能与国家司法干预的后果不尽相同，过分苛求申请人对自己的权利进行准确无误的评判是不现实的。应当从保全申请的前提、保全申请人的主观追求、保全对象、保全金额、申请过错等认定财产保全申请人在提起诉讼及申请诉讼保全时，是否已尽到普通人的注意义务，不存在让财产保全被申请人遭受损失的故意或重大过失。

四、案件拓展评析

诉讼财产保全损害责任是一种侵权责任，应当适用过错归责原则，不应完全以诉讼结果作为判定保全错误的参照标准。即只有当申请人在申请保全时主观上存在故意或者重大过失，才可以认定有过错。本案廖某、叶某与原告赵某存在真实的账户往来纠纷，其并不存在主观恶意、过错，且诉讼财产保全损害责任案件还需从保全程序、保全对象、保全标的等综合考虑是否存在保全错误。

第八节　申请诉中财产保全损害责任纠纷案之二

保险法知识点

1. 诉讼保全损害责任的构成要件
2. 复杂法律关系的厘清

一、核心事实

恒某公司因合同纠纷起诉东某公司要求赔偿，同时提出诉中财产保全申请，要求法院冻结东某公司的财产，某保险公司在该案中为恒某公司提供保单担保。该合同纠纷案已由法院受理并作出保全裁定，尚未审结。

二、诉讼概览

东某公司以恒某公司提起恶意诉讼和错误诉讼财产保全为由向人民法院起诉恒某公司和保险公司，请求赔偿因诉中财产保全损害造成的经济损失。

经审理，一审法院判决驳回东某公司的全部诉讼请求［（2018）粤1972民初7585号］。

保险公司的答辩理由如下：（1）在财产保全损害责任纠纷中，合并审理保险合同的法律关系，没有法律依据。因为本案是侵权纠纷，保险公司与东某公司之间没有侵权关系，也没有合同关系，不应当合并审理，也不存在恒某公司怠于向保险公司行使保险索赔权的情形。（2）财产保全的目的是为了保护当事人的合法权益和保证生效判决得以执行，必然会导致被申请人也就是东某公司不能自由地对被保全的财产进行法律上的处分。因此只要是申请人恒某公司基于客观的事实和证据提出了诉请，并确实尽到了一个普通人的合理的注意义务，不管在基础案件中的判决是否支持恒某公司的主张，都不能以此来判断恒某公司的保全行为存在错误并承担赔偿责任。认定保全错误且需要承担赔偿责任，至少满足4个法定要件：第一，申请人主观上存在故意或重大过失；第二，保全行为具有违法性；第三，被申请人的损害事实确实存在；第四，错误的保全行为与损害的后果有因果关系。这四个要件要同时成立，缺一不可。东某公司没有任何证据证明恒某公司的保全行为存在过错且违法，也无任何证据证明损害事实真实存在，且与保全行为有因果关系。（3）本案的保险责任的条件没有成就，保险公司无须承担保险责任，恒某公司的保全行为合理合法，诉请金额与保全金额完全一致，东某公司也没有及时对保全行为提出异议，因此恒某公司不存在过错，保险公司不需要承担责任。

三、裁判要旨

《民事诉讼法》第105条规定："申请有错误的，申请人应当赔偿被申请人因保全而遭受的损失。"据此，申请人赔偿被申请人因财产保全所遭受损失的前提条件为"申请有错误"，但前诉案件尚未审结，故"申请有错误"的前提条件并未成就。

四、案件拓展评析

首先，在财产保全损害责任纠纷中合并审理保险合同的法律关系没有法律依据；其次，若财产保全申请人基于客观事实和证据提起诉讼，并尽到了合理的注意义务，则不满足承担赔偿责任必须满足的4个法定要件；最后，在财产保全案件还未审结的情况下，申请诉中财产保全责任纠纷案件的保险责任条件没有成就。

随着保险理念的不断创新，在与诉讼程序的衔接领域，除了诉讼财产保全保险外，最近有一种新型保险产品"继续执行责任保险"，此处作为拓展简要解析如下。

2018年5月24日，北京首份"继续执行责任保险"在海淀法院诞生。这是北京首款也是保险行业首款防范拖延执行的司法责任保险产品。投保这种保险以后，如果案外人提出执行异议，只需保险担保，强制执行无须中止。申请执行人投保后，保险公司将向法院出具《继续执行责任保险保函》。依据该保函，法院将依法恢复对被执行人财产的评估、拍卖程序，从而加快执行案件的变现流程。在保险期间内，如果因被保险人（即申请执行人）向法院请求继续执行有误，给案外人造成损失，保险公司将根据保险合同赔偿损失。

详细观察该保险的内涵，并对该产品的内在逻辑关系进行梳理，可以梳理成以下的内容。申请执行人投保上述保险产品，根据上述法院审理程序规定，案外人提出的执行异议将因保险公司为被保险人提供担保不被法院采纳，而强制执行不终止，继续执行。如果案外人的执行异议不合法，法院判断不采纳，保险公司则无须担责；如果案外人的执行异议合法，而法院在接受保险公司的担保（保函），并根据担保内容，对被执行财产拥有权利的案外人采取强制执行后，对被执行财产拥有权利的案外人因此而产生的损失，将由保险公司承担补偿责任，向对被执行财产拥有权利的案外人给付保险金。在继续执行责任保险中，保险公司的经营风险是案外人执行异议合法，保险公司承担执行责任的风险。申请执行人，也是投保人转嫁的风险，除了案外人执行异议合法的风险，还包括案外执行异议的审理时间的风险和被执行人转移财产的风险。

任何保险的危险厘定以及保险费率的确定均须依据大数法则实现，继续执行责任保险中，大数法则能够在对以往案外执行人申请异议的案件数、异议成立数、执行财产数额等因素分析的基础上计算出保险费率，依据申请执行人的申请执行财产数额、申请执行案件判决的基本情况等危险因素确定保险费。

继续执行责任保险的运营过程存在一定的法律和经营风险。第一，案件事实基本情况差别巨大，司法裁判系统的大数据能否精准确定保险费率？大数法则需要非常大的样本才能保证准确性，如果不是所有诉讼参与者投保，则很难构成大数。第二，即使可以根据司法大数据精准确定保险费率，如何确定厘定危险的因素，以及确定保险费的因素也关涉个案的情形。而对个案的判断整个司法裁判系统的运作尚且无法保证结果，保险公司的法律审查，也是能否承保和确定保险费率的审查，任务艰巨。第三，对于以营利为目的的保险公司而言，虽然在业务开展初期能够获得现实的保险费收益，但是如果赔付的支出超过所收取的保险费，保险产品的盈利很难实现。第四，还需防范投保人（申请执行人）的逆向选择问题——那些可能给案外人造成损失的申请执行人往往更愿意投保继续执行责任保险，而那些对申请执行财产权属较为确定的申请执行人往往不愿意另外支付保险费，宁愿等待法院对案外执行异议人作出裁定，再继续恢复执行程序。

对“继续执行责任保险”的思考如下。第一，继续执行责任保险不存在以强制或者半强制方式推广运作的正当性基础，只能以商业保险的方式进行。作为一种商业保险，在保险费率的确定、经营风险的控制等方面应当依据保险的基本原理进行，在对以往执行异议案件进行全方位的大数据样本考察基础上获得精准而科学的保险费率以及危险厘定因素。第二，同时在产品运营层面，也应当遵循市场规则进行。市场主体选择是否投保继续执行责任保险是自愿进行的，法院作为专门的司法审判机构，无法也不能参与到继续执行责任保险的市场化运营过程中来。只有实现真正意义上的市场运作，继续执行责任保险才能最终实现对执行异议申请人、案外执行异议提起人进行综合、平衡保障的目的。①

第九节　团体保险合同纠纷案

保险法知识点

1. 团体保险与一般保险关于提示与说明义务的异同

① 潘红艳：“解读‘继续执行责任保险’”，载《中国保险报》2019年5月30日，第5版。

2. 团体保险的基本结构

3. 团体保险合同的当事人

一、核心事实

某公司通过保险经纪公司为其员工（包括何某）向保险公司购买了团体保险。何某的投保等级为2，该等级的保险险种包含人寿团体意外伤害保险，保险责任包含意外身故保险金，保险合同载明责任免除条款并就责任免除及如实告知等内容黑色字体加粗显示。另有签章版《保险合同送达回执》，载明投保团体已收到保险合同。“保险公司已向我/我们逐条说明了此保险合同，并详细解释了责任免除条款、保单理赔服务、保单变更服务和一般条款等。”后何某驾驶摩托车行驶发生交通事故，当场死亡。交警部门出具的交通事故认定书载明何某驾驶制动不良的机动车上道路行驶，驾驶机动车从前车右侧超车，是导致此事故的主要原因，何某承担事故的主要责任；另查明，摩托车所有人为何某，检验有效期已过。

二、诉讼概览

李某等人（何某的法定继承人）以团体意外伤害保险是公司统一为员工购买，公司盖章不能证明保险公司已尽到解释说明义务为由向人民法院起诉要求保险公司理赔身故保险金。本案经一审审理，现已终结［（2013 穗天法民三初字第74号）］。

保险公司答辩称：保险公司认为原告的请求没有合同依据，理由如下。（1）案涉保险合同依法成立、合法有效。被告与投保单位某公司签订的保险合同依法成立生效，保险期间为××至××，投保单位为包括被保险人何某在内的员工购买了包括团体意外伤害险等多个险种。案涉保险合同是投保单位和被告之间达成的一致协议，合同依法成立，合法有效，审理本案应当以案涉保险合同为依据。（2）被保险人何某发生的保险事故不属于被告承担保险责任的范围。保险期限内，何某驾驶机动车发生交通事故，当场死亡。交警大队出具的《道路交通事故认定书》认定“何某驾驶制动不良的机动车上道路行驶，驾驶机动车从前车右侧超车，是导致此事故的主要过错”。《团体意外伤害保险条款》（以下简称“保险条款”）第一章第5条责任免除条款约定：“因下列情形之一，导致被保险人身故，发生本合同所释义的残疾或烧伤的，我们不承担保险责任：……四、被保险人……驾驶无有效行驶证的机动车……”；保险条款第六章约定，“无有效行驶证”的情形包括：“……（3）未依法按时进行或通过机动车安全技术检验……”原告在申请理赔时提供了《机动车信息查询结果单》，经核实，被保险人何某驾驶的机动车“检验有效期”已至。保险事故发生时，何某驾驶的机动车未依法按时进行机动车安全技术检验。另外，《道路交通事故认定书》认定何某驾驶的机动车“制动不良”，可见事故机动车未能通过机动车安全技术检验。因此，何某属于“驾驶无有效行驶证的机动车”的情形，符合案涉保险合同中约定的保险人不承担保险责任的情形。另外，我方已向投保人对于免除保险人责任条款予以明确说明，投保单已经投保单位盖章确认，在保单送达时也特地要求投保单位确认收到保险合同，并且声明保险公司已逐条说明了保险合同并详细解释了责任免除条款等。

三、裁判要旨

本案的争议焦点是保险公司是否就免责条款履行了明确说明义务以及案涉事故是否属于免责情形。

法院观点如下。被保险人何某驾驶制动不良的机动车上道路行驶、从前车右侧超车是导致事故的主要过错的事实，已为交警大队出具的《道路交通事故认定书》所认定。依据保险合同，被保险人驾驶无有效行驶证的机动车的，系保险合同所约定的免责条款，不属保险公司承保的范围。保险合同有约定无有效行驶证的情形包括未依法按时进行或通过机动车安全技术检验。

关于保险公司是否就该免责条款向投保人某公司履行了明确说明义务的问题。依据《保险法》第 17 条，《〈保险法〉解释（一）》第 11 条的规定以及该保险条款之约定，保险公司应对投保人公司履行说明义务。本案中，保险公司所出具的《团体保险投保单》及保险合同送达回执证明了投保人公司通过书面明示已经知悉免责条款并同意遵守，故保险公司已经履行了责任免除条款的说明义务。

四、案件拓展评析

在上述案件中，作为保险公司一方的委托诉讼代理人向法院阐明团体保险的结构、与个人保险相比之异同、团体保险合同当事人及其对应的权利义务对于保险公司一方的胜诉至关重要。针对此问题，此处对我国团体保险产品的主要问题进行简要评析。

我国的团体保险产品主要存在两个问题：第一，产品严重同质，各家保险公司的产品差异度低；第二，新产品开发乏力，难以满足企事业单位的多样化需求。引发上述问题的法律原因在于：我国《保险法》过于保护团体成员对保险金的请求权，忽视了团体保险中团体的利益需求，导致团体交纳保费积极性锐减，团体投保意愿不够的结果。我国《保险法》第 31 条第 4 款规定，“投保人对下列人员具有保险利益：……（四）与投保人有劳动关系的劳动者”。第39条第2款规定，投保人为与其有劳动关系的劳动者投保人身保险，不得指定被保险人及其近亲属以外的人为受益人。

团体为团体成员投保，通常基于两种风险转嫁需求：第一，团体本身由于其成员的生命健康受损造成团体利益受损而需要转嫁的风险，这一风险的受益人应当为团体自身，否则完全丧失转嫁该种风险的市场机制；第二，团体成员自身因生命健康受损需要转嫁的风险。

我国《保险法》的规定，虽然起到了保障团体成员——被保险人在团体保险合同中的利益及道德风险的防范作用，但是对团体作为投保人的自身风险转嫁需求则无法保障。日本的团体保险产品则能够对多种层次的市场需求作出回应：保障遗族生活、保障退休生活、保障因病或其他原因临时不能工作的损失、保障医疗。同时将团体保险收益分为两类：支付给个体被保险人的一类及不支付给个体被保险人的一类。进而实现了两个兼顾：兼顾团体转嫁风险的需求及团体中个体被保险人转嫁风险的需求，兼顾团体交纳保险费的利益驱动及团体和个体被保险人共同交纳保险费的利益驱动。①

① 沙银华、潘红艳：《中国保险法视维之日本保险精要》，元照出版公司2019年版，第224页。

第三章　保险判例律师实录之仲裁

本章中我们将7年来办理的保险仲裁案件进行拣选，目的在于凸显保险仲裁案件和保险诉讼案件的微妙差别，仲裁庭给出的意见足见仲裁员的保险法律实践智慧，故此，我们无须对每个案件做全面评述，仅对我们所热衷的论题加以述评。

第一节　危险程度显著增加，保险公司拒赔案

保险法知识点

1. 危险程度显著增加的判断
2. 免责条款明确说明义务的认定
3. 交强险和商业保险的区别

一、核心事实

2015年10月29日，申请人（被保险人）就涉案车辆在被申请人（保险人）处投保了交强险，被申请人向其出具《交强险保险单》，载明涉案车辆使用性质为非营业企业客车，保险期间为2015年10月31日0时起至2016年10月30日24时止。责任限额的死亡伤残赔偿限额为110 000元、医疗费用赔偿限额10 000元、财产损失赔偿限额为2 000元。

《交强险保险单》附件《机动车交通事故责任强制保险条款》（以下简称《交强险保险条款》）第5条约定："交强险合同中的受害人是指因被保险机动车发生交通事故遭受人身伤亡或财产损失的人，但不包括被保险机动车本车车上人员、被保险人。"第10条约定："下列损失和费用，交强险不负责赔偿和垫付：（一）因受害人故意造成的交通事故的损失；（二）申请人所有的财产及被保险机动车上的财产遭受的损失；（三）被保险机动车发生交通事故，致使受害人停业等其他各种间接损失；（四）因交通事故产生的仲裁或诉讼费用以及其他相关费用。"

同日，申请人（被保险人）又向被申请人投保了被保险车辆的商业险。被申请人向申请人出具了《机动车保险单》，保险期间从2015年10月31日0时起至2016年10月30日24时止。商业险种为机动车损失险、第三者责任险、车上人员责任险（司机）、车上人员责任险（乘客）及上述4个险种的不计免赔特约险。其中，机动车损失险的赔偿限额为152 084元，第三者责任险的赔偿限额为50万元，车上人员责任险（司机）、车上人员责任险（乘客）的赔偿限额均为1万元/座。

《机动车保险单》重要提示栏注明：(1) 本保险合同由保险条款、投保单、保险单、批单和特别约定组成。(2) 收到本保险单、承保险种和对应的保险条款后，请立即核对，如有不符或疏漏，请在48小时内通知保险人并办理变更或补充手续，超过48小时未通知的，视为投保人无异议。(3) 请详细阅读承保险种对应的保险条款，特别是责任免除、投保人及被保险人义务、赔偿处理和附则。

《机动车保险单》附带三份保险条款，分别为《非营业用汽车损失保险条款》《第三者责任保险条款》《车上人员责任保险条款》。其中《非营业用汽车损失保险条款》第6条第(8)项约定，“非被保险人允许的驾驶人使用被保险机动车，不论任何原因造成被保险机动车损失，保险人均不负责赔偿”。《第三者责任保险条款》第6条第(8)项约定，“非被保险人允许的驾驶人使用被保险机动车，不论任何原因造成的对第三者的损害赔偿责任，保险人均不负责赔偿”。《车上人员责任保险条款》第6条第(8)项约定，“非被保险人允许的驾驶人驾驶被保险机动车，不论任何原因造成的对车上人员的损害赔偿责任，保险人均不负责赔偿”。

《非营业用汽车损失保险条款》第14条第(4)项、《第三者责任保险条款》第16条第(4)项均约定，被申请人收到申请人的索赔请求后，应当及时作出核定。对不属于保险责任的，被申请人应自作出核定之日起3日内向申请人发出拒绝赔偿通知书，并说明理由。

《非营业用汽车损失保险条款》《车上人员责任保险条款》第16条第2款及《第三者责任保险条款》第18条第2款均约定，在保险期间内，被保险机动车改装、加装或非营业用汽车从事营业运输等，导致被保险机动车危险程度显著增加的，应当及时书面通知保险人。否则，因被保险机动车危险程度显著增加而发生的保险事故，保险人不承担赔偿责任。

《投保单》中“投保人声明”处载明：“保险人已向本人详细介绍并提供了投保险种所适用的条款，并对其中免除保险人责任的条款（包括但不限于责任免除、免赔率与免赔额、投保人被保险人义务、赔偿处理、通用条款等），以及本保险合同中付费约定和特别约定的内容及其法律后果向本人做了明确说明，本人已充分理解并接受上述内容，同意以此作为订立保险合同的依据；本人自愿投保上述险种。”申请人已向被申请人付清上述保险单的保险费。

根据广州市公安局交通警察支队番禺大队于2016年5月20日出具的《道路交通事故认定书》，2016年5月20日12时30分，案外人孙某某驾驶涉案车辆在广州市大学城外环西由西向东行驶，因避让自行车撞向固定物造成涉案车辆车头与路边树木相撞的事故。事故致司机和两名乘客3人受伤，各方当事人对交通事故事实和成因无争议，孙某某承担事故全部责任。

双方确认事故发生时申请人通知了被申请人，被申请人委托查勘员谢某某到现场查勘，并出具《机动车辆保险事故查勘记录》，载明孙某某驾驶涉案车辆因行驶发生撞树事故，造成车辆前部损坏。查勘结论为：“双方事故，交警处理标的全责，3人受伤，树木需赔偿，客户称车为租车，租去长洲岛粤安驾校送文件，送驾照考试文件，事故发生时间为中午12∶30。”

另外情况如下。（1）2016年5月15日，申请人与案外人何某签订《替换车使用协议》，约定何某将其奥迪车送至申请人处维修，申请人提供涉案车辆作为替换车给何某使用。替换车使用期间内，何某不得以任何方式将替换车转租、转借、转让或抵押给第三方，如发生上述行为，造成车辆丢失、下落不明或者出现其他情况，致使申请人不能在本协议规定时间内收获车辆时，何某应全额赔偿车辆损失及承担违约期间给申请人造成的其他经济损失。该协议有效期自2016年5月15日开始，最终截止时间为用户车辆维修竣工时间。申请人与何某于2016年5月31日就维修费进行结算。申请人当庭确认其没有同意何某将涉案车辆交付第三人使用。（2）2016年5月24日，广州大学城市政园林管理所出具交通事故损坏绿化赔偿报价书、报价明细表，显示由于涉案车辆撞上位于广州大学城环湖路15号灯柱路段绿化带，造成树木损坏，赔偿报价总额为4 928元。（3）申请人提供的广州市华蔚源汽车有限公司出具的报价单显示，涉案车辆修复费用为81 696元。（4）孙某某及涉案车辆乘客因涉案事故受伤产生了医疗费。

二、仲裁概览

申请仲裁双方对保险公司是否应当支付车辆损失、医疗损失、被撞树木损失等费用产生争议。申请人请求支付前述所有费用，被申请人保险公司答辩称，根据《保险法》第52条规定，在合同有效期内，保险标的的危险程度显著增加的，被保险人应当按照合同约定及时通知保险人，保险人可以按照合同约定增加保险费或者解除合同。申请人将涉案车辆租给第三方使用，改变了车辆的使用性质，导致危险程度增加，因而造成损失。被申请人对此不承担责任。

仲裁庭裁决被申请人向申请人赔偿树木损失，对申请人的其他仲裁请求不予支持。

三、仲裁庭意见

（一）保险合同条款及免责条款的效力问题

被申请人出具的《交强险保险单》和《机动车保险单》及其附件是双方的真实意思表示，未违反法律、行政法规的强制性规定，依法有效。

对于申请人声称《机动车保险单》所附的《非营业用汽车损失保险条款》《第三者责任保险条款》《车上人员责任保险条款》是格式条款的问题。仲裁庭认为，《机动车保险单》中“重要提示”显示：“1. 本保险合同由保险条款、投保单、保险单、批单和特别约定组成。2. 收到本保险单、承保险种和对应的保险条款后，请立即核对，如有不符或疏漏，请在48小时内通知保险人并办理变更或补充手续，超过48小时未通知的，视为投保人无异议。3. 请详细阅读承保险种对应的保险条款，特别是责任免除、投保人被保险人义务、赔偿处理和附则。”上述保险单所附的3个保险条款中的免责事由、投保人及被保险人义务等内容已经以足以引起投保人注意的黑体字的方式标注。同时，以申请人作为投保人的《投保单》载明，投保人声明保险人已向其详细介绍并提供了投保险种所适用的条款，并对其中免除保险人责任的条款等内容及其法律后果作出了明确说明，投保人已充分理解并接受上述内容，同意以此作为订立合同的依据，并自愿投保。参照《〈保险法〉解释（一）》第11条规定：“保险合同订立时，保险人在投保单或者保险单等其他保险凭证上，对保险合同中免除保险人责任的条款，以足以引起投保人注意的文字、字体、符号或者其他明显标志作出提示的，人民法院应当认定其履行了《保险法》第17条第2款规定的提示义务。保险人对保险合同中有关免除保险人责任条款的概念、内容及其法律后果以书面或者口头形式向投保人作出常人能够理解的解释说明的，人民法院应当认定保险人履行了《保险法》第17条第2款规定的明确说明义务。”申请人收到保险单后，未曾向被申请人提出异议，故仲裁庭认定被申请人已经履行了提示、说明义务。即使上述保险条款为格式条款，申请人亦应依约遵守。

（二）机动车损失险和车上人员责任险拒赔的理由

申请人的仲裁请求涉及其在被申请人处购买的机动车损失险和车上人员责任险。根据对应的保险条款《非营业用汽车损失保险条款》《车上人员责任保险条款》第6条第（8）项约定，非被保险人允许的驾驶人使用被保险机动车，不论任何原因造成被保险机动车损失、车上人员损害的，保险人均不负责赔偿。

本案中，申请人提供了其与案外人何某签订的《替换车使用协议》，约定申请人将涉案车辆作为替换车交由何某使用，何某不得以任何方式将涉案车辆转租、转借给第三方。庭审中，申请人亦确认其并未同意何某将车辆交付孙某某使用。而涉案事故发生时，涉案车辆的驾驶人是孙某某，并非申请人允许的驾驶人何某，故依据上述保险条款的约定，被申请人不应就涉案车辆损失及车上人员损害承担赔偿责任。此外，申请人还提供了被申请人出具的《机动车辆保险事故查勘记录》作为证据。该记录中“查勘结论”处载明，“客户称车为租车，租去长洲岛粤安驾校送文件”。虽然申请人对该查勘记录所载内容的真实性不予认可，但该证据系由申请人自行提供，且申请人未提交其他证据反驳上述结论，应承担举证不能的法律后果。故仲裁庭认定事故发生时涉案车辆系租用的，属于营运性质，而涉案车辆本身为非营运企业客车，营运导致车辆危险程度显著增加，依据《非营业用汽车损失保险条款》《车上人员责任保险条款》第16条第2款的约定，因涉案车辆危险程度显著增加而发生的保险事故，被申请人不承担赔偿责任。

（三）树木损失获赔的理由

涉案车辆撞上位于广州大学城环湖路15号灯柱路段绿化带，导致树木损坏，广州大学城市政园林管理所出具赔偿报价书，报价总额为4 928元。交警认定涉案车辆全责。申请人要求被申请人对此承担交强险范围内的财产损失赔偿责任。仲裁庭认为，根据《机动车交通事故责任强制保险条例》第21条关于“被保险机动车发生道路交通事故造成本车人员、被保险人以外的受害人人身伤亡、财产损失的，由保险公司依法在机动车交通事故责任强制保险责任限额范围内予以赔偿”的规定，树木损失属于交强险的保险范围，且本案并不存在《交强险保险条款》第10条约定的责任免除情形。故被申请人应在《交强险保险单》约定的责任限额的财产损失赔偿限额内承担赔偿责任，即赔偿申请人树木损失2 000元。

四、交强险社保属性与权利义务的融通

（一）交强险强制正当性探查

1. 交强险强制性的机理

一直以来，虽然不断有纷争，交强险、旅行社责任保险、船舶油污险等险种纷纷采取强制的方式运行。食品安全强制保险以及环境责任强制保险即将落地，强制保险在保护受害群体、提升赔付效率等方面做出了卓越贡献。但是，

本属于市场行为的保险制度，遵循等价有偿的经营原则，为何以强制方式推行？是对计划经济的复辟？还是具有内在正当性？

从保护群体利益的角度出发看，对强制保险的正当性的支撑程度很有限；从加害群体与受害群体的博弈角度看，这方面开启了一扇通往强制保险正当性的门；在正当性追问之后保险的商业属性与公益属性得以融贯。

保险，以商业经营模式为雏形，大数法则的定价机制以及精算方法的运用，大大提升了保险定价的科学性，商人们从以往的依据商业经验判断保费，成长为依据科学的数据判断保费，保持盈利或者只赚不赔成为可能。手有盈余有暇他顾，具有情怀和更长远视野的保险人开始关注社会责任。加之对保险制度观察研判的外力，保险危险治理的社会功能不断得以彰显。

2. 交强险强制性的实质

何为强制？其实就是法律规定必须加入的保险，我们称为法定保险。强制保险就是法定保险。如果没有法律规定，不能称为强制保险。强制保险无异于强制投保人交纳保险费，是否构成对投保人财产自由处分权的侵害？在责任事故层出不穷的时代，食品安全、巨灾损害、环境风险能否采取强制的方式推行？如果采取强制的方式推行，如何保障避免强制保险带来的负效应，譬如保险公司因为强制而获得市场竞争规则以外的业务，其拓展市场、提供更优质保险服务以及更具有创新性的保险产品的积极性减退；受害人基于强制保险获赔，司法裁判系统弱化了原有的对侵权等基础法律关系中蕴含的查明事件真相的动力；侵权法中承载的惩戒以及教育侵权行为人的功能为保险合同理赔关系所全部或者部分取代。

3. 交强险特征与强制性的关联

社群利益本身不能推出强制保险的正当性，所有类型的保险均具有群体属性，均涉及对一定范围群体的利益保护，推演的结果是所有类型的保险均具有可强制性。

从责任社会化的立法现实以及责任保险的功能导向可以反推出超越对投保群体利益保护，延伸至对责任保险受益群体利益保护的视域之中的强制性保险的正当性所在。这样，责任保险的强制正当性追问就回归到了责任社会化的机理中来：回归至对不同社群利益的权衡中来，回归至对保险运行机制的社会功能中来。以世界各国普遍采取的交强险为例，交强险加强了对受害群体的利益保护——对因机动车的使用而带来便宜、高效等利益的被保险群体施加强制交纳保费的义务，换取对处于机动车肇事受害人的保险保障。符合朴素的“谁获益，谁支付对价”的公共观念，也符合机动车使用人和因机动车肇事而遭受损失的受害人之间的基础利益平衡关系。再加上机动车的普遍适用等时代背景，强制责任保险的正当性凸显出来。

（二）交强险的社保属性分析

交强险的受害人一般遇到以下4种情况：（1）机动车和非机动车交通事故，机动车全责；（2）机动车和非机动车交通事故，比例责任；（3）两机动车交通事故，一车全责；（4）两机动车交通事故，比例责任。（1）和（3）中的受害人我们称为单纯受害人，（2）和（4）中的受害人我们称为交互受害人。在交强险中，为什么单纯受害人和交互受害人获得的保险保障的结果是相同的呢？

明明行人有责任，为什么交强险就能给付保险金？连醉酒驾车后，受害人受伤，保险公司立马拿出保险金。任意商业险是拒赔的，为什么交强险带有救济性质？

一切的疑问归结为一点：交强险的强制性到底可以更精准的表述为什么？答案是：交强险是具有社保性质的保险，其强制性是基于社保属性的强制。这就将基于其他原因的强制区分开来，也可以刻画出所有交强险中的具体制度的样态。

以社保性为切入点，我们能更加清晰地对交强险的整个权利义务架构做宏观、微观以及比较视角的体察，同时对交强险市场主导和政府引导之间的融通和互动关系进行更具有理论深度的刻画。也能解释单纯受害人和交互受害人获得的交强险赔付并无区别。社保的核心目的在于使所有社会成员获得相同保障。那么，无论是单纯受害人还是交互受害人，获得的交强险保障也应当是相同的。

（三）政府介入交强险的实质与回弹性

1. 政府介入保险市场的实质

政府公共管理专业化与保险承保风险专业化的对接，是政府介入保险市场的实质所在。政府管理公共事务的职能中包含了对交强险的控制、管理、预防和出险后救助的内容。与市场化运营的、专业处理风险转嫁事项的保险制度比较，由政府一揽子对上述风险进行管理，在效率、专业化程度、成本控制、人员可持续发展以及公平性等方面均相对较差。

2. 政府风险管控职能的回弹性

在交强险的推行上，政府的介入和推进功能在于引发保险市场主体的积极性，一旦形成了良性的保险市场层面的参与度和竞争状态，政府就应当将交强险交由保险市场运营。相应的，如果市场运营的结果是保险公司入不敷出，纷纷选择退出交强险的市场，政府应当及时介入，再次以一系列方式激发市场参与的热情。

同时，鉴于交强险的特殊性，政府和市场的作用应当协同发挥：既不是完全交由市场，也不是退回到完全由政府管理、防控和承担交强险以及弥补交强险造成的损失的阶段。这种协同集中体现在政府对交强险相关信息的平台的搭建以及对保险公司的信息提供平台的维护、对交强险研究和预防等方面经费的支持、对交强险数据化管理公共服务系统的运营等方面。

（四）交强险中的双重立体结构

1. 保险人与受害人权利义务的立体架构

既然交强险的立法目的是保护受害人的利益，将这一目的融入交强险合同之中，与该目的最直接对应的权利义务设置体现为：保险人向受害人直接履行保险金给付义务，受害人享有直接向保险人请求给付保险金的权利——受害人的保险金直接请求权。这一权利的实现背后的机理是一种立体结构关系：保险人与被保险人签订保险合同，保险合同的权利义务主体应当是保险人和被保险人，此为立体结构的平面体现。交强险以保护受害人为立法目的，受害人取得保险金直接请求权是贯彻这一立法目的的最直接权利设置，此为立体结构的多维度体现。

从受害人保险金直接请求权这一点出发进行观察，可以精准地体现和验证出交强险和机动车商业第三者责任险的区别。

（1）在机动车商业第三者责任险中，保险人和被保险人之间的权利义务设置占据保险金利益分配的支配地位。被保险人享有保险金的请求权，只有出现诸如被保险人怠于请求保险金的情形时，受害人才能直接向保险人请求保险金。①

（2）在机动车商业第三者责任险中，基于被保险人的原因而导致保险人免责的，受害人无法获得保险金给付。但在交强险中，对保险人免责条款的规定应当受到交强险保护受害人目的的制约和限制。同时当然不能无限扩大保险人的义务，将依据保险定价原理原本应由被保险人自行负担的风险不当转嫁给保险人。我国台湾地区的“交强险规定”做出了较为贴合的制度设置：将保险人免责事由限于受害人，而不是被保险人的特定行为。

我国台湾地区“强制汽车责任保险法”第28条规定：“受害人或其他请求权人有下列情事之一，致被保险汽车发生汽车交通事故的，保险人不负保险给付责任：故意行为所致。”在机动车商业三者险中常规的属于保险人免责的被保险人的情形，交强险中做了保险人享有代位权的制度设置。我国台湾地区“强制汽车责任保险法”第29条规定：“被保险人有下列情事之一，致被保险

① 我国《保险法》第65条规定即是对受害人间接保险金请求权的体现。

汽车发生汽车交通事故的，保险人仍应依本‘法’规定负保险给付之责，但得在给付金额范围内，代位行使请求权人对被保险人的请求权：1. 饮用酒类或其他类似物后驾驶汽车；2. 驾驶汽车，经测试检定有吸食毒品、迷幻药、麻醉药品或其他相类似管制药品；3. 故意行为所致；4. 从事犯罪行为或逃避合法拘捕等。”

2. 保险费厘定与机动车使用者群体的立体架构

将机动车使用者作为一个危险群体观察，其中会出现应该投保而未投保的机动车，虽然投保但肇事之后逃逸，无法确定承担保险金给付义务保险人的机动车等情形。从受害人的角度，同样是交通事故的受害人，不应因为上述情形而在保险金保障上存在差别。我国大陆地区设置了交强险的社会救助基金，我国台湾地区设置了安定基金和特别补偿基金，分别用以弥补没有投保交强险或者无法找到肇事机动车的受害人损失。

在保费厘定上，不能单纯以投保机动车商业第三者责任险的群体作为衡量“等价有偿”的标准；而应当将整个机动车使用群体作为衡量标准。即将诸如社会救助基金、安定基金等纳入交强险的保险费计费依据之中，从而出现对于投保的机动车而言“不等价有偿”的计费结果。

第二节　案涉事故不属于保险责任范围，保险公司拒赔案

保险法知识点

1. 保险责任范围的界定
2. 免责条款的认定
3. 保险责任条款与免责条款的区别

一、核心事实

郑某在某保险公司处为其机动车投保了商业险，保险公司出具《机动车保险单》（附《家庭自用汽车损失保险条款》）和《责任强制保险单》），保险公司承保商业险为机动车损失保险、第三者责任险、不计免赔率等，《家庭自用汽车损失保险条款》第 4 条约定：“保险期间内，被保险人或其允许的合法驾驶人在使用被保险机动车过程中，因下列原因造成被保险机动车的损失，保险人依照本保险合同的约定负责赔偿：（一）碰撞、倾覆、坠落；（二）火灾、爆炸；（三）外界物体坠落、倒塌；（四）暴风、龙卷风；（五）雷击、雹灾、暴雨、洪水、海啸；（六）地陷、冰陷、崖崩、雪崩、泥石流、滑坡；（七）载运

被保险车辆机动车的渡船遭受自然灾害（只限于驾驶人随船的情形）。”第14条约定：“在被保险人提供了各种必要单证后，保险人应该迅速审查核定，并将核定结果及时通知被保险人；情形复杂的，保险人应当在30日内作出核定；保险人未能在30日内作出核定的，应与被保险人商定合理期间，并在商定期间内作出核定，同时将核定结果及时通知被保险人；对不属于保险责任的，保险人应自作出核定之日起3日内向被保险人发出拒绝赔偿通知书，并说明理由。”后该被保险机动车于保险期限内在某海滩处停放，由于海水涨潮，被保险车辆被海浪打翻，海水浸湿车辆，导致车辆毁损。

二、仲裁概览

申请仲裁双方对案涉事故是否属于保险责任范围产生争议。申请人认为被申请人将本次事故原因排除在保险责任范围之外是没有依据的，且本次事故原因也不属于合同的免责条款范围。该合同是被申请人的格式合同，当格式合同双方对条款发生歧义时，裁决也应向格式合同非制定者倾斜，故申请人认为被申请人应该予以赔偿，故请求被申请人赔偿此次保险事故中申请人的损失。被申请人保险公司答辩称，申请人向被申请人主张的车损险理赔款，缺乏事实及合同依据。被申请人承保的保险责任在车损险保险条款当中，由于本次事故不属于被申请人承保范围，因此，被申请人无须向申请人赔偿。

仲裁庭裁决对申请人的仲裁请求不予支持。

三、仲裁庭意见

（一）关于合同效力

申请人向被申请人投保后，被申请人向申请人出具了《责任强制保险单》《机动车保险单》。双方基于《责任强制保险单》《机动车保险单》及《机动车保险单》所附保险条款形成的保险合同关系，是双方真实意思的表示，并不违反国家法律、行政法规强制性规定，依法应属有效。

（二）关于申请人要求被申请人在此次保险事故中赔偿的仲裁请求

在《家庭自用汽车损失保险条款》第4条约定：“保险期间内，被保险人或其允许的合法驾驶人在使用被保险机动车过程中，因下列原因造成被保险机动车的损失，保险人依照本保险合同的约定负责赔偿：（一）碰撞、倾覆、坠落；（二）火灾、爆炸；（三）外界物体坠落、倒塌；（四）暴风、龙卷风；（五）雷击、雹灾、暴雨、洪水、海啸；（六）地陷、冰陷、崖崩、雪崩、泥石流、滑坡；（七）载运被保险车辆机动车的渡船遭受自然灾害（只限于驾驶人随船的情形）。”由此可以认定，申请人投保的车损险，该险种项下保险责任范围内的保险事故为上述约定七类特定事故原因造成的被保险机动车损失，并非概括性约定一切车辆损失均在被申请人承保范围以内。根据《保险法》第 16 条第 7 款规定，保险事故是指保险合同约定的保险责任范围内的事故。保险合同的保障功能在于，由保险人以赔偿保险金的方式填补被保险人在保险期间内因保险事故所造成的财产损失。本案的实际情形是，申请人将被保险车辆停放在某海滩处，由于海水涨潮，被保险车辆被海浪打翻，导致海水进入车辆，造成损坏。该情形并非上述七类特定事故原因之一，不属于被申请人承保的保险责任范围，因此，被申请人在本案中无需承担保险责任，被申请人不同意赔偿申请人符合合同约定。

至于申请人提出“本次事故原因不属于免责条款的范围内。由于该合同是被申请人的格式合同，当格式合同条款双方发生有歧义时，应向格式合同非拥有者倾斜”的主张。仲裁庭认为，所谓“免责条款”，是指保险合同中限制、减轻、免除保险公司承担义务的条款，其本质是在保险责任范围内的保险事故发生之后，对于属于保险责任范围的、本应由保险公司承担的赔偿或给付保险金的义务，由于某些特定事由得以全部或者部分豁免。这里所指的“免责”，被“免”者为保险责任范围内之“责”。对于原本不属于保险合同所约定之保险责任（例如本次事故），在逻辑上不存在被“免责”的可能。因此，对于本次事故原因在保险责任及免责条款均没有约定，不属于保险条款存在分歧应作出对被保险人有利解释的情形。申请人上述观点混淆了保险责任条款与免责条款的概念，其据此要求被申请人在车损险范围内赔偿申请人的仲裁请求，依据不足，仲裁庭不予支持。

四、暴雨频至，机动车损失保险公司如何理赔

与本仲裁案件具有相同自然灾害背景车损理赔纠纷中，我们对暴雨后发动机进水的保险案件的法院判决进行了综合评析，从另外一个视角凸显本仲裁结果与保险原理的契合。

（一）暴雨引发机动车损失的两种情况

2019 年 7 月，我国多地受到台风“利奇马”影响，暴雨连连。机动车保险理赔数量增加，林林总总的事件中，需要准确判断保险公司的理赔范围。常常发生的有两种具体情形：第一，机动车在暴雨中熄火导致损失。第二，机动车在暴雨中涉水行驶导致损失。两种情况并不相同，第一种机动车因暴雨导致积水过多，导致发动机熄火，车辆发生损失的原因并无人力等其他因素的介入，

暴雨是引发机动车损失的直接原因。该损失在机动车损失险的理赔范围之内，保险公司应当理赔。如《中国人民财产保险股份有限公司机动车综合商业保险条款》第6条第（4）项约定："因雷击、暴风、暴雨、洪水、龙卷风、冰雹、台风、热带风暴造成的被保险机动车的直接损失，且不属于免除保险人责任的范围，保险人依照本保险合同的约定负责赔偿"。第二种情况是机动车在暴雨中行驶，积水越过发动机高度，导致发动机进水，而后熄火导致车辆的损失，该损失的对应的体现是发动机受损。这一范围的损失常常是机动车损失险的除外责任范围，保险公司一般不予理赔。在这一具体情形中，暴雨虽然是导致积水的直接原因，但发动机进水的直接原因是机动车驾驶员在积水越过发动机正常工作位置以后依然选择继续驾驶机动车。机动车驾驶员的行为是造成机动车损失（具体指向发动机损失）部分的直接原因。如《中国人民财产保险股份有限公司机动车综合商业保险条款》第10条第（8）项约定："发动机进水后导致的发动机损坏，保险人不负责赔偿。"

从以往司法判例和保险经营的角度，上述两种情况分别有不同层面的反馈，需要逐一加以分析。

（二）一则机动车涉水驾驶保险理赔案

2017年6月27日13时许，原告驾驶牌号为沪FP××××轿车行驶至上海市某地，恰遇暴雨，行驶中保险车辆熄火。原告遂与被告（保险人）取得联系，并按照被告的指示在原地等待施救。当日下午，牌号为沪FP××××轿车被送至上海某汽车销售服务有限公司（以下简称"4S店"）。经4S店检测，保险车辆熄火系因暴雨所导致，原告遂委托4S店进行维修并支付了修理费222 000元。保险车辆投保于被告处，事故发生于保险期间内。2017年7月26日，原告向被告提出理赔本次事故保险车辆修理费222 000元，不料被告知本次事故只能理赔148 000元，剩余74 000元以发动机进水损坏不属于其赔偿范围为由拒绝支付。综上，为维护原告合法权益，特诉至法院，要求判决支持其诉请。审理法院认为，"本案已有证据证明事发当时本市某地降雨达到暴雨标准，而暴雨导致路面积水是常见现象，暴雨时也容易引发交通混乱，因此在暴雨尚未阻断交通时，尽快驶离积水路段，防止暴雨持续、积水加深从而导致滞留车辆更大损失，是大多数驾驶员会采取的做法，符合常理"，进而判断"本案中导致发动机进水的近因是暴雨，应属被告的保险责任范围"，最终判决保险公司向投保人支付发动机损失部分的保险金。

（三）判断是否构成"常理"的因素

判断一件事情是否属于"常理"，比周边环境驱使行为人如何行为更直接更重要的因素是：作为一个合格的驾驶员根据周边环境对驾驶行为本身采取何种行为反应。积水过深会导致发动机进水，发动机进水会导致发动机损坏，发动机损坏会导致机动车无法继续行驶，可见，一个理性的驾驶员在积水过深的情况下的选择未必是继续驾驶，因为一旦发动机损坏则无法继续驾驶，驶离暴雨积水路面的目的最终无法实现。所以，客观地讲，积水过深，尽快驶离积水区域不必然成为“常理”。

（四）“常理”非保险经营原理

从保险经营原理角度，机动车保险包括保险责任范围和除外责任两部分，投保人交纳的保险费是这两部分综合的对价。通俗地讲，机动车保险并非对所有机动车损失进行保险，而是如蛋糕店出售的蛋糕一样，顾客交多少钱，蛋糕店老板就卖多大块的蛋糕给他。投保人交纳多少保险费，就应该获得多大范围的保险保障。

综观机动车损失险的保险合同条款，暴雨情形下，保险公司的承保范围包括两条：第一，因暴雨造成的被保险机动车的直接损失，且不属于免除保险人责任的范围，保险人依照保险合同的约定负责赔偿（以下简称“第一”）；第二，发动机进水后导致的发动机损坏，保险人不负责赔偿（以下简称“第二”）。“第二”是“第一”的除外责任，即第1条中承保的“暴雨造成的机动车损失”中不包括“暴雨引发积水过深→积水过深时驾驶员启动机动车以及继续驾驶机动车导致发动机进水→发动机进水导致发动机损失。”换言之，投保人交纳的保险费换得的“蛋糕”是“第一减去第二”。如果对“第二”发生的损失给予理赔，则相当于投保人获得了自己没有缴费的“蛋糕”。

（五）对机动车损失保险产品的反思

从保险产品的角度，保险产品设计时，是将发动机进水导致的损坏加以排除后的发生风险率来计算保费的。如果，将发动机进水导致的损失判赔，那么，保险公司对原先的风险评估必须重新进行，费率将以提高后的标准重新厘定。不然如果进行赔付，受损的将是投保群体的利益，因为投保人交纳的保险费是投保群体共同交纳的保险基金的组成部分，投保人获得的保险金源自投保群体保险基金的汇集。进一步讲，如果要达到前述情况下保险公司赔付的结果，则需要重新进行风险评估，保险费率将重新厘定。在投保人有特殊需求时，可以采用附加险的方式予以满足。

保险行业的发展实际上是几个层面的交叠和调和的结果，一方面，保险具有“我为人人、人人为我”的互助属性；另一方面，保险采取了商业的运营模式进行经营。一方面，保险是用现实的保费支出，换取对未来危险的转嫁；另一方面，保险所承保的风险是否发生并不确定。一方面，保险是个体理性的结果；另一方面，保险是投保群体汇集的制度。法律在确认、调和保险的多重矛盾时，需要考量的不仅仅是一般的、社会共通的关系属性，更应当对保险经营原理予以特殊的关注和维护。在机动车保险的理赔处理问题上，首先，应当将机动车驾驶员作为一个专业的群体进行观察，这也符合公共管理体系对机动车驾驶员通过考试等方式进行管理的基本理念；其次，还需要遵循保险经营的基本原理；最后，应当将单一的保险理赔置于投保群体利益的层面进行考量。因而，在暴雨引发的机动车损失中，由于积水过深，驾驶员选择继续行驶导致发动机进水而损坏的，保险公司不应当对发动机的损失予以理赔。

第三节　就禁止性规定已履行提示义务，保险公司拒赔案

保险法知识点

1. 保险利益的界定
2. 法律、行政法规中的禁止性规定情形
3. 提示义务履行的界定
4. 特定形态免责条款，并非原因免责条款

一、核心事实

陈某向某财产保险公司投保了被保险车辆的交强险与商业险，某财产保险公司向陈某出具了《责任强制保险单》《商业险保险单》。《责任强制保险单》载明财产损失赔偿限额 2 000 元。《商业险保险单》载明保险公司承保机动车损失保险（责任限额）、第三者责任保险、车上人员责任险（司机）、车上人员责任险（乘客）、不计免赔率等，被保险车辆的使用性质为营业货车。《商业险保险单》所附的《机动车综合商业保险条款》第一章为《机动车损失保险》，第 6 条约定，“保险期间内，被保险人或其允许的驾驶人在使用被保险机动车过程中因下列原因造成被保险机动车的直接损失，且不属于免除保险人责任的范围，保险人依照本保险合同的约定负责赔偿：（一）碰撞、倾覆、坠落……”。第 8 条约定，“在上述保险责任范围内，下列情况下，不论任何原因造成的人身伤亡、财产损失和费用，保险人均不负责赔偿：……（二）驾驶人有下列情形之一者：……6. 驾驶出租机动车或营业性机动车无交通运输管理部门核发的许可证书或其他必备证书”。第二章为《机动车第三者责任保险条款》，第 22 条约

定："保险期间内，被保险人或其允许的驾驶人在使用被保险机动车过程中发生意外事故，致使第三者遭受人身伤亡或财产直接损毁依法应当对第三者承担的损害赔偿责任，且不属于免除保险人责任的范围，保险人依照本保险合同的约定，对于超过机动车交通事故责任强制保险各分项赔偿限额的部分负责赔偿。"第 24 条约定："在上述保险责任范围内，下列情况下，不论任何原因造成的人身伤亡、财产损失和费用，保险人均不负责赔偿：……（二）驾驶人有下列情形之一者：…… 6. 驾驶出租机动车或营业性机动车无交通运输管理部门核发的许可证书或其他必备证书。"

保险期限内，驾驶员邝某驾驶被保险车辆发生碰撞事故，某交警支队作出《道路交通事故认定书》认定，驾驶员邝某承担全部责任。驾驶员邝某持有准驾车型 A2E 的驾驶证，但在事故发生时未持有道路货物运输从业资格证。陈某本人已经取得了"道路危险货物运输押运人员"和"道路危险货物运输装卸管理人员"类别的从业资格证。被保险车辆的行驶证显示所有人为某运输有限公司，使用性质为货运。该运输有限公司取得被保险车辆的运输证，陈某与某运输有限公司签署有《（危货）车辆挂靠经营合同书》，约定陈某自行出资购买的货车以某运输有限公司的名称登记上户，车辆产权仍属于陈某，合同第 7 条第 3 点约定，陈某自行聘请的驾驶员，必须具有交通行政部门颁发的"危险货物从业资格证"和"押运员证"方可驾车运行，同时，陈某应承担聘请驾驶员所产生的法律责任，事故发生时被保险车辆仍在挂靠期限内。

二、仲裁概览

申请人陈某请求，被申请人某财产保险公司在交强险的责任限额内赔偿路产损失 2 000 元，在商业保险的第三者责任险限额内赔偿路产损失及机动车损失保险限额内的车辆各项损失。理由如下：（1）被申请人没有向申请人履行告知义务，被申请人的《机动车综合商业保险条款》对申请人不产生效力；按照中国保监会的规定，保险公司签订合同时有两个解释和说明义务不得违反：一是对争议条款的解释和说明义务；二是对免责条款的解释和说明义务。而被申请人违反了上述义务，具体表现为：①涉案车辆的保险合同是由被申请人的保险中介代理人在被申请人处购买，然后再把保险单交给申请人并收取保险费。②被申请人的保险中介代理人向申请人提交保险单时，未向申请人提交保险条款，申请人根本不知道有保险条款，更没有对此签名确认。被申请人在签订合同时对免责条款的解释和说明义务属于法定义务。《保险法》第 17 条将情况说明标准规定为"明确说明"。虽然被申请人在保险单上载明提示投保人注意的内容，对此是否就算尽到了解释和说明义务，根据最高人民法院研究室《关于对〈保险法〉第17条规定的“明确说明”应如何理解的问题的答复》，被申请人除在保险单上载明提示投保人免责条款的内容外，还应以书面形式或口头形式向投保人或其代理人作出解释并签名确认。被申请人无证据证实其在签订合同和该格式条款时向申请人进行了书面或口头解释和签名确认该条款，故被申请人的《机动车综合商业保险条款》属于单方格式条款，该条款对申请人不能生效，没有约束力，所以被申请人应进行理赔。③申请人为被保险车辆在被申请人处购买了交强险以及商业险，并交纳保险费。此次交通事故发生在保险期间内，被申请人应当按照保险单上的约定履行赔偿义务。根据《〈保险法〉解释（一）》第13条第1款的规定，本案中，申请人在签订保险合同时，被申请人未对免责条款作出明确说明，也没有让申请人签名确认，故被申请人的拒赔理由中的免责条款对申请人无效。因此，被申请人提出的免赔理由不成立。（2）申请人向被申请人索赔时，被申请人无理要求申请人提交肇事司机邝某的货物道路运输资格证。当时被保险车辆为空车，没有运载货物，并非营运状态。事故发生时邝某具有A2E的驾驶证，是合法驾驶员。邝某提交的证件真假，申请人无法识别，被申请人不能以此为由拒绝承担赔偿责任。（3）被申请人的单方格式条款不符合法律规定。被保险车辆已具备交通运输管理部门核发的许可证，至于被申请人单方格式条款中所称的“其他必备证书”的具体内容没有明确规定。①根据《保险法》第30条的规定，保险公司未在条款上注明的，法院和仲裁机构应作出对被保险人以及驾驶员有利的裁决。②被保险车辆发生事故时为空车，被申请人如对此存在异议，可以申请实地查证。③根据《保险法》第19条的规定，邝某驾驶时持有A2E机动车驾驶证，表明其已经具有驾驶被保险车辆的资格，即使其无从业资格证并不代表其失去了驾驶A2E机动车辆的资格，且未有证据证实、交警部门也未确认无从业资格证会显著增加被保险车辆运行的危险程度。被申请人与申请人签订的机动车商业保险条款是被申请人提供的格式条款，该格式条款中关于“无交通运输管理部门颁发的许可证或其他必备证书”即可免除保险人在商业第三者责任险和机动车损失险中的赔偿责任的规定，系免除保险人依法应承担的义务并加重投保人责任的条款，依法应当认定为无效。

被申请人某财产保险公司答辩称，不同意申请人的仲裁请求。（1）根据国务院颁布的《道路运输管理条例》第22条、第64条规定以及交通运输部颁布的《道路运输人员从业管理规定》第6条、第10条规定，从事经营性货运运输应通过有关货运法律法规、机动车维修以及货运转载的基本知识考试，取得从业资格证。涉案车辆整备质量8.7吨，准牵引总质量40吨，属于营运性质的货车。根据上述法律法规，驾驶人员应有相应的从业资格证才能驾驶被保险车辆，保险条款第8条第（2）项第6点、第24条第（2）项第6点约定了被申请人责任免除范围，该约定符合上述《道路运输管理条例》规定的精神，肇事司机未取得上述从业资格证，违反了行政法规的禁止性规定。（2）参照《〈保险法〉解释（一）》相关规定，被申请人只需要尽提示义务，无须进行明确说明义务。被申请人已经告知申请人需要详细阅读保险条款，特别是免责条款。免责条款字体也已经加粗加黑，且保险条款与中国保险协会发布的示范性条款是一致的。因此，被申请人已履行了提示义务，免责条款已生效，被申请人有权免责。（3）申请人未提交证据证明其享有保险利益，所以不得向被申请人主张保险赔偿金。

仲裁庭裁决被申请人在交强险的责任限额内赔偿申请人路产损失2 000元，对申请人的其他仲裁请求不予支持。

三、仲裁庭意见

（一）关于合同效力以及主体问题

申请人向被申请人投保后，被申请人向申请人出具了《责任强制保险单》《商业险保险单》。双方形成保险合同关系，是双方真实意思的表示，并不违反国家法律、行政法规强制性规定，合法有效。经查，被保险车辆登记于某运输有限公司，申请人与某有限公司签署《（危货）车辆挂靠经营合同书》，约定申请人自行出资购买的货车以某运输有限公司名称登记上户。申请人作为被保险车辆的出资人，在事故发生时对被保险车辆享有保险利益，是向被申请人主张保险理赔款的适格主体。

（二）关于申请人要求被申请人在交强险的责任限额内赔偿路产损失2 000元的仲裁请求

申请人向被申请人投保后，在保险期间，驾驶员邝某驾驶被保险车辆发生碰撞事故。申请人已经赔偿路产损失费。上述事实表明申请人因本次事故赔偿第三者损失超过2 000元。根据《机动车交通事故责任强制保险条例》第21条第1款规定，被保险机动车发生道路交通事故造成本车人员、被保险人以外的受害人人身伤亡、财产损失的，由保险公司依法在机动车交通事故责任强制保险限额范围内予以赔偿。被申请人向申请人出具的《责任强制保险单》，约定责任限额的财产损失赔偿限额为2 000元。因此，对申请人要求被申请人在机动车交通事故责任强制保险责任限额内赔偿申请人路产损失2 000元的仲裁请求，仲裁庭予以支持。

（三）关于申请人要求在商业保险的保险限额内赔付申请人路产损失、车辆损失各项损失的仲裁请求

根据《中华人民共和国道路运输条例》第22条、第64条规定，从事货运经营的驾驶人员，应当符合下列条件：（1）取得相应的机动车驾驶证；（2）年龄不超过60周岁；（3）经设区的市级道路运输管理机构对有关货运法律法规、机动车维修和货物装载保管基本知识考试合格。不符合本条例第9条、第22条规定条件的人员驾驶道路运输经营车辆的，由县级以上道路运输管理机构责令改正，处200元以上2 000元以下的罚款；构成犯罪的，依法追究刑事责任。同时，《道路运输从业人员管理规定》第10条进一步明确规定："经营性道路客货运输驾驶员和道路危险货物运输从业人员必须取得相应从业资格，方可从事相应的道路运输活动。经营性道路货物运输驾驶员应当符合下列条件：（一）取得相应的机动车驾驶证……（四）经考试合格，取得相应的从业资格证件。"申请人本人已经取得了"道路危险货物运输押运人员"和"道路危险货物运输装卸管理人员"类别的从业资格证。同时，申请人将被保险车辆挂靠于某运输有限公司名下，双方签署《（危货）车辆挂靠经营合同书》中也约定，申请人自行聘请的驾驶员，必须具有交通运政部门颁发的"危险货物从业资格证"和"押运员证"方可驾车运行，同时，申请人应承担聘请驾驶员所产生的法律责任。因此，申请人应当知悉上述禁止性规定，并能够理解《机动车综合商业保险条款》第8条、第24条第6点约定中交通运输管理部门核发的许可证书或其他必备证书的具体内容。

本案中，驾驶员邝某驾驶的被保险车辆属于营业货车，驾驶员邝某只有驾驶证，并未持有运输从业资格证，违反了上述禁止性规定，参照《〈保险法〉解释（一）》第10条规定，保险人将法律行政法规中的禁止性规定情形作为保险合同免责条款的免责事由，保险人对该条款作出提示后，投保人、被保险人或者受益人以保险人未履行明确说明义务为由主张该条款不生效的，人民法院不予支持。因此，《机动车综合商业保险条款》第8条、第24条第6点约定的该免责条款是否生效，关键在于被申请人是否履行了提示义务。

庭审时，申请人向仲裁庭提交了《商业险保险单》，上面"重要提示"载明："1. 本保险合同由保险条款、投保单、保险单、批单和特别约定组成。2. 收到本保险单、承保险种对应的保险条款后，请立即核对，如有不符或疏漏，请及时通知保险人并办理变更或补充手续。3. 请详细阅读承保险种对应的保险条款，特别是责任免除、免赔率、免赔额、投保人被保险人义务、赔偿处理和通用条款等。"同时，《机动车综合商业保险条款》的免责事由已经用足以引起投保人注意的黑体字的方式标注，而且是专门单独列举。参照《〈保险法〉

解释（一）》第11条第1款规定：“保险合同订立时，保险人在投保单或者保险单等其他保险凭证上，对保险合同中免除保险人责任的条款，以足以引起投保人注意的文字、字体、符号或者其他明显标志作出提示的，人民法院应当认定其履行了《保险法》第17条第2款规定的提示义务。”申请人收到保险单后，未在合理期限内向被申请人提出异议，可以认定申请人知悉相关保险条款，且被申请人已经履行了提示义务。

因此，《机动车综合商业保险条款》第8条第（2）项第6点以及第24条第（2）项第6点的免责条款对申请人生效，被申请人有权据此在机动车损失保险及第三者责任保险的范围内拒赔，对于申请人要求被申请人在商业保险的保险限额内赔付申请人路产损失、车辆损失各项损失的仲裁请求，仲裁庭不予支持。

对于申请人提出邝某是合法驾驶员，道路危险货物运输从业资格的有无与是否发生交通事故并无必然联系，且驾驶过程中被保险车辆并非处于营运状态，不具备从业资格也不会显著增加被保险车辆的运行风险的理由，仲裁庭认为，《机动车综合商业保险条款》第8条第（1）项第6点以及第24条第（2）项第6点的免责条款属特定形态免责条款，并非原因免责条款，因此，此类免责条款不以存在因果关系作为适用条件，即上述免责条款强调事故发生时被保险车辆处于该免责条款所规定的特定形态之下，现邝某在保险事故发生时不具备相应的货物运输从业资格，被申请人可主张免除保险责任。上述免责条款中的“营业性机动车”是指车辆的使用性质，保险事故发生时是否运载货物并不改变车辆的使用性质，因此，仲裁庭对申请人的该项主张不予采纳。

对于投保单签名的问题，仲裁庭认为，参照《〈保险法〉解释（一）》第10条规定，保险人将法律行政法规中的禁止性规定情形作为保险合同免责条款的免责事由，保险人对该条款作出提示后，是否履行对免责条款进行明确说明义务以及该投保单是否申请人本人签名，不影响本案的处理。

中　篇

教学保险判例精解

第四章　保险判例教室定位

第一节　中国法学教育的功能和导向

一、从法律文本主义到法律现实主义

（一）法律人才的培养

法学教育首先是一种文本主义教育：搭建和固化概念平台，借助概念平台引入规则和制度以及由规则和制度构筑法律体系，在此基础上对规则和制度进行合理化理论化解释，然后实现符合法律逻辑和知识体系要求的法律实施（司法）型人才的培养，即法律人才的培养。

（二）法学人才的培养

进入法学的理论和理性层面，对法律文本主义进行反向和深化的思考，会发现“法律文本主义既可以作为掩盖的面纱，也可以作为观察社会问题的花镜。法律和法律思想既是社会纷扰的原因，又是解决它的手段，在我们的自由企业经济中，契约自由是消费者失败的根源”。①

将这种反思引入反思者的观察和体验之中，即法学施教者和被教育者的体验世界，挖掘出“法律文本主义伴随着对世界的权威描述与对生活的个人体察之间的紧张关系”。②

然后就进入了法律现实主义的世界——“法律现实主义运动拓开了法律思想方式的新路，这些思想方式带有非文本主义的甚至是反文本主义的观点”。③“范畴和概念一旦形成并进入思想过程，它们就会以没有经验基础的稳定性、现实性和内在价值的面目出现”。（卡尔·卢埃林）

---

①［美］博西格诺（John J. Bonsignore）等：《法律之门》，邓子滨译，华夏出版社2017年版，第345页。

② 同上书，第347页。

③ 同上书，第349页。

对前述过程的每个环节做与现实世界衔接的设问，然后寻求中国的、历史的、社会的和现实的法学答案。以此作为法学教育的功能导向。

二、法学教育的目标设定——是法学院不是法院和法律学院

法学教育的目标是综合的和多层次的，不是简单的法律人才的教育——法院目标，即法律学院，也不是单纯的法学人才教育，而是二者的多层次叠加和交织。“变革中的社会秩序问题的解决，并不内涵于过去判决所正式装潢起来的、仅靠逻辑过程所诱发的规则和原则之中。忽视这一事实，就不能进行有效的法律教育。如果是为了把人训练成法律过程中有智慧、有效率的参与者，如果法学院要以自己的研究为法律伦理的进步作出贡献，那么，就必须将对于法律的理解和批评局限在历史和权威所设定的范畴内的形式主义，而每一可获得的知识和判决必须被派上用场”。（布雷内德·柯里 Brainerd Currie）①

三、理想主义和现实主义的融合——中国的法学教育路径

亦步亦趋，个人主义的抑或集体主义的，群生相的抑或众生相的，中国的法学教育在师从英美判例教学和自成体系的中国式知识灌输教学之间辗转已经几十年了，积淀抑或否定，成就抑或败笔，都已经成为历史。在一波又一波的英美、德国、日本严谨教学体系培育出来的法学教育归国大军和一波又一波根正苗红的本土法学教育者的守望中，以教师传授为主导，以学生反馈为辅助的中国式法学教育正在刻画出独有的面相。兼顾法律文本主义和法律现实主义，以法律现实主义为目标，以法律文本主义兼顾判例教学的过程模式为路径；融合法学教育与法律教育，搭建法学院和法院功能的桥梁，进而实现培养具备前瞻性、职业性和专业性法学人才和法律应用人才的目标。具体路径如下。

（1）坚持并打破专业和学科的界限。在法律教育层面坚持学科界限，以满足法律专业化人才的市场和现实需求；在法学教育层面坚持学科界限基础上打破学科界限，将社会学、历史学、经济学、金融学、心理学等学科融合纳入法学以及具体的部门法学之中，为培养具有批判能力的法学人才构筑基础。

---

① ［美］博西格诺（John J. Bonsignore）等：《法律之门》，邓子滨译，华夏出版社 2017 年版，第 349—350 页。

（2）知识传导和思想启迪对立并融合。在法律教育层面，进行知识和信息的传导，概念的固定记忆，法律条文的精准掌握以及法律解释方法的熟练运用构成知识层面和法律职业层面的教育过程；在法学教育层面，偏重思想启迪，将法学置于更广泛的社会实践、学科范畴之中，融合法律教育的过程，凸显设问能力和问题解决能力的法学思维过程。

（3）针对不同学科基础、不同教学目的、不同学习阶段的学生群体进行判例教学和知识传导教学过程的衔接以及隔离。判例教学适合具有一定法学基础，对已有法律有了一定了解，尤其是已经通过法律职业资格考试的学生；知识传导教学适合没有法学基础的学生。二者融合于法学教育过程的思维培养和思考启迪性教学过程。

第二节 保险判例教室企划案

一、目标

反复演练固定成为法律思维、法律推理、法律解释、法律适用、法律检索、价值衡量、利益权衡、与现实的对应和辐射关系构成法律思维功能的全貌，如图 4.1 所示。

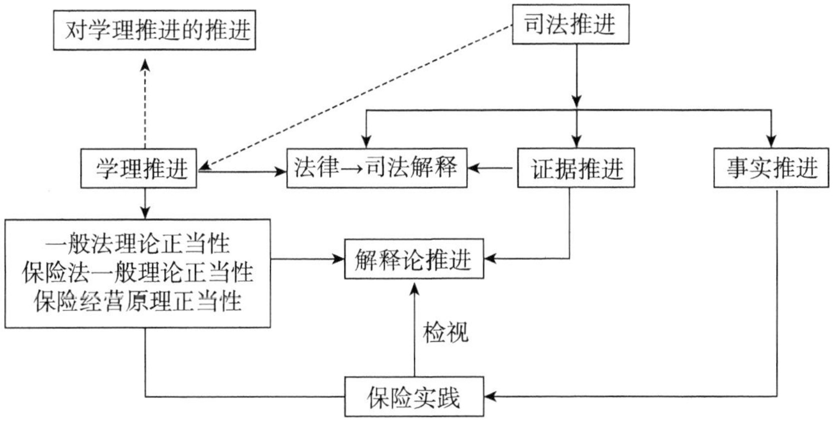

图 4.1 法律思维功能导图

二、特点和优势

（一）特点

（1）情景模式下的职业角色变知识再现型记忆为主动获取型记忆；

（2）自我角色对调实现任务最优化，将立法的探查，法条解释，原理支撑变成自发的思维探索过程；

（3）课堂形成的判决与既有生效判决文书的对比；

（4）大数据的检视和同类案件比对；

（5）拣选和整合形成完整的案件评释，对过程加以固定。

（二）保险判例解析顺序

保险判例的解析过程中，遵循了以下顺序。

第一阶段，主要事实与法律对应：

（1）基本事实判断；

（2）主要事实判断；

（3）主要事实与最可能法律规定的对应。

第二阶段，对首选方案进行解析：

（1）对案件首选方法进行法律检索和解释；

（2）证明首选方案的可行与不可行。

第三阶段，寻找对比其他的法律解决方案。

第四阶段，司法大数据。

第五阶段，将司法大数据同案件最优解决方案进行对应：

（1）探查所选方案在司法大数据中的位置；

（2）探查所选方案与同类同判案件的典型判决；

（3）对所选方案进行补充优化，得出案件的最终选择方案。

第六阶段，对最优方案做与案件事实和证据的对应。

（三）与英美的判例教学法的比较优势

1. 英美判例教学流程

（1）指定统一的教材。教材内容包括案件基本实施、法官的不同观点、案件的评释。

（2）学生进行课前阅读。再现和掌握先例。

（3）课堂流程。教师提问、学生回答。

教师课件图示化进行延伸、比较和理论深化。

（4）评价与总结。

①英美判例即为法，对先例的熟知就是对法律的熟知。

②需要内容容量和规范化的判例型教材。

③虽然教学导向不同，但是和传统的教学方法一样，都属于记忆再现型的教学方法。

2. 保险判例教室的优势

以任务完成型思考为导向，进行课堂和课下的实务演练。

（1）完整再现案件实战过程。

（2）直接进入角色，成为情景模式下的职业法律人。

（3）自我角色对调，左右互搏，最大限度刺激学生的求知欲。

（4）最终形成的模拟法官判决与真实法官判决比对，优劣自明。

（5）与大数据对接，对同类案件和问题全面掌握。

三、流程设计

（一）布置案件事实

学生模拟原告代理律师撰写起诉状：

提炼当事人的诉求，初步设计可能的诉讼或非诉解决方案，固定证据，寻找请求权基础、法条依据，修成方案，继续取证，找法条，循环往复，直至完善。

（二）课堂团体的案件起诉状

学生对起诉状进行汇总、交流，剔除明显不合理的理由，筛选出最优诉讼方案和理由，固定为团体的案件起诉状。

（三）课后学生模拟被告代理律师撰写答辩状

以课堂固定下来的起诉状为对象，学生模拟被告代理律师撰写答辩状。

针对起诉状的诉讼请求做一一对应的答辩，并进行事实和理由、证据的对应支撑。

（四）课堂团体的案件答辩状

学生对答辩状进行交流、汇总，剔除不合理的部分，筛选出最优答辩方案和理由，固定为团体的案件答辩状。

（五）课后学生模拟法官

学生模拟法官，根据起诉状、答辩状撰写判决书。

（六）课堂案件的评释

学生对判决书进行汇总、交流，剔除不合理部分，筛选出最优判决，和真实的法官判决书比对，形成案件的评释。

（七）做大数据分析

对案件做大数据分析、比对，作为案件评释的组成部分汇总。

参考文献

1. ［美］博西格诺，等．法律之门［M］．邓子滨，译．北京：华夏出版社，2017.

第五章　保险产品销售欺诈纠纷案

第一节　保险判例教室精要

一、案件核心事实、诉讼概览和法院裁判要旨

（一）核心事实

2015年7月27日A为儿子李某投保"创富一号"分红型个人人寿保险，2015年7月31日，A交付保险费67万元，甲保险公司交付A保险单、保险合同、收款收据、保险条款等，保险单号：80260000520502××，保险单于2015年8月1日生效。2015年10月26日甲保险公司工作人员韦某向A出具书面材料，内容为："7月甲人寿销售的创富一号受益率6.32%（保底），今后受益率会更高"。当事人双方签订的保险合同中约定："若被保险人身故，本合同效力终止，我们按照本合同累计已交保险费给付身故保险金；若被保险人于本合同期间届满时仍生存，我们按照本合同累计已交保险费给付满期保险金，本合同效力终止"。案涉保单上列有《现金价值表》，该表中第一年度末现金价值为569 500元，同时该表下方注明："若犹豫期后退保，我们退还的现金价值为保单当时的现金价值"。

2016年2月1日吉林保监局向A送达吉保监消费投诉〔2015〕第46号《保险消费投诉处理决定告知书》，主要内容为："查实甲人寿延边中心支公司在销售保险单号为80260000520502××的甲创富一号年金保险（分红型）保险产品业务活动中，存在承诺高额收益欺骗投保人、被保险人签字栏非本人签名的问题，未查实返还佣金问题。我局针对查实的问题，拟对该公司及其相关人员依法进行处理"。甲保险公司于2016年3月10日将保险费67万元退还A。

（二）诉讼概览

A以自己受到欺诈为由，依照《中华人民共和国消费者权益保护法》（以下简称《消保法》）第55条规定，请求保险公司赔偿其所受损失的3倍，保险

公司拒赔，故A向人民法院提起诉讼。本案经过了一审、二审［（2016）吉民终515号］和再审［（2017）最高法民申1462号］，现已审理终结。

一审法院支持了A的诉讼请求，判令保险公司承担3倍惩罚性赔偿责任。二审法院则对惩罚性赔偿的计算基数存在不同认识，二审法院认为将保险合同双方约定的关于犹豫期后退保的现金价值与已交保险费用的差额视为投保人购买涉案保险产品的对价。再审法院驳回A的再审申请。

（三）裁判要旨

本案的争议焦点为A购买保险的行为是否属于《消保法》所保护的范围，如果是的话，惩罚性赔偿的计算基数该如何认定。

1. 一审法院观点

本案A为个人或家庭财产保值增值需要接受甲保险公司提供的保险服务属于《消保法》第2条所规定的为生活消费需要接受服务，其权益受《消保法》保护。

甲保险公司的工作人员在向A提供保险服务中实施了欺诈行为，致使A的合法权益受到损害。甲保险公司应对其工作人员的经营活动承担民事责任。根据《消保法》第55条第1款之规定甲保险公司应当赔偿A 201万元。

2. 二审法院观点

A对涉案保险产品支付的对价不应当以保险费67万元为基准进行计算。《消保法》第55条第1款规定3倍惩罚性赔偿的基准为消费者购买商品的价款或者接受服务的费用。具体到本案中，一方面，因合同双方明确约定了身故保险金与满期保险金为本合同累计已交保险费，故不宜将保单上载明的保险费额度视为购买对价；另一方面，保险产品的理财功能以及分红目的的实现必然是由保险公司运用投保人资金进行投资运作而得以保障，这种资金运作的可行性必然是建立在投保人依约定让渡了自己资金控制权乃至部分收益权的基础之上，故甲保险公司关于涉案保险产品无消费对价的观点不能成立。二审法院综合考量本案事实及案件属性，认为将保险合同双方约定的关于犹豫期后退保的现金价值与已交保险费用的差额视为投保人购买涉案保险产品的对价较为适当。

3. 再审法院观点

《消保法》第55条第1款规定："经营者提供商品或者服务有欺诈行为的，应当按照消费者的要求增加赔偿其受到的损失，增加赔偿的金额为消费者购买商品的价款或者接受服务的费用的3倍；增加赔偿的金额不足500元的，为500元。法律另有规定的，依照其规定。"结合《消保法》第2条"消费者为生活消费需要购买、使用商品或者接受服务，其权益受本法保护”的规定，惩罚性赔偿金的制度目的在于加大对消费者为生活消费需要购买商品或接受服务时遭受欺诈所致损失的保护力度。由于涉案两类保险产品分红型年金人寿保险、万能型年金人寿保险兼具财务投资和生活消费的性质，如以全部保险费做惩罚性赔偿金的计算标准，将会涵盖自然人财务投资的风险损失，不符合惩罚性赔偿金的制度目的。二审判决酌情对保险费做了一定折减，以此计算惩罚性赔偿金的标准，也提供了其酌定标准的依据，故尚不足以构成认定基本事实缺乏证据证明、适用法律确有错误的应予再审情形。

二、案件评论

（一）是否适用《消保法》和《合同法》

（1）保险服务的属性。保险具有多重属性，既具有保障属性，又具有金融属性；既具有财务属性，又具有服务属性。保险既是保障属性与金融属性的统一，也是财务属性与服务属性的统一。只承认保险的保障属性而不承认保险的金融属性，必然会产生理论上的误导；只看到保险的财务属性而不看到保险的服务属性，必然会导致实践上的偏差。人寿保险的投保人购买保险的目的本质上不是得到保险补偿，而是得到一个风险管理的方案。例如，购买飞机意外保险的人，并不愿意为了获得保险补偿而希望飞机出现事故；购买大病医疗保险的人，也不愿意为了获得保险补偿而期盼自己大病一场。飞机不出事、身体不生病，才是他们购买保险的真实目的之所在。如何保障飞机不出事、身体不生病，如何增加保单的附加值，既是现代保险人提供保险服务的基本内容，也是衡量现代保险服务业存在价值的重要体现①。

上述案件中的服务包含财富管理计划和风险管理方案，而不是纯粹的生活所需的消费。所以适用《消保法》错误。

（2）是否适用《合同法》？适用的前提有缔约过失责任，存在损失。案件里面的投保人没有损失本金，也没有因为投保人违约造成的现金价值的损失。显然法院那样判并不正确。

保金不是损失，丧失的现金价值也不是损失，在保险时间段内，其享有风险保障方案和财富管理计划。根据“无损失，无责任”原则，缔约过失责任也必须有损失，此种损失应为信赖利益的损失。损失是实质的，而非臆断的。因此本案并没适用《合同法》第 42 条的缔约过失责任的情况。

---

① 魏华林：“保险的本质、发展与监管”，载《金融监管研究》2018 年第 8 期，第 1—20 页。

①那么合同是否无效？《合同法》第52条规定："有下列情形之一的，合同无效：（一）一方以欺诈、胁迫的手段订立合同，损害国家利益；（二）恶意串通，损害国家、集体或者第三人利益；（三）以合法形式掩盖非法目的；（四）损害社会公共利益；（五）违反法律、行政法规的强制性规定。"

2018年8月8日中国银行保险监督管理委员会（以下简称银保监会）发布《关于切实加强和改进保险服务的通知》要求各保险公司及保险中介机构严格规范保险销售行为、切实改进保险理赔服务、大力加强互联网保险业务管理，并强调"不得夸大产品功能，不得虚假承诺，不得诱导误导消费者"。银保监会发布的《关于切实加强和改进保险服务的通知》是部门规章，不是行政法规。故保险合同不存在无效事由。

②合同是否可撤销？《合同法》第54条规定："下列合同，当事人一方有权请求人民法院或者仲裁机构变更或者撤销：（一）因重大误解订立的；（二）在订立合同时显失公平的；（三）一方以欺诈、胁迫的手段或者乘人之危，使对方在违背真实意思的情况下订立的合同，受损害方有权请求人民法院或者仲裁机构变更或者撤销。当事人请求变更的，人民法院或者仲裁机构不得撤销。"

③合同无效或被撤销的法律后果？《合同法》第58条规定："合同无效或者被撤销后，因该合同取得的财产，应当予以返还；不能返还或者没有必要返还的，应当折价补偿。有过错的一方应当赔偿对方因此所受到的损失，双方都有过错的，应当各自承担相应的责任。"

（二）合同法、消保法等相关法律

《合同法》第42条规定："当事人在订立合同过程中有下列情形之一，给对方造成损失的，应当承担损害赔偿责任：假借订立合同，恶意进行磋商；故意隐瞒与订立合同有关的重要事实或者提供虚假情况；有其他违背诚实信用原则的行为。"

《消保法》第55条规定："经营者提供商品或者服务有欺诈行为的，应当按照消费者的要求增加赔偿其受到的损失，增加赔偿的金额为消费者购买商品的价款或者接受服务的费用的三倍；增加赔偿的金额不足五百元的，为五百元。法律另有规定的，依照其规定。经营者明知商品或者服务存在缺陷，仍然向消费者提供，造成消费者或者其他受害人死亡或者健康严重损害的，受害人有权要求经营者依照本法第四十九条、第五十一条等法律规定赔偿损失，并有权要求所受损失二倍以下的惩罚性赔偿。"

因此本案A为个人或家庭财产保值增值需要接受保险公司提供的保险服务属于《消保法》第2条所规定的为生活消费需要接受服务，其权益受《消保法》保护。甲保险公司的工作人员在向A提供保险服务中实施了欺诈行为，致使A的合法权益受到损害（其对于损害无法举证）。

（三）观点

（1）《保险法》规定，订立保险合同，保险人应当向投保人说明保险合同的条款内容，并可以就保险标的或者被保人的有关情况提出询问，投保人应当如实告知。该规定明确了保险人和投保人在订立保险合同前各自应当履行的义务，即说明和告知义务，该义务属于基于诚实信用原则的先合同义务，若违反该义务而致对方信赖利益无法实现的，过错方应当承担对方相应的损失。缔约过失责任在人身保险合同中同样适用[①]。

（2）根据“无损失，无责任”原则，缔约过失责任也必须有损失，此种损失应为信赖利益的损失。在大陆法中，信赖利益又称为消极利益或消极的契约利益，是指因信赖无效的法律行为为有效所受的损害。王利明教授认为，缔约过失责任所说的信赖利益，就是指一方基于其对另一方将与其订约的合理信赖所产生的利益；信赖利益的损失，是指因另一方的缔约过失行为而使合同不能成立或无效，导致信赖人所支付的各种费用和其他损失不能得到弥补。信赖利益的范围又如何界定，各国立法不一，我国《合同法》并未明确规定，理论上的看法也颇有不同。有的观点认为信赖利益的损失包括直接损失和间接损失。所谓间接损失，是指如果缔约一方能够获得各种机会，而在另一方的过错导致合同不能成立的情况下，使这些机会丧失。赔偿间接损失的理由为：建立缔约过失责任的目的之一就在于弥补受害人的损失，如果确因一方违反先合同义务造成他方丧失订约机会而受损害，则不予赔偿既有失公平，也不利于维持正常的市场交易秩序。有的观点认为信赖利益的损失仅限于直接损失。所谓直接损失，就是指因为信赖合同的成立和生效所支出的各种费用，如订约费用、准备履行费用及支出上述费用所失去的利息等。因为信赖利益必须是一种合理的能够确定的损失，而机会所形成的利益很难合理确定；如果信赖利益的范围包括间接损失，则缔约过失赔偿范围过大，这是不利于确定责任的，而且机会损失在举证上存在困难，也会诱发当事人与第三人恶意串通，以索赔巨额机会损失的费用。由于缔约过失责任的赔偿范围仅限于信赖利益，而非履行利益，这也正是缔约过失责任与侵权责任及合同责任的重要区别。

通说认为，信赖利益的损失应限于直接损失。其范围应包括：①缔约费用，包括邮电、文印费用，赴订约地察看标的物所支付的合理费用；②履约准备费

---

① 高鸿、秦昌东：“缔约过失责任的认定”，载《人民司法》2010年第10期，第90—93页。

用，包括为运送标的物或受领对方给付所支付的合理费用，或因信赖合同成立而购租房屋、厂房、机器设备或雇工所支付的费用；③因支付上述费用而失去的利息。由此可见，保险金不在直接损失之列。因此，在保险合同中保险人要向投保人或者被保险人承担缔约过失赔偿责任，只能是因为其缔约上忠诚协商义务的违反（过失行为）给投保人或者被保险人造成的信赖利益损失，即该损失纯粹是因为合同未成立或者无效带来的，而不是直接来源于保险事故的发生。如果将保险金纳入损失的范围，将会导致合同无效比有效更为有利的后果，因为，合同无效不但要退还保险费还要赔偿保险金，也就是说合同无效的话，保险费都不用交但是结果和合同有效一样，这在逻辑上显然是讲不通的①。

可信赖利益的损失——损失是实质的，而非臆断的，如果该投保人按照保险合同约定支付了相应的费用，投保人就没有损失。保险公司违规销售受到行政处罚，不是裁判的依据，只能是参考，毕竟行政处罚的认定和民事赔偿的证明标准不一样、立法的目的不一样。可信赖利益是一种机会利益，可以通过履行利益的结算来予以量化。这里投保人损失机会利益是什么？没有，因为按合同规定到期有分红和收益，就算不能达到这些收益，其收益也比存款利率高，所以其并不存在损失。

故而保险的退赔案件中，真正有损失的人不是投保人，而是保险公司。保险公司存在违规行为并不影响保险合同的成立。

三、保险判例教室上诉状与答辩状

民事上诉状

上诉人（一审被告）：甲保险公司，地址××。

法定代表人：××，系××职务。

委托代理人：（模拟代理律师）刘佩茹，保险判例教室模拟律师事务所律师。

被上诉人（一审原告）：A，男，民族，××年××月××日出生，身份证号码××，住址××，联系电话××。

委托代理人：××，××律师事务所。

上诉人甲保险公司因与被上诉人A人寿保险合同纠纷一案，不服××人民法院××年××月××日作出的（××）××民初××号判决，现向××人民

① 汪涛、张颖杰："保险人的缔约过失责任——以新《保险法》第34条为视角"，载《广西社会科学》2010年第9期，第76—78页。

法院提起上诉。

上诉请求：

1. 撤销××人民法院（××）××民初××号民事判决书；

2. 依法改判，驳回被上诉人（一审原告）全部诉讼请求。

上诉理由：

（一）一审法院适用法律错误

本案不适用于《中华人民共和国消费者权益保护法》审理。

1. 被上诉人 A 主体身份并非为金融消费者。

《中华人民共和国消费者权益保护法》作为经济法范畴，其法律精神即对日常消费活动中弱势一方提供倾斜性保护，然而有证据证明被上诉人 A 有一定的专业投资能力，是一般的专业金融投资者，其与上诉人在交易中商业地位平等，且其在合同订立后，反复确认投资保底情况，有着专业投资者一样高度的风险敏感程度，故而被上诉人 A 的主体身份不是《中华人民共和国消费者权益保护法》涵摄的金融消费者，本案不宜适用《中华人民共和国消费者权益保护法》。

2. 被上诉人 A 购买涉案分红型人寿保险的行为并非出于生活消费需要。

涉案保险产品属于返还型保险产品，当发生合同约定条件时，返还所交保险费，投保人交纳的保险费是为对抗风险的储蓄返还款项，涉案险种的特征体现为金融投资功能以规避将来发生的风险，并非日常生活消费服务，该保险产品实质是投资产品。被上诉人 A 与上诉人签订涉案合同的行为，其实质是投资行为，而非《中华人民共和国消费者权益保护法》第 2 条所述“生活消费”。

综上，本案不适用《中华人民共和国消费者权益保护法》，应当直接适用《中华人民共和国合同法》和《中华人民共和国保险法》。

（二）一审法院认定事实不清

1. 被上诉人不能证明上诉人在订立涉案合同时对其欺诈。

被上诉人在一审中提供两份书证意图证明上诉人在订立涉案合同时存在欺诈，两份书证为：(1) 2015 年 10 月 26 日被上诉人工作人员向上诉人出具的承诺受益率的书面材料；(2) 2015 年 12 月上诉人投诉后，保监局出具的《保险消费投诉处理决定告知书》。但在证据效力和内容上都不能支持被上诉人在合同订立时进行欺诈行为影响被上诉人真实意思表示的事实认定。

(1) 证据效力上，《保险消费投诉处理决定告知书》的性质为普通书证范畴，需要进过质证，并与其他证据相互印证，不能直接采信。该告知书体现保监会对保险公司监管的具体行政行为，本案作为上诉人与被上诉人之间的民事诉讼案件，对行政行为的文书，亦需要经历举证质证，并查证证据效力，不能因其作出主体为公权力机关就直接在民事案件中无条件采信。

（2）证明内容上，被上诉人在2015年7月×日已与上诉人订立保险合同，被上诉人一审的两份书证产生的时间均在订立合同之后，虽书证1的出具人为被上诉人员工，并事后被行政处罚，但两份书证只能证明在订立保险合同的时间点后，被上诉人的员工存在违反保监局相关保险产品业务指导规定的行为，但无法证明在订立合同时，上诉人已经存在欺诈行为并使被上诉人陷入错误认识，即上诉人提供的证据与其意图证明的事实间没有因果关系。根据《中华人民共和国民事诉讼法》第64条以及《最高人民法院关于民事诉讼证据的若干规定》第2条第2款的规定，上诉人应当承担举证不能的不利后果。

2. 被上诉人A所缴保险费不是上诉人收取的保险服务的对价。

涉案保险产品中被上诉人交纳的保险费是基于保险合同约定的权利义务，上诉人承担保险责任时的对价，保险费的厘定标准基于投保群体的风险情况，并非为支付给上诉人的保险服务费对价，其价值远远大于所谓服务费用。

综上所述，原审法院判决适用法律错误，事实认定不清，恳请××人民法院撤销一审判决，依法改判，驳回被上诉人全部请求。

此致

××人民法院

上诉人：甲保险公司

××年××月××日

民事答辩状

答辩人（一审原告）：A，男，民族，××年××月××日出生，身份证号码××，住址××，联系电话××。

委托代理人：（模拟代理律师）李秋潼，保险判例教室模拟律师事务所律师。

被答辩人（一审被告）：甲保险公司，地址××。

法定代表人：××，系××职务。

委托代理人：××律师，××律师事务所。

因答辩人诉被答辩人人身保险合同纠纷一案，对被答辩人不服××人民法院（××××）××民初×××号民事判决的上诉答辩，现提出如下答辩意见。

答辩的理由和根据：

（1）依据《民法总则》关于欺诈的界定以及保监局的处理决定，甲保险公司行为构成欺诈；本案中甲保险公司工作人员的行为属于职务行为，其责任后果应当由甲保险公司承担，故甲保险公司关于收益承诺由员工个人作出的主张亦无法得到支持。

（2）本案依据为《中华人民共和国消费者权益保护法》“经营者提供商品或者服务有欺诈行为的，应当按照消费者的要求增加赔偿其受到的损失，增加赔偿的金额为消费者购买商品的价款或者接受服务的费用的3倍”的规定根据《消费者权益保护法》第55条第1款之规定甲保险公司应当赔偿A先生201万元，理由如下：

首先，A保险公司无明确证据，证明投保人A先生为相关交易种类的专业投资人；其次，考虑涉案合同虽具有理财功能，但种类仍为人寿保险合同的情况，在我国目前面对金融产品纷繁多变、金融交易秩序还在发展建构的现状却尚无关于金融消费者的专门保护立法的前提下，因此被告认为，对本案适用《中华人民共和国消费者权益保护法》予以调整较为适当。

（3）投保人交纳的保费明确是67万元，该费用就是向甲公司支付的对价，与其费用的用途无关，恳请法院维持原判。

综上，请贵院在准确认定事实的基础上维持原判。

此致

××人民法院

答辩人：A先生

××××年×月××日

第二节　教师点评

一、对案件梳理过程的点评

事实梳理是用证据来讲述一个法律故事。以法律为主，情理为辅进行思考，设定案件场景。在法庭上所陈述的事实是要有证据支撑或证明的事实，即证据事实。事实梳理过程中，要运用法律逻辑、法律解释逻辑、证据逻辑等，而不能是学理逻辑。

事实一定要有逻辑层次体系，可以是按照时间先后顺序，也可以是与所呈现的证据一一对应等形式。事实梳理后发现一个问题：保险合同中是否有关于收益率的规定？

二、对案件诉讼请求的点评

一定要落实期间，明确诉求，具有强大的说服力。类似于本案中，上诉人的诉求中要明确损失的数额以及何种期间下的可得利益的损失、积极损失与消极损失。事实理由和诉求要一一对应，后者要能够准确有力的支撑事实（类似数学公式）。

首先要学会靶向性思维，把学者思维所获得的知识立体化，逻辑浮现出来。论证的先后顺序，正确的要能立得住，找自己有理的地方，其次再去反驳对方律师的主张。基本上应该依据双方的行为给轨迹追寻事实的逻辑，找到法律上有价值的事实。回到基本的事实，案件的源头，而不应该局限于理论思考，法律推理。探查证据，用证据去找请求权基础。紧密结合，反复结合证据——请求权——法律的适用。

理论上，诉讼请求应该是最后得出的。但是说服当事人要有大胆的假设，从结论出发进行立体的思考。

三、对大数据功能的点评

司法大数据的功能在于，预判案件的可能走向，间接影响庭审结果。司法大数据的适用要注意顺序和适度性，不能以司法大数据的结果替代对个案的思考和判断，更不能被司法大数据牵着鼻子走。应当还原案件的基本事实，寻找案件的细节，最终获得对案件的真实判断。

四、保险合同立法中的目的覆盖——基于人身保险金请求权归属的制度探查

保险合同法中，我们可以清晰地观察到以下现象：以立法目的覆盖保险合同目的。最为典型的是交强险，以法律目的替代（完全覆盖）合同目的，无论投保人投保交强险的目的是使自己获益还是使受害人获益，均被替代成为以受害人的利益保护为目的。商业保险合同中，则更多呈现的是以法律目的部分覆盖合同目的。

我国《保险法》中对人身保险合同权利的归属的处理就是最好的例证之一。以人身保险合同保险金请求权归属为《保险法》中法律制度链的探查依据，可以获得以下法律规定：《保险法》第 12 条第 5 款第一句话（被保险人是指其财产或者人身受保险合同保障，享有保险金请求权的人）；第 39 条第 1 款（人身保险的受益人由被保险人或者投保人指定）和第 2 款的第一句话（投保人指定受益人时须经被保险人同意）；第 41 条第 1 款的第一句话（被保险人或者投保人可以变更受益人并书面通知保险人）和第 2 款（投保人变更受益人时须经过被保险人同意）；第 42 条第 1 款（被保险人死亡后，有特定情形的，保险金作为被保险人的遗产，由保险人依照继承法的规定履行给付保险金的义务）。

前述制度链传达了一个信息：人身保险合同的保险金请求权归属于被保险

人，并受到被保险人意思的支配，即使被保险人死亡，保险金也属于被保险人的遗产。无论法律制度订立的原因如何，立法的目的是鲜明的：将对被保险人生命权、身体权、健康权的保护贯彻到人身保险合同的保险金请求权归属制度中去。

被覆盖的是投保人的投保目的，无论投保人出于何种目的投保人身保险、财产保险，使投保人自己获益或者使投保人指定的受益人获益，还是使被保险人获益，均需要以法律目的为准。

法律目的的主旨，其本质就是法律的价值选择，应然是从实际的社会关系利益均衡出发，做出多视角利益权衡之后的利益取舍，再将利益替代为各个利益主体的价值，然后进行价值选择，而成为立法主旨。应矫正的是，法律制度的设置，人身保险合同保险金请求权的归属，应当尊重投保人的合同目的，在此前提下兼顾被保险人在人身保险合同中的利益。即应当将人身保险合同的保险金请求权归属于投保人，将指定和变更受益人的权利归属于投保人，在此基础上兼顾投保人订立人身保险合同使被保险人获益的目的。

五、寿险产品金融属性及其在保险判例中的应用

（一）一则保险案件判决引发的迷局

寿险产品一般分为两类：一类是纯保障型产品，投保人交纳保险费，其间不发生保险事故，期满后保单失效，保险公司不会返还保险费的一部分或全部。保障型产品一般有死亡保险和生死两全保险。另一类是保障型和投资性混合型产品，如分红型、万能型、投资连结型保险。此类保险解约时计算解约金比较复杂，既要计算保障型部分，又要计算投资型部分。寿险产品中包含的分红、投资回报条款，以及投保人交纳保险费中包含的保障部分和投资部分使得寿险产品显现出和其他金融投资产品相似的金融属性，司法审判实践之中会因为对寿险产品金融属性的认识不足而对法官做出的判决产生影响。

（二）保单现金价值的功能

保险公司往往会使用“现金价值”一词，这是保险行业的术语，转换成大众语言，就是退保金，投保人退保时，保险公司支付给投保人的钱。寿险保单的现金价值直接来源于投保人交纳的保险费减去保险公司营业费用，主要包括支付给保险销售人员的佣金和保险公司的其他营业性支出。现金价值的功能有两个，最主要和最核心的功能是确定投保人中途退保时保险人向投保人支付的退保金。第二个功能是当保单中存在保单质押贷款约定时，现金价值是确定投保人可以从保险公司贷出款项数额的计算基数。一般保险公司会允许投保人在

现金价值一定百分比的范围内向保险公司贷款。这样，如果不出现投保人退保或者向保险公司贷款的情形，现金价值并不显现成为现实的金钱利益，仅为凝结在保险合同中的投保人的期待利益。我国《保险法》第 32 条、第 37 条、第 43 条、第 44 条、第 45 条、第 47 条均提及现金价值的概念。

现金价值是投保人解约时支付的解约金，不解约不支付的金额。现金价值源自投保人交纳保险费，解约时将尚未用于保障，扣除经营成本以及各种费用后的剩余部分。

（三）寿险保单的金融属性分析

寿险产品的金融属性揭示出保险人和投保人直接参与金融投资行为的特征。依据投保人获得收益的来源以及保险公司参与金融投资的方式不同，寿险产品包括分红型保险、投资连接型保险以及万能险 3 种。投保人交纳的保险费在不同类型的人身保险中形成用于保险保障部分以及单独用作投资的两部分费用。

1. 分红型保险的金融属性分析

分红型保险的保险费中一般不明确告诉投保人这两部分的具体区分，并且这两部分不在保险合同条款上做明确的区分。仅为保险公司内部账户以及保险费厘定时的精算区分。这种区分更多的是出于监管要求，并具有保险经济学以及保险精算数学的意义。对分红型保险金融属性的分析包括三个层次的问题。

第一个层次的问题是分红型保险的金融属性特征。保险公司运用保险基金直接参与诸如购买政府债券等现实的金融投资，将投资收益依据保单中约定条款分配给投保人。投保人并不直接成为金融投资的投资者，只是间接从保险公司的金融投资行为中获得分红，只有保险人才是分红型保险金融行为的直接参与人。

第二个层次的问题是投保人获得分红的前提条件，即保险公司获得金融收益的前提条件。保险公司获得的金融收益源自于死差益、费差益和利差益的三者之和。死差、费差、利差，被称为“三利源”，其获益部分被称为“剩余金”。死差就是，实际死亡率与保险公司预测的死亡率之比，有盈余也会有亏损。费差是指事先预订费用率和实际费用率之比。利差就是指保险公司预定利率与金融市场的实际利率之比，同样有亏损也会有盈余。是否存在剩余金，取决于“三利源”是否盈余。

第三个层次的问题是投保人获得分红与保险保障之间的关系。分红型保险中，投保人交纳的保险费是投保人获得保险保障的对价。投保人获得的分红实际上是保险公司将其源自金融投资的经营利润中的一部分分配给投保人。原因在于：剩余金不是保险公司的收益，是广大投保人的收益，因为保险公司在设计3利源率时，一般都会留有余地，比如利率一般会设计为低于市场利率，保险费率会高于实际保险公司运营成本，死亡率预估也会略高于生命表中的实际死亡率。这样的话，保险公司在厘定保费时一般会多收一些，那么等待1年之后与实际的“三利源”相比，除去年份不好巨灾发生超越预设风险之外，自然会产生剩余金。而这个剩余金实际是多收投保人的钱，返还给投保人才合情合理。如果不产生剩余金，投保人的分红也就不存在了。

2. 投连险和万能险的金融属性分析

投连险以及万能险具有保险合同约定条款层面的双重性，保险保障性以及投资理财性，保险保障的保费以及投资理财的费用是可分割的，并且在保险合同中体现出来。投连险和万能险一样，投保人交纳的保险费可以明确地拆分成两部分，和投保人获得的保险保障形成对价关系的保费部分以及投保人直接参与金融投资行为的保险费部分。投保人交纳保费获得保险保障，其法律性质属于保险。投保人支付金钱（表现形式为保险费）直接参与金融投资，其法律性质与投保人购买股票相同，属于投资理财行为。

（四）结论

（1）分红型保险投保人交纳的保险费是其获得的保险保障的对价，现金价值是投保人解除保险合同时获得解约金的数额，也是投保人获得保单贷款数额的计算基数。投保人获得分红是保险公司参与金融投资收益分配给投保人的经营利润，是一种间接获益。

（2）投连险和万能险中，投保人交纳的保费能够区分为两部分，投保人获得保险保障的对价部分和投保人直接参与金融投资的部分。前一部分的保险费交纳属于保险法规范的保险合同范畴，后一部分的费用交纳属于投资理财的法律调整范畴。

前述案件中适用《消保法》3倍赔偿的对应事实是保险公司对保险费的分红比例做了虚假承诺，3倍赔偿的计算基数应该以该虚假承诺利率与保险费中用于投资部分保费的乘积为准，而不应以与虚假承诺事实不相干的用于保障部分的保费与保险退保金（现金价值）的差为计算基数。

第三节　案件综合评析

我们的保险判例教室第一案的整个的程序依据我们预先设定的顺序进行：先将判例的事实交给学生，让学生依据这些事实撰写起诉状、答辩状，然后最终得出判例的结论。学生们深入所有案件细节，真相逐渐显露。笔者深深地体味到：这样以既有判例为基础的对案件顺时模拟和逆时的观察功能是综合的和强大的。顺时的模拟案件，激发了学生们对案件结果的强烈好奇心，一如攀登的人们，一步一步积累成最终的案件处理结果。每个阶段对每个学生的法律文书进行汇集，并进行方向的引导和点评，变个体智慧为集体智慧，学生们的职业能力显著增强。逆时的观察这个过程是由笔者完成的，顺时的步骤中，学生们已经挖掘出了全部的细节，包括事实的细节、证据的细节、适用法律的细节、事实和证据对应的细节、证据和适用法律对应的细节。将这些细节综合，问题归结为几个节点，笔者清楚地意识到，这些节点就是处理案件的实践逻辑，对这些节点进行一一解答，就能够达至案件的处理终点。整个过程告一段落，过程中的前期预设、百转千回、节外生枝、夜不能寐、推翻前期预设的勇气、从头再来的细腻思考、区分学理问题和司法适用问题的清晰认识，最终在一个凌晨对案件作出了自己觉得踏实的结论。

一、专业投资人的认定问题

专业投资人的认定应当结合专业人士资格证获取的形式要件和投资专业知识掌握的实质要件进行，不能单纯以投资意图和已有投资行为为依据。本案中投保人虽然以获取投资收益为目的购买保险，但不具有专业投资人资格证，也并无专业投资人的系统投资知识训练，仅为投资能力稍强的投保人。

二、对保险合同是否存在欺诈的认定

保险公司销售人员以承诺利率诱使投保人购买保险，虽然保险公司辩称做出利率承诺属于支公司经理个人行为，但并未提供足以证明投保人明知该经理实施的行为不属于职务行为的证据。保险公司也未能提供投保人应当知道或者对该承诺利率存在合理怀疑的证据。其设定保底利率符合一般人对利率回报的预期。投保人在相信利率回报的前提下购买了保险，保险公司的行为构成欺诈。保监会的决定属于实施保监会依据保险监督管理职权履行职责的行为，该行为实施过程形成的行政法律关系与投保人和保险人之间的保险合同法律关系属于并行的不同类型法律关系，法院有权依据审判职权和案件需要采纳或者不采纳保监会做出的行政裁决和决定。

三、对保险合同是否解除的认定

依据《保险法》第15条的规定，投保人有权解除保险合同，除非有明确规定，保险人无权任意解除合同。本案保险人退还投保人保险费的行为不能认定已经解除保险合同，只能认定为在保监会做出处罚决定以后，为满足保监会行政命令而实施的行为。投保人接受其退还保险费的行为也并非对保险合同解除的同意，而只是在不明确接受保险费退还这一行为法律属性前提下的事实行为。依据我国《合同法》第54条的规定，一方存在欺诈的，另一方可以行使撤销权。投保人有权撤销该合同，但投保人并未实施撤销行为，保险合同效力并未解除。

四、关于是否适用《消保法》的认定

《消保法》第2条规定，消费者为生活消费需要购买、使用商品或者接受服务，其权益受本法保护。虽然未对何为生活消费做出界定，但是该法第28条明确列举保险的内容，采用网络、电视、电话、邮购等方式提供商品或者服务的经营者，以及提供证券、保险、银行等金融服务的经营者，应当向消费者提供经营地址、联系方式、商品或者服务的数量和质量、价款或者费用、履行期限和方式、安全注意事项和风险警示、售后服务、民事责任等信息。从体系解释出发，保险消费属于生活消费，本案适用《消保法》的规定。

五、关于3倍赔偿的计算依据

本案保险合同约定承保范围，并对保险合同现金价值的分红做了约定。投保人在订立保险合同之后向保险公司确认承诺利率，保险公司以书面确认该利率的事实应当认定为对分红条款利率的补充协议。保险费的对价包括保险合同中承保范围以及该承诺利率的投资回报。3倍赔偿应当以投保人对保险费中该利率回报部分的合理预期，即依据6.32%为回报率极端的67万本金的收益部分为计算标准，670 000×6.32%×3＝127 032（元）。

（本案结论与后文综合评析结论并不相同，请关注。）

第四节　案件的大数据分析

一、司法大数据发挥功能的前提

大数据相对于法学研究，需要借助于心理学、行为心理学、社会心理学的路径进行。无论是对产生大数据的主体元素的分析，还是对于运用大数据主体的分析都如此。

心理学相对于法学研究实际上是技术或者方法论意义上的科学，不是诸如

量子物理学、基因科学那样的揭示世界本质的更深层次的科学和司法大数据的研究相结合，心理学发挥功能的范围和幅度受限于司法大数据使用者的心理状况。

二、司法大数据的初级功能

在给出案件结论性意见的过程中，司法大数据的应用顺序和价值范畴应当是经过科学合理配置的，并同大数据使用者的心理动因结合起来进行观察。司法大数据的应用应当遵循以下逻辑顺序进行。

首先，司法大数据的获取和使用应当是在对案件已经做出结论性意见，并对案件的各种可能路径已经有了预判之后。其逻辑顺序的判断理由在于：防止将案件纳入已有司法大数据的框架之中，防止案件判断者受限于大数据结论。从行为心理学角度，法律专业人士也同样具有源自专业判断、行为方式等的软弱性，在大数据显现出的数字权威面前，这种软弱性会直接或者间接地影响对案件的判断和推理过程。如果将具体的案件判断者进行群体化推延，行为主体的软弱就会导致行为过程的大数据化趋同，法律的专业性、案件的事实及证据与法律的对应性就可能被大数据的数字结论抹杀和掩盖。

其次，司法大数据具有有限的纠错功能。司法大数据是一个预判，是将已经做出的判决进行选择。当根据具体的案件事实做出的结论性意见和司法大数据的比对以后，发现与同类案件的处理结果之间属于明显少数占比，大数据具有一定的纠错功能，但这种纠错功能是有限的，因为大数据只能提供一个表面的原因，而不能提供原因本质和解决方案。真正决定案件结论性意见的正确和错误（更确切地应该被描述为与司法裁判的功能导向贴合度偏高和贴合度偏低的）的不是其在司法大数据中的占比，而是获得该结论性意见的法律推理过程是否符合学理逻辑与司法逻辑。

最后，司法大数据具有一定的补充功能。将之前对案件做的各种解决路径与司法大数据进行比对，发掘出比对结果中预判时未虑及的案件解决路径并对其进行探查和解析，并将该案件解决路径补充进入案件的方案中。

三、司法大数据的深层功能

上述过程仅仅为司法大数据的初级功能，更深层次的功能源自对大数据比对过程之后显现出的、与案件预判路径差异判决或者差异案件事实进行进一步的个案追踪，然后再进行案件与案件的事实、证据、判决等更深层次的比对和研究，以作为进一步理清、印证、否定、选择预判案件结论路径的依据。

四、运用司法大数据的司法功能导向

当对一个案件预判获得结论性意见与司法大数据进行比对的结果是该结论性意见在司法大数据中居于明显少数的区域（如6%），在对该结论性意见重新进行逻辑理顺、证据挖掘、证据与法律对应、对法律进行新视角的解释等检视以后，仍然能够得出该结论性意见的逻辑、法律、证据等多维的学理及司法双向推进的自洽结论，在将该结论性意见同案件其他解决路径进行比较权衡以及取舍时，司法大数据的运用就应当以司法功能为导向。司法的功能导向存在专业性和当事人理解接受能力之间的鸿沟，司法功能的发挥实际上是在法律的学理解释结论与法律适用结果的当事人接受程度之间寻求一个平衡，法律的释明以及适用过程虽然是专业性的以及逻辑性的，但法律适用的结果指向的是当事人。

司法大数据一如高清摄像头，同类案件的判决结果一目了然，在当事人与法律专业人士均在此高清摄像头的辐射范围的前提下，司法的功能导向决定至少影响案件解决路径的选择结果。存在以下原因。

（1）法官及律师的趋同心理常常会导致其选择在司法大数据中占比较多的案件处理方案。

（2）当事人对案件占比较少的判决质疑或者否定的可能性更大，如果依据占比较少的路径进行判决，上诉率会提升。

故此，在存在多个案件解决方案的情况下，虽然每一个方案都能够达到法律专业层面的自洽程度，但是在做案件解决方案选择时，应当尽量选择司法大数据中占比较多的方案。

参考文献

1. 魏华林．保险的本质、发展与监管［J］．金融监管研究，2018（8）．
2. 高鸿，秦昌东．缔约过失责任的认定［J］．人民司法，2010（10）．

第六章　被保险人醉驾死亡纠纷案

第一节　保险判例教室精要

一、案件核心事实、诉讼概览和法院裁判要旨

保险判例教室接下来选取了案件基本事实相同，但判决结果并不相同的两个案件。

（一）案件一

1. 案件核心事实

2014 年 5 月 16 日，投保人李某国（李某的父亲）以其本人为被保险人在甲保险公司处投保了国寿康宁终身重大疾病保险、国寿附加祥和定期寿险，身故保险金均为 10 万元，李某国在电子投保确认单上签名。保险期限分别为终身和 46 年，受益人均为李某。2017 年 2 月 17 日，李某国醉酒后驾驶小型面包车发生交通事故死亡。

2. 诉讼概览

李某要求甲保险公司给付保险金，甲保险公司拒绝理赔，故李某向人民法院提起诉讼。本案经历了一审、二审［（2017）吉 05 民终 1411 号］、再审［（2018）吉民再 192 号］，现已审理终结。

一审法院支持了李某要求人寿保险公司按合同约定支付理赔款并赔偿利息损失的诉讼请求。保险公司不服，提起上诉，二审法院驳回了甲保险公司的上诉请求。保险公司提起再审，再审法院认为二审判决认定事实清楚，但适用法律错误，导致判决结果错误，改判撤销二审判决，驳回李某的诉讼请求。

3. 法院裁判要旨

本案争议焦点为保险人未对免责条款进行提示说明，被保险人故意犯罪导致保险事故发生，保险人是否应该予以理赔。

（1）一审裁判要旨。投保人李某国（同为被保险人，已故）生前与甲保险

公司签订的《国寿康宁终身重大疾病保险合同》和《国寿附加祥和定期寿险合同》系合同双方当事人真实意思表示，不违反法律的强制性规定，依法成立并合法有效。根据《保险法》第17条及《〈保险法〉解释（一）》第10条、第11条的规定，在订立保险合同时，采用保险公司提供的格式条款的情况下，保险公司应当向投保人说明合同的内容。对保险合同中免除保险人责任的条款，保险公司在订立合同时应当在投保单、保险单或者保险凭证上作出足以引起投保人注意的提示，并以足以引起投保人注意的文字、字体、符号或者其他明显标志作出提示，并对该条款的内容以书面或者口头形式向投保人作出明确说明。本案保险合同条款在《个人保险基本条款》中采用了对个别条款内容加黑并采用区别于其他内容的字体进行描述的方式，但该部分内容不涉及责任免除条款。关于免除责任的国寿康宁终身重大疾病保险合同（2012版）利益条款第8条及国寿附加祥和定期寿险（2014版）利益条款第5条采用的文字、字体、符号均与其他合同条款相同，并不能产生足以引起投保人注意的作用。虽甲保险公司辩称投保人在电子投保确认单签字，保险公司对投保人已尽提示义务，但电子投保单只有投保人签字，并未涉及责任免除条款具体内容，故不能认定保险公司已对投保人尽到了提示及明确说明义务。因人寿保险公司未对责任免除事项作出足以引起投保人注意的提示及明确说明，该免除责任条款不产生效力。据此，人寿保险公司应按合同约定进行理赔，甲保险公司拒绝理赔构成违约，应承担给付保险金及赔偿损失的违约责任。

（2）二审法院裁判要旨。本案中，李某国系醉酒后驾驶机动车，其行为已违反法律、法规的禁止性规定。双方当事人对甲保险公司在与李某国订立保险合同时对免责条款是否尽到提示义务发生争议。甲保险公司认为李某国系醉驾，且在电子投保确认单上已签名，同时通过电话方式也对免责条款进行了告知，其已尽到了提示义务。本院认为，虽然李某国在电子投保确认单上签名，但该投保单上的“责任免除”的字体、字号与其他条款一致，亦未载明责任免除的范围。并且从甲保险公司提供的《中国××保险股份有限公司康宁终身保险条款》及《中国××保险股份有限公司附加定期保险（A型）条款》中的“责任免除”条款的字体、字号来看，与其他条款的字号一致，只是字体略有不同，该条款字体并没有通过加黑、加粗等方式与其他条款明显区分。关于甲保险公司主张根据《〈保险法〉解释（二）》第12条的规定，其通过电话回访的方式履行了提示义务的问题，因该条款适用的对象是通过网络、电话等方式订立的保险合同，而本案订立保险合同不符合该条款规定的情形。

（3）再审法院裁判要旨。《保险法》第45条规定：“因被保险人故意犯罪或者抗拒依法采取的刑事强制措施导致其伤残或者死亡的，保险人不承担给付保险金的责任。投保人已交足 2 年以上保险费的，保险人应当按照合同约定退还保险单的现金价值。”《〈保险法〉解释（三）》第 22 条规定：“保险法第 45 条规定的‘被保险人故意犯罪’的认定，应当以刑事侦查机关、检察机关和审判机关的生效法律文书或者其他结论性意见为依据。”结合本案，被保险人李某国驾车发生交通事故死亡后，经××市公安司法鉴定中心检测，李某国静脉血中的乙醇含量为 189.6mg/100ml，远超最高人民法院、最高人民检察院、公安部《关于办理醉酒驾驶机动车刑事案件适用法律若干问题的意见》中关于构成危险驾驶罪血液酒精含量入刑标准。因李某国已死亡，无法追究其刑事责任，但不能认为其行为不构成犯罪。危险驾驶罪是行为犯，应认定李某国为故意犯罪。此次事故后果特别严重，李某国又涉嫌犯交通肇事罪，根据相关法律规定，在处罚上依照处罚较重的规定定罪处罚，这一规定是运用重罪吸收轻罪的原则，但不能否定李某国的行为构成危险驾驶罪。

（二）案件二

1. 案件核心事实

南京××食品厂与甲财产保险股份有限公司双方签订了机动车保险合同，被保险车辆为原告所有的 A 小客车，险种为三责险、车损险及不计免赔险，其中三责险保险金额 100 000 元，车损险保险金额为 25 000 元，保险期限自 2006 年 12 月 14 日起至 2007 年 12 月 13 日止。保险条款总责任免除部分载明，在驾驶人酒后驾驶情形下造成被保险车辆的损失或对第三者的经济赔偿责任，保险人均不负责赔偿，但投保人未在投保单上签字盖章。2007 年 10 月 4 日，原告方司机韩某驾驶被保险车辆在南京市晓庄广场，撞到行人黄某、吴某后又撞到停在路中的 A 小客车，受害人黄某经医院抢救无效死亡。交警七大队接警记录显示，韩某事故发生当日系酒后驾驶被保险车辆，并用手机报警。交警部门出具的交通事故认定书认定韩某饮酒后驾驶机动车发生交通事故，应负事故全部责任。

2. 诉讼概览

南京××食品厂根据其已向保险公司投保三责险为由，请求甲财产保险股份有限公司赔付保险金 100 000 元，保险公司拒赔，故南京××食品厂向法院提起诉讼。本案经过审理，最终法院判决驳回南京××食品厂的诉讼请求。

3. 法院裁判要旨

本案中，虽然投保单中原告未签字盖章，被告亦未到庭举证其履行了免责条款的明确告知义务。但是，原告方驾驶员作为专业货车司机，应当明知不得酒后驾车这样众所周知的法律禁止性规定。法律所保护的应当是合法利益，保险也只应保障合法行为。如原告方司机在酒后驾驶被保险车辆发生交通事故后，原告作为被保险人仍然通过保险理赔得到经济补偿，则会引导错误的价值取向，将社会公众置身于更加危险的交通环境之中，有违社会公共利益，也违反了保险法的基本准则。因此，原告要求被告赔偿 100 000 元的诉讼请求，没有事实和法律依据，本院不予支持。

（三）案件一与案件二核心事实的区别

（1）案件一是投保人醉驾致自己死亡，案件二为被保险车辆的驾驶员醉驾致他人死亡。

（2）案件一投保人在电子投保确认单上签过名，案件二的投保人未在投保单上签字盖章。

（3）案件一投保人购买的险种为终身重大疾病保险、附加险和定期寿险，案件二投保人购买的险种为三责险、车损险及不计免赔险。

二、保险判例教室上诉状与答辩状

（一）案件一上诉状

民事上诉状

上诉人：（原审被告）：甲保险股份有限公司。住所：××省××市。

法定代表人：魏某，总经理。

委托诉讼代理人：（模拟代理律师）刘佩茹，保险判例教室模拟律师事务所律师。

（模拟代理律师）于晓萍，保险判例教室模拟律师事务所律师。

被上诉人（原审原告）：李某，男，住××省××县。

法定代理人：安某，女，住××省××县。

委托诉讼代理人：××，吉林××律师事务所律师。

上诉人甲保险股份有限公司因与被上诉人李某人身保险合同纠纷一案，不服××县人民法院（2017）吉××××民初××××号民事判决，现提起上诉。

上诉请求：

1. 撤销××县人民法院（2017）××××民初××××号民事判决书；

2. 依法改判，驳回被上诉人（原审原告）全部诉讼请求；

3. 被上诉人承担本案一审、二审诉讼费用。

上诉理由：

（一）被上诉人父亲的醉酒行为属于保险免责范围

上诉人已在一审中提供《甲保险公司康宁终身保险条款》以及《甲保险公司附加定期保险（A）型条款》两份书证，双方均对涉案保险合同的责任免除条款中存在“被保险人酒后驾驶”字样的真实性没有异议。

2017年2月17日，投保人、被保险人李某国即被上诉人父亲醉酒后驾驶小型面包车发生交通事故死亡，经××市公安司法鉴定中心检测，李某国静脉血中的乙醇含量为189.6mg/100ml，对于该事实双方均无异议。

明显可知，保险合同中已约定被保险人酒后驾驶属于保险公司责任免除的情形，被保险人因为酒后驾驶而死亡，被上诉人的父亲的醉酒行为属于保险公司责任免除的情形。

（二）上诉人应视为已充分履行了明确说明义务

根据《中华人民共和国保险法》第17条第2款的规定，“对保险合同中免除保险人责任的条款，保险人在订立合同时应当在投保单、保险单或者其他保险凭证上作出足以引起投保人注意的提示，并对该条款的内容以书面或者口头形式向投保人作出明确说明；未作提示或者明确说明的，该条款不产生效力。”可知，保险人对于免责条款有提示义务和明确说明义务。

另根据最高人民法院《关于适用〈中华人民共和国保险法〉若干问题的解释（二）》第10条的规定，“保险人将法律、行政法规中的禁止性规定情形作为保险合同免责条款的免责事由，保险人对该条款作出提示后，投保人、被保险人或者受益人以保险人未履行明确说明义务为由主张该条款不生效的，人民法院不予支持。”可知，保险合同中的免责事由为法律禁止性规定时，应当直接视为保险人已充分履行明确说明义务，只需考察其是否尽到提示义务。

具体考察涉案的酒后驾驶情形，《中华人民共和国道路交通安全法》第22条第2款明确规定：“饮酒、服用国家管制的精神药品或者麻醉药品，或者患有妨碍安全驾驶机动车的疾病，或者过度疲劳影响安全驾驶的，不得驾驶机动车。”《中华人民共和国道路交通安全法》由全国人民代表大会常务委员会通过，属一般法律，进而可知饮酒不得驾驶机动车属于法律的禁止性规定，那么上诉人与被上诉人父亲签订的涉案保险合同中关于被保险人酒后驾驶为免责事由的约定，适用前述《中华人民共和国保险法》以及最高人民法院《关于适用

〈中华人民共和国保险法〉若干问题的解释（二）》的规定，属于视为上诉人已充分履行了明确说明义务的情形。

（三）上诉人已经尽到提示义务

《中华人民共和国保险法》第17条第2款对保险人的提示义务进行如下规定："保险人在订立合同时应当在投保单、保险单或者其他保险凭证上作出足以引起投保人注意的提示。"最高人民法院《关于适用〈中华人民共和国保险法〉若干问题的解释（二）》第11条第1款规定："保险合同订立时，保险人在投保单或者保险单等其他保险凭证上，对保险合同中免除保险人责任的条款，以足以引起投保人注意的文字、字体、符号或者其他明显标志作出提示的，人民法院应当认定其履行了保险法第17条第2款规定的提示义务。"

可知，无论被上诉人在投保单、保险单或其他保险凭证上采取何种提示方式履行义务，其履行完毕的评价标准为实际引起了投保人的注意，司法解释中所列举的"文字、字体、符号或其他明显标志"只是法院审判时认定履行义务的一种情形，上诉人是否尽到提示义务应当综合案件事实综合判断。

首先，本案中上诉人与被上诉人父亲签订的两份书面保险合同条款上关于责任免除条款与其他条款的字体明显不同；其次，上诉人向被上诉人父亲提供的《电子投保确认单》第1条的内容就为"被保险人已仔细阅知、理解投保提示、产品说明书及保险条款，尤其是责任免除、解除合同等规定，并同意遵守"，且被上诉人父亲已在《电子投保确认单》上签字确认，被上诉人父亲作为完全行为能力人，签字行为是其真实的意思表示，应对其签字确认行为负责；最后，上诉人在订立合同时已经对被上诉人父亲进行了电话回访，已明确询问被上诉人父亲对投保的保险合同中责任免除部分是否了解，被上诉人父亲已明确回答知道。

因此，上诉人在订立合同时已经在保险合同和《电子投保确认单》上对责任免除条款作出提示，而该提示已经引起了投保人的注意，因此，上诉人已经尽到了提示义务。

综上所述，一审法院判决适用法律错误，事实认定不清，恳请××中级人民法院撤销原审判决，依法改判，驳回被上诉人全部请求。

此致

××中级人民法院

上诉人：甲保险公司

××年××月××日

（二）案件二上诉状

民事上诉状

上诉人（一审原告）：南京××食品厂。住所地××市××区××村××号。

负责人韩××，厂长。

委托诉讼代理人：韩某，男，汉族，19××年×月××日生，南京××肉食品厂员工，住××市××区××村××号。

委托诉讼代理人：（模拟代理律师）刘佩茹，保险判例教室模拟律师事务所律师。

（模拟代理律师）高雅，保险判例教室模拟律师事务所律师。

被上诉人（一审被告）：甲财产保险股份有限公司。住所地××市××路××号××广场××楼。

负责人尹××，总经理。

上诉人南京××食品厂因与被上诉人甲财产保险股份有限公司保险合同纠纷一案，不服××人民法院（2008）×民二初字第×××号民事判决，现向××中级人民法院提起上诉。

上诉请求：

1. 撤销××人民法院（2008）×民二初字第××××号民事判决；

2. 依法改判，支持上诉人（原审原告）全部诉讼请求；

3. 依法判决被上诉人承担本案一审、二审诉讼费用。

上诉理由：

（一）原审适用法律错误

一审法院适用《中华人民共和国民法通则》第7条，《中华人民共和国保险法》第4条，《中华人民共和国道路交通安全法》第22条第2款对本案作出判决，适用法律错误。上述法条均属于原则性法条，在有具体的法条规定时，应优先使用特殊条款作为请求权基础。且根据原审法院判决，酒后驾驶是当然的保险法定免责，推延至其他法律禁止性条款，则对投保人极其不公平，其很难预测其行为的保险法律后果。投保单、保险合同、保险单等保险文书才是确定保险合同双方权利义务的参照文本。

根据一审法院认定酒后驾车为法律禁止性规定，保险法中有明确的适用条款即最高人民法院《关于适用〈中华人民共和国保险法〉若干问题的解释（二）》第10条，被上诉人负有提示义务。因此，被上诉人应当承担保险赔偿责任，一审法院适用法律错误。

（二）被上诉人未尽到法定的提示义务，涉案免责条款不产生效力

根据《中华人民共和国保险法》第17条第2款的规定，“对保险合同中免除保险人责任的条款，保险人在订立合同时应当在投保单、保险单或者其他保险凭证上作出足以引起投保人注意的提示，并对该条款的内容以书面或者口头形式向投保人作出明确说明；未作提示或者明确说明的，该条款不产生效力”。可知，保险人对于一般的免责条款，有提示义务和明确说明义务。

另根据最高人民法院《关于适用〈中华人民共和国保险法〉若干问题的解释（二）》第10条的规定，“保险人将法律、行政法规中的禁止性规定情形作为保险合同免责条款的免责事由，保险人对该条款作出提示后，投保人、被保险人或者受益人以保险人未履行明确说明义务为由主张该条款不生效的，人民法院不予支持”。可知，保险合同中的免责事由为法律禁止性规定时，应当直接视为保险人已充分履行明确说明义务，只需考察其是否尽到提示义务。

关于保险人的提示义务，《中华人民共和国保险法》第17条第2款有如下规定：“保险人在订立合同时应当在投保单、保险单或者其他保险凭证上作出足以引起投保人注意的提示”，以及最高人民法院《关于适用〈中华人民共和国保险法〉若干问题的解释（二）》第11条第1款规定：“保险合同订立时，保险人在投保单或者保险单等其他保险凭证上，对保险合同中免除保险人责任的条款，以足以引起投保人注意的文字、字体、符号或者其他明显标志作出提示的，人民法院应当认定其履行了《保险法》第17条第2款规定的提示义务。”

本案中，上诉人与被上诉人双方签订了机动车保险合同，被保险车辆为上诉人所有的车号牌为苏A0G201的小客车，险种为三责险、车损险及不计免赔险，其中三责险保险金额100 000元，车损险保险金额为25 000元，保险期限自2006年12月14日起至2007年12月13日止。保险条款责任免除部分载明，在驾驶人酒后驾驶情形下造成被保险车辆的损失或对第三者的经济赔偿责任，保险人均不负责赔偿。上诉人的工作人员酒后驾驶行为违反了《中华人民共和国道路交通安全法》第22条第2款的规定，属于法律中的禁止性规定情形。但上诉人未在投保单上签字盖章，且被上诉人未到庭举证，适用前述《中华人民共和国保险法》以及最高人民法院《关于适用〈中华人民共和国保险法〉若干问题的解释（二）》的规定，由于被上诉人未尽到法定的提示义务，应当认定该免责条款不产生效力。被上诉人应在三责险的保险金额内对上诉人支付保险金100 000元。

（三）该免责条款无效符合法律的基本原则，维护了公平正义

本案中，酒后驾驶情形下保险人免责的构成要件包括两个方面：一是被保

险人存在以上违反法律法规禁止性规定的行为；二是保险人就酒后驾驶情形下对第三者的经济赔偿责任不予赔付的内容向投保人履行了提示义务。两个方面缺一不可。法律法规的禁止性规定，应当为人人所遵守，被违反时应当做出消极评价，但违法行为的发生不直接导致保险人免责，如果保险人未履行提示义务，保险人仍要承担保险责任。

公平是法律的核心原则之一。法律及司法解释是在全局的框架下维护社会公平，在被保险人违反法律禁止性规定的情况下，法律和司法解释仍要求保险人履行提示义务，意义就在于维护法律的公平及商业保险的规则，在保护保险人权益的同时，也保护投保人、被保险人的权益。在以上情形下，保险人被视为履行了明确说明义务，仅履行提示义务即可，正是考虑了违法行为的危害性，而适当减轻了保险人的提示和说明义务，这恰恰体现了法律对社会公众利益的保护，维护了保险法的基本规则。

综上所述，一审法院适用法律错误，恳请××中级人民法院撤销原审判决，依法改判，支持上诉人全部诉讼请求，依法判决被上诉人承担本案一审、二审诉讼费用。

此致

××中级人民法院

上诉人：南京××食品厂
××××年××月××日

（三）案件一答辩状

因两案件的答辩状相似，故案件一答辩状省略。

（四）案件二答辩状

民事答辩状

答辩人（一审被告）：甲财产保险股份有限公司。住所地××市××路××号××广场××楼。

负责人：尹××，总经理。

委托代理人：（模拟代理律师）于晓萍，保险判例教室模拟律师事务所律师。

（模拟代理律师）李秋潼，保险判例教室模拟律师事务所律师。

（模拟代理律师）董柯欣，保险判例教室模拟律师事务所律师。

被答辩人（一审原告）：南京××食品厂。住所地××市××区××村××号。

负责人：韩××，厂长。

委托诉讼代理人：韩某，男，汉族，19××年×月××日生，南京××肉食品厂员工，住××市××区××村××号。

因被答辩人诉答辩人保险合同纠纷一案，对被答辩人不服××县人民法院（××××）××民初×××号民事判决的上诉答辩，现提出如下答辩意见。

答辩事项：

原审认定事实清楚，适用法律正确，上诉人的上诉理由不能成立，请二审法院驳回上诉，维持原判。

事实与理由：

（1）被答辩人虽然未在投保单上签字，但是不影响保险合同的效力。根据保险经营惯例，投保人填写的投保单仅包含投保人的基本信息。而保险单作为保险合同的一部分，保险单的背面包含双方权利义务的内容，保险公司职员已在保险销售过程中说明了保险单的内容，其中包含保险条款。可知被答辩人已知悉酒后不能驾驶的免责条款。被答辩人公司司机酒后驾车，属于《中华人民共和国道路交通安全法》中禁止的情形。《〈保险法〉解释（二）》第10条规定："保险公司将法律、行政法规中的禁止性规定情形作为保险合同免责条款的事由，保险人作出提示后，投保人、被保险人或者受益人以保险人未履行明确说明义务为由主张该条款无效的，人民法院不予支持。"江苏省《关于审理保险合同纠纷案件若干问题的讨论纪要》苏高法审委〔2011〕1号文件第5条规定："下列情形，保险人的明确说明义务可适当减轻但不免除……机动车保险合同中规定严重违反交通法规的免责条款，如无证驾驶、酒后驾车……"被上诉人进行了口头说明，给付的保险条款单独印刷并加粗标注的行为足以证明保险人的提示义务已经做到且充分。投保单中对酒后驾车事故的免责条款已经进行了提示，无须明确说明即可生效。

（2）《中华人民共和国民法通则》第7条规定，民事活动应当尊重社会公德，不得损害社会公共利益，破坏国家经济计划，扰乱社会经济秩序。《中华人民共和国保险法》第4条规定，从事保险活动必须遵守法律、行政法规，尊重社会公德，不得损害社会公共利益。《中华人民共和国道路交通安全法》第22条第2款规定，机动车驾驶人应当遵守道路交通安全法律、法规的规定，按照操作规范安全驾驶、文明驾驶。饮酒、服用国家管制的精神药品或者麻醉药品，或者患有妨碍安全驾驶机动车的疾病，或者过度疲劳影响安全驾驶的，不得驾驶机动车。任何人不得强迫、指使、纵容驾驶人违反道路交通安全法律、法规和机动车安全驾驶要求驾驶机动车。一审法院判决答辩人不承担保险责任具有警示作用和积极示范意义。饮酒后不能驾车不仅有法律的明文规定，更是属于大众常识，被答辩人公司的司机作为专业的驾驶人，具有多年驾龄，必然知悉酒后不能驾车的规定。一审法院的判决正是倡导了正确的行为方式。一审法院的判决维护了其他投保人的利益，符合公平正义。如若被答辩人明知违法却仍然做出有违法律规定的事项，却能获得保险赔偿，有损其他投保人的利益，有违社会公共利益。

综上，依据法律和法理，请求贵院判决驳回上诉人的上诉请求，维持原判。

此致

××中级人民法院

答辩人：甲财产保险股份有限公司

××××年××月××日

第二节　案例综合评析

前文的案例，是机动车驾驶员（被保险人）由于醉酒驾车肇事而导致自己死亡，被保险人的继承人向保险公司请求赔付保险金的纠纷。法律适用问题层面，需要解决是否适用保险法有关“被保险人故意犯罪”（《保险法》第45条）的规定；法律解释层面，需要解决该法条以及与该法条相关的司法解释如何进行解释以及如何实现证据和法律规定的对应等问题；保险法理论层面，需要提供前述解释路径和结论的理论依托问题。

通过对上述案例的研究和解析，运用保险判例的多维立体思维方式，对保险合同法的法理进行解读，并以司法功能为导向，从各个逻辑层面探查保险合同纠纷案件的诉讼解决路径。并希冀从上述研究和解析中得出能普遍适用解决保险合同纠纷诉讼、审判的途径，最大限度保护广大消费者利益。

一、事实为被保险人醉酒驾车肇事之后死亡，与这一核心事实直接对应的法律规定包括：《保险法》第17条，第45条

(1)《保险法》第17条为约定免责事由，其适用前提是：保险合同中有被保险人醉驾死亡保险人免责的约定；保险人对这一约定做了提示和明确说明。

(2)《保险法》第45条为法定免责事由，其适用前提是：被保险人醉酒驾车肇事构成故意犯罪。

从证明、证据和事实连接程度上判断，《保险法》第45条只需要证明

被保险人故意犯罪即可，无须对保险人和被保险人之间的免责条款明确说明义务履行与否进行过程性的证明。故此，首先对《保险法》第45条进行解释论视角的分析。并且，“驾驶无忧险”是驾驶员意外伤害保险，保障的是驾驶员被撞身亡，驾驶员自己醉驾死亡不应当属于保障范围。在缺乏保险合同的情况下，唯有通过《保险法》第45条适用与否的探讨方能对案件给出判决。

前述对案件核心事实的萃取以及首选方案的选择过程是一种依赖法律专业人士的直觉而进行的判断，“在解决优先的问题时诉诸直觉并没有什么必然不合理的地方。即没有办法避免一批原则的存在，任何争议观无疑都要在某种程度上依赖直觉”。[①] 将问题优先行动判断依赖直觉和简单的理性因素，实际上完成了法律专业判断与司法功能中隐含的当事人非专业性判断的对接。因为从法律专业人士（包括法官、律师以及法律学者）和案件当事人的互动关系角度，司法的“法理功能”和“社会功能”的衔接实质上是深入司法裁判过程中的、法律专业人士与案件当事人的思维方式的对接。而法律专业人士在进行论断时的直觉判断，则与当事人对案件的“深层判断”更为接近（之所以使用“深层判断”的叙述方法，原因在于涉及案件利害关系的当事人对自身的利益更为敏锐，在利益的驱动下常常促使当事人对案件事实以及案件所依据的法律进行探查和非法律专业人士视角的解读，这种解读过程使得在个案背景下的当事人具有区别于非涉诉一般民众的、对法律的认知程度）。

笔者将从案件的各种维度，产生各种不同见解的背景，以及对案件判断的路径和方法进行解析，并对各种议论进行评释。

二、《保险法》第45条及其司法解释的解读及司法适用

《保险法》第45条规定：“因被保险人故意犯罪或者抗拒依法采取的刑事强制措施导致其伤残或者死亡的，保险人不承担给付保险金的责任。投保人已交足2年以上保险费的，保险人应当按照合同约定退还保险单的现金价值。”以案件的核心事实“被保险人醉驾死亡”为裁撤工具，将该法条截取为，被保险人故意犯罪死亡的，保险人不承担给付保险金责任。

---

① ［美］约翰·罗尔斯：《正义论》，何怀宏、何包钢、廖申白译，中国社会科学出版社2009年版，第33页。

（一）对《保险法》第45条正当性的初步判断

从概然的理论视角，这一规定是具有合理性的：第一，危险的本质属性包括非故意的特征，被保险人故意实施行为造成的危险，违背了危险的本质属性。第二，保险合同不能成为鼓励犯罪的工具，如果被保险人故意犯罪，保险人仍然给付保险金，则其结果无异于鼓励被保险人实施犯罪行为。

（二）对《保险法》第45条保险经营视角正当性的解读

实际上，《保险法》第45的规定之所以具有正当性和合理性，不仅仅在于前文提及的原因，更精准的原因出于以下3个方面。

1. 保持保险理赔与收取保费精算基础的一致性

保险精算过程已经将“被保险人故意犯罪或者抗拒依法采取的刑事强制措施导致其伤残或者死亡”的情况排除至确定保险费率的范围之外，并将其作为控制保险人承保风险的手段和方式。依据大数法则和精算原理，“被保险人故意犯罪或者抗拒依法采取的刑事强制措施导致其伤残或者死亡”的，保险人不予以承保。保险人收取的保险费是排除了这一要素的结果后的费用，从等价有偿的角度，如果保险人对这一情况进行了理赔，打破保险费收取和保险人承担风险之间的平衡关系，保险公司的保险理赔需要考量与其收取保费精算基础的一致性。

2. 大数法则排除“被保险人故意犯罪或者抗拒依法采取的刑事强制措施导致其伤残或者死亡”情形的原因

如果大数法则将“被保险人故意犯罪或者抗拒依法采取的刑事强制措施导致其伤残或者死亡”的情形纳入考量因素，意味着保险精算将“被保险人故意犯罪或者抗拒依法采取的刑事强制措施导致其伤残或者死亡”纳入确定保险费率的计算基数之中。其结果是保险人向投保人收取的保险费中包含着“被保险人故意犯罪或者抗拒依法采取的刑事强制措施导致其伤残或者死亡”的对价部分，通俗地讲就是保险人出售“被保险人故意犯罪或者抗拒依法采取的刑事强制措施导致其伤残或者死亡”风险转嫁的保险商品，引发的结果是保险商品鼓励“被保险人故意犯罪或者抗拒依法采取的刑事强制措施”。

3. 投保群体利益保护的需要

既然保费厘定的精算过程中已经将“被保险人故意犯罪或者抗拒依法采取的刑事强制措施导致其伤残或者死亡”的情形进行了剔除，保险人如果进行赔付就会导致对全体投保人利益的侵害。保险合同中的等价平衡以投保群体利益为基础，体现为两个层次：第一，投保个体交纳保险费，保险人给付保险金为显性等价平衡；第二，投保群体共同交纳保险费，保险人给付保险金为隐性等价平衡。依据一般的合同理论和合同调整方法，投保个体是直接交纳保费的主体，是保险合同运行的推动者；投保群体则为隐性的、实质意义上的保险合同当事人。保险人用以支付保险理赔的保险金，也是源自投保群体的保险费汇集。故此，对不应进行赔付的保险合同实施了赔付行为，侵害的是投保群体的利益。

上述法条学理正当性的分析层次包括3个：

(1) 一般法律理论正当性层次——保险合同不能成为鼓励犯罪的工具；

(2) 保险法理论的一般理论正当性层次——危险的本质属性包括非故意的特征；

(3) 保险经营原理的正当性层次——保持保险理赔与收取保费精算基础的一致性。

其中第三个层次——保险经营原理的正当性层次在证明力和证明方向上与司法裁判的法律适用实践性功能最具贴合性，该层次的理论逻辑自洽，可通过反向论证来实现：如果不将被保险人犯罪排除出大数法则的范围，那么相当于通过保险合同出售了承保被保险人故意的、犯罪的产品。从而与第一个理论层次和第二个理论层次沟通和关联。故此，保险经营原理的正当性是符合司法功能导向，也具有逻辑自洽性质的解释《保险法》第45条正当性的核心理由。

（三）“被保险人故意犯罪”的证明悖论及应然标准

1. 当被保险人死亡时，“被保险人故意犯罪”的证明悖论

《保险法》第45条中规定的“因被保险人故意犯罪或者抗拒依法采取的刑事强制措施导致其伤残或者死亡的”可以分解为四种情况：

(1) 被保险人故意犯罪导致其伤残的；

(2) 被保险人故意犯罪导致其死亡的；

(3) 被保险人抗拒依法采取的刑事强制措施导致其伤残的；

(4) 被保险人抗拒依法采取的刑事强制措施导致其死亡的。

我们对情况(2)“被保险人故意犯罪导致其死亡”进行细致分析，被保险人故意犯罪死亡包括两种可能：第一，对被保险人故意犯罪做出刑事判决之前被保险人死亡；第二，对被保险人故意犯罪做出刑事判决之后被保险人死亡。如果严格依据刑事犯罪的证明标准，在“对被保险人故意犯罪做出刑事判决之前被保险人死亡”的情况下，会陷入如下悖论之中：人死了不能提起公诉，不经过诉讼不能确认被保险人故意犯罪。

2. “被保险人故意犯罪”应然的证明标准

从刑事证据的认定角度，存在过程中的，实施故意犯罪行为，没有被最终

判定为故意犯罪的情形，辛普森案件就是例证①。在辛普森“杀妻”案中，虽然辛普森在刑事上没有被证明有罪，但是在民事赔偿案件中却认定辛普森负有赔偿责任。在保险法的私法视域中，存在被保险人实施了故意犯罪的行为，没有被判定为刑法意义上的故意犯罪的情形。本案的事实恰恰可以将辛普森“杀妻”案剔除中美两国民事审判与刑事审判的程序设置差异，而将案件的论证焦点锁定为民事案件的证明标准与刑事案件的证明标准差异问题上（我国在民事审判和刑事审判并存的情况下，采取“先刑事后民事”的程序设定方式，民事审判依赖刑事判决的结果而做出。美国民事和刑事审判分别进行，对相同事实依据民事和刑事的不同审判功能而独立作出判断）。问题因而回到了对“被保险人故意犯罪”的认定标准上，是满足刑事证据要求的“故意犯罪”的标准还是满足民事证据要求的“故意犯罪”的标准？民事、刑事证明标准的不同，依据民事证据的高度盖然性标准可以证明为犯罪的，并非可以达到刑事证明标准的犯罪。我国《刑事诉讼法》第53条的规定将“结合全案证据，对所认定事实已排除合理怀疑”确定为刑事证明标准，学界把“案件事实清楚，证据确实、充分”作为证明标准，排除合理怀疑作为“证据确实充分”的补充。②

所谓高度盖然性标准，是指“法官从证据中虽未形成事实必定如此的确信，但内心形成事实极有可能或非常可能如此的判断”。③ 依据《最高人民法院关于适用民事诉讼法若干问题的解释》第108条第1款的规定，“对负有举证证明责任的当事人提供的证据，人民法院经审查并结合相关事实，确信待证事实的存在具有高度可能性的，应当认定该事实存在”。结合本案事实，高度盖然性标准体现为：法条中“被保险人故意犯罪”包含两个层次的认定结论：第一，对被保险人行为社会危害性的描述以及事实的叙述，从一般大众的判断，被保险人的醉驾行为，常常被描述成“这是在犯罪”。而法官释明法律的目的在于使一般大众（当事人）能够理解和接受，这一目的是与司法“定纷止争”的功能相连接的。第二，法官通过对与事实连接的证据的综合判断，形成对“被保险人故意犯罪”的内心确认，这种确认是法官做出司法裁判的基础，也

① 1997年，民事法庭判定辛普森对“杀妻案”中致死的两名受害者负有责任，令其分别向前妻妮可尔和罗纳德家属给付2400万美元和3800万美元的赔偿金。参见封丽霞：“辛普森‘杀妻’案判决的启示”，载《理论视野》2016年第3期，第44页。

② 陈光中主编：《证据法学》，法律出版社2015年版，第365页。

③ 江伟主编：《民事诉讼法》，高等教育出版社2013年版，第225页；李浩：《民事诉讼法学》，法律出版社2014年版，第235页。张卫平：《民事诉讼法》，中国人民大学出版社2015年版，第188页。

是司法审判功能的基础。“我们不可能借助一个目的合理的做出我们的全部选择。”①对“被保险人故意犯罪”的两个层次的论断在司法审判过程中是接续进行和结果共通的：法官的判断源自当事人（包括当事人的代理律师）对案件事实、证据的揭示，法官在判断基础上进行的裁判又通过判决结果的当事人认知程度而得以确认或否定。前述的接续进行和结果共通的过程构成和实现了司法的审判功能和社会功能的融通。

（四）《〈保险法〉解释（三）》第22条的表层解释及与《保险法》第45条的矛盾及纾解

《〈保险法〉解释（三）》第22条，《保险法》第45条规定的“被保险人故意犯罪”的认定，应当以刑事侦查机关、检察机关和审判机关的生效法律文书或者其他结论性意见为依据。

“刑事侦查机关、检察机关和审判机关的生效法律文书或者其他结论性意见”规定的实质是对“被保险人故意犯罪”做的司法裁判依据和标准的规定，该司法解释表述采取列举的方式进行，表明只有“刑事侦查机关、检察机关和审判机关的生效法律文书或者其他结论性意见”的证据，才能确定“被保险人故意犯罪”。包括3类6种证明文件：

（1）刑事侦查机关的生效法律文书或者其他结论性意见；

（2）检察机关的生效法律文书或者其他结论性意见；

（3）审判机关的生效法律文书或者其他结论性意见。

（“三机关”的其他结论意见的文件包括但不限于以下文件：行政拘捕决定书、有罪不起诉以及免于起诉决定书等。）

《保险法》第45条规定：“因被保险人故意犯罪或者抗拒依法采取的刑事强制措施，导致其伤残或者死亡的，保险人不承担给付保险金的责任”属于保险法的规定，在性质上属于民事法律的范畴，“被保险人故意犯罪”的证明标准应当符合民事裁决的证明标准的特点——高度盖然性的标准。《〈保险法〉解释（三）》第22条做的刑法犯罪证明标准的解释和《保险法》第45条规定中所隐含的民事证明标准是存在矛盾的。

在缺乏刑事侦查机关、检察机关和审判机关（以下简称“三机关”）的生效法律文书的前提下，三机关的其他结论性意见的理解和范围确定成为纾解前述矛盾的关键所在。从语义学角度分析，“或”字所连接的是内容具有并列属性的特征。三机关的其他结论性意见文件必须是同三机关的生效法律文书具有并列性质

① ［美］约翰·罗尔斯：《正义论》，何怀宏、何包钢、廖申白译，中国社会科学出版社2009年版，第443页。

的文件。包括实践中经过三机关认定的司法鉴定书以及交通事故责任认定书等（司法鉴定书本身不属于结论性意见，因为鉴定机构本身不符合三机关的主体要求，只有经过三机关采纳和认定的司法鉴定书才属于“其他结论性意见”）。①

（五）对“交警部门事故认定书”的双重属性认定

此案中交警部门出具责任认定书是履行处理交通事故的行政职能，并非履行交通肇事罪等刑事侦查的职能，故此，交警部门事故认定书的性质是行政责任认定书。

但是，作为公安部门是具有侦查职能的机构，其实施的行为属于行政职能属性还是刑事职能属性仅在其内部职能部门划分上具有意义，在交通事故的处理过程中是综合的和过程性的。遇到一项交通事故，交警部门出警以后，首先要对涉及行政责任的部分进行现场勘查和认定，做出责任认定书，如果交通事故中存在可能的犯罪行为（交通肇事罪、危险驾驶罪等）则将案件移交给刑事案件处理部门进行处理，再进行后序的刑事侦查等过程。所以，从公安部门处理交通事故的行为连续性以及公安部门作为侦查机关的总体职能而言，“交通部门事故认定书”又不单纯具有行政意义和行政违法属性的证明意义。

依据《〈保险法〉解释（三）》的规定，本案能否适用《保险法》第45条的规定关键取决于“交警部门事故认定书”中是否包含能够证明“被保险人故意犯罪”的证据。本案中能够固定成为判定“被保险人故意犯罪”与否的唯一证据是“交警部门事故认定书”，因为被保险人当场死亡，已经没有必要对其是否涉及刑事犯罪进行认定，因而，在该认定书中仅涉及被保险人行政违法责任的认定内容，对其是否存在构成“故意犯罪”的事实并未判定。②

① 虽然无法穷尽，但是“被保险人故意犯罪”致死适用《保险法》第45条的具体情形主要包括：(1) 案件事实是被保险人故意实施行为，被提起刑事诉讼并被判决为刑事犯罪，之后死亡的，直接以审判机关的生效判决作为证据即可（《保险法》第45条的规定）。(2) 案件事实是被保险人故意实施行为，之后被刑事侦查机关立案侦查，在侦查结论做出之后被保险人死亡的，以侦查机关的生效法律文书作为证据可以适用《保险法》第45条的规定。(3) 案件事实是被保险人故意实施行为，之后被刑事侦查机关侦查并提交检察院提起公诉，之后被保险人死亡的，以检察院的公诉材料为证据可以适用《保险法》第45条的规定。

② 在向公安机关就交通部门事故认定书中是否包含“被保险人故意犯罪”内容一事进行调研的过程中，公安机关交警大队的负责人认为，交通部门事故认定书中是否包含“被保险人人故意犯罪”的结论性意见，进而作为《保险法》第45条适用依据的证据，取决于法院的认定。将同一事实向法院系统进行调研的过程中，主审过此类案件的法官认为，如果公安系统可以提供档案性质的，对交通事故中涉及犯罪行为的认定和记录，那么审判机构就可以依据这样的证据认定“被保险人故意犯罪”。

（六）在公法秩序与私法秩序之间——对“其他结论性意见”应达到证明标准的探查

“法律解释具有价值取向性，法律解释并非形式逻辑的操作，而是一种价值判断；但此种价值判断并非脱离法律的独立价值判断，而是以已经成为法律基础的内在价值作为其依据”①。从公法和私法划分的角度，法律解释的价值拣选过程可以视为法律所保护的公法秩序和私法秩序的显现过程。《保险法》第45条所体现的是禁止保险人承保违反公法秩序的行为，同体现调整私法秩序的《保险法》第17条做并同观察，则能够观察到适用第45条时“其他结论性意见”证明标准的界限。

将第45条和第17条并同观察的原因在于：以“被保险人醉酒”这一事实为连接点，经涵射过程而获取的法律规定是前述两个法条。这两个法条构成了针对案件核心事实的一个法律适用的“整体”。“整体只有通过它的部分才能得到理解，而对部分的理解又只能通过对整体的理解”②。“理解永远是由整体理解（解释者的前理解）运动到部分，又回到整体的理解（解释者所达到的新的理解）”③ 以“被保险人醉酒”这一基础事实为观察出发点，从第45条到第17条的法律调整实现了从公法秩序到私法秩序的调整过程。第45条所称“被保险人故意犯罪”的证明标准必须满足公法秩序在保险法中的贯彻和体现，以区别于第17条对私法秩序（保险合同约定内容）的贯彻和体现。故此，“其他结论性意见”应包括的内容如下：

（1）被保险人醉酒的事实，通过对被保险人的血液酒精浓度的测试等手段可以获得客观的结论。

（2）被保险人驾驶车辆的事实。

（3）被保险人饮酒以及驾驶车辆系处于其独立的主观意志支配的事实，排除被保险人被胁迫以及精神病期间所实施的行为。

此处以案件事实“被保险人醉酒”作为“体系连接点”探查法条并对法条进行体系解释实质上是运用“利益法学”和“体系解释”的路径进行的。首先，寻求案件事实的“体系连接点”，这是将法条解释切入案件事实所展现的利益关系之中的步骤。“利益法学探求就法律规范命令背后并与之有因果关系的各种利益状态及其衡量，以尽量扩展法律规范的意义内容。……以兼顾法律

① 梁慧星：《民法解释学》，法律出版社2015年版，第205页。

② 同上书，第206页。

③ 殷鼎：《理解的命运》，生活·读书·新知三联书店1988年版，第147页。转引自梁慧星：《民法解释学（第四版）》，法律出版社2015年版，第206页。

的安定性和对社会变化的适应性。”[①]“被保险人醉酒”与“被保险人醉酒故意犯罪”两个事实之间是基础事实与衍生事实之间的关系，借助于“被保险人醉酒”这一基础事实，将《保险法》第45条规范的“被保险人故意犯罪”与《保险法》第17条所规范的“被保险人饮酒”（保险合同中免责条款的约定事项）之间形成被保险人因饮酒的行为而产生的系列后果“图谱”：饮酒、醉酒、醉酒驾驶、醉酒驾驶犯罪。其次，将《保险法》第45条和第17条纳入一个解释的“体系”之中探查法条的真意，以实现法律解释的顺畅：“以法律条文体系上之关联，探求其规范意义，运用体系解释，是法条与法条之间，（以及法条各款之间）相互补充其意义，组成完整的法律规定，……使之完整顺畅而无冲突。”[②] 最后，以利益分析为基础并将利益分析的结果与法律所保护的秩序相互对应，获得《保险法》第45条和第17条在保护的公法秩序和私法秩序上的界限，并将这一界限作为检视两个法条在证明标准上的模糊之处的解释结论。“构成法律条文的语言，或多或少总有不明确之处。法律条文亦如此，总有作为边界案型（borderline case），濒临法律边缘，不能不作利益衡量及目的解释。”[③] 第45条使用“被保险人故意犯罪”的叙述，但并未对这一叙述的证明标准进行明确界定，必须通过对该条保护的秩序以及同第17条之间的体系关系方可获得证明标准及界限的解释结果。

三、司法功能导向对学理推进过程的推进

反思前述对《保险法》第45条适用过程的分析，对《保险法》第45条“被保险人故意犯罪”致死法律适用结论的分析前提是“故意犯罪”这一概念存在“民事”和“刑事”两个不同领域的不同含义。如果“故意犯罪”这一概念仅指向“刑事”领域，那么即使在民事法律规定中包含“故意犯罪”的概念，也必须和只能是刑事意义上的故意犯罪，那就不存在民事证明标准和刑事证明标准的衍生性问题了。以学理推进司法裁判过程，以司法功能为导向，对以下学理问题进行检视，得出以下结论。

（1）对“故意犯罪”概念的使用并不应当拘泥于刑事法领域，在《保险法》中使用的“故意犯罪”也包括那些符合行政证明标准以及民事证明标准的“故意犯罪”，此时“故意犯罪”实际已经延展为一种对行为人社会危害性事实

---

① 梁慧星：《民法解释学》，法律出版社2015年版，第210页。

② 同上书，第219～220页。

③ 杨仁寿：《法学方法论》，中国政法大学出版社1999年版，第93～94页，转引自梁慧星：《民法解释学》，法律出版社2015年版，第217页。

上的描述。这一判断结论和《保险法》第45条核心理论正当性——大数法则的要求也能够保持同一性。大数法则在技术上可以做到对行政、民事以及刑事“故意犯罪”的科学排除。

（2）对《保险法》第45条的证明标准应当以司法裁判的功能为导向加以确定，而这一司法裁判的功能最终与保险实践连接，“被保险人故意犯罪”的证明标准不仅仅停留在《保险法》法律属性的归属上，还可以向保险实践做延伸——保险合同中包含一系列与被保险人饮酒相关的免责约定，这些约定所免除责任的内容有些违反民事禁止性规定，有些违反行政禁止性规定，有些违反刑事法律规定。既然均为保险经营实践包含的范畴，第45条规定的“被保险人故意犯罪”也不必拘泥于刑事违法性的标准。而对刑事违法性与保险合同约定免责事由之间的界限，则反应和体现公法秩序与私法秩序的界限；公法秩序在私法秩序中的贯彻程度则成为“被保险人故意犯罪”的认定标准的界限。

（3）对《〈保险法〉解释（一）》第22条规定的解释方法的推进。首先，该司法解释是针对《保险法》第45条的规定做出的，在对该司法解释进行解释适用时应当沿承和秉持《保险法》第45条的解释方法：对“被保险人故意犯罪”做符合民事证明标准的解释。其次，对该司法解释做语义层面的分析，并在可能的语义分析的范围内以遵守《保险法》第45条证明标准的方式进行选择。最后，对所选择的语义分析结论做司法实践层面以及法律基础层面的对应和印证。如图6.1所示。

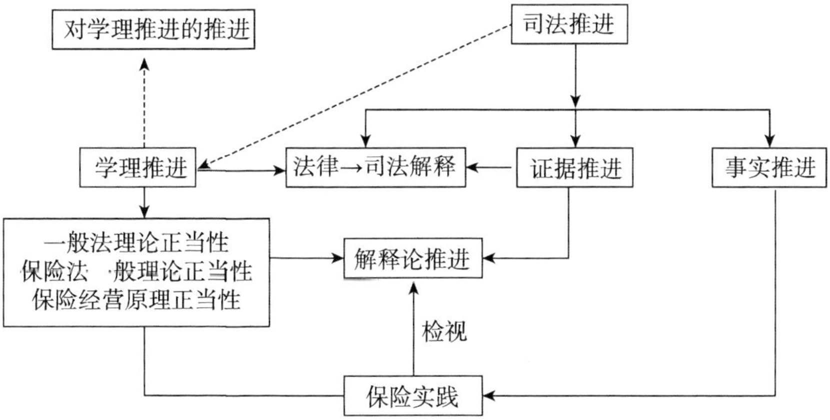

图6.1　司法裁判进程图

图6.1显示：首先，学理推进；其次，将学理推进与司法推进的过程衔接，再次，做司法功能导向的大数据观察，最后，进行诉讼方略以及司法裁判路径

的选择。

上述逻辑顺序的设置，是以司法功能的实现为导向的，司法的功能导向包含着在当事人现实接受程度和严格适用法律本身之间进行融通的内容。以司法功能为导向进行各个环节的推进过程，以及对各个环节进行逻辑顺序的设置目的在于调和司法实践面临的以下困境：案件的解决路径能够满足学理视域的逻辑自洽，但是在与当事人的法治观念衔接时，常常出现排斥甚至否定。具体体现包括案件上诉率的提升、当事人不服从判决的现象以及案件执行难等问题。

第三节　案件的大数据分析

机动车驾驶员（被保险人）醉酒驾驶致自身死亡，能否获得保险公司的赔付？对全国人民法院的已上网裁判文书进行大数据分析如下。

一、大数据采集过程及方法

（1）对于全国法院的上网文书采取“关键词+词际关系+法规+文书类型”进行搜索[①]，将所需要的相关文书范围进行人工随机再缩小，获得最终的90篇裁判文书作为研究分析样本。90篇样本文书的基本情况，文书时间范围为2014年至2019年，文书地域范围为全国人民法院，文书类型为判决。

（2）针对以上搜索所获得的样本文书进行逐一阅读，着重注意“本院认为”部分，对法院的裁判观点及相应理由、法律依据进行标记、分类。最后基于所需要的数据列信息将样本文书以表格形式导出，把信息数据化转换为所呈现的图表形式。

二、被保险人酒驾死亡法院判赔比例及判决理由

（一）判赔比例

由以上样本数据的分析，可得出以下初步结论：被保险人酒驾死亡判例中，支持保险公司赔付的裁判文书为55篇，占比61%，支持保险公司免责，不予赔付的裁判文书为35篇，占比39%。如图6.2所示。

---

① 初始文本检索：［本院认为：醉酒驾驶 | 酒后驾驶 | 饮酒驾驶，本院认为：保险赔偿 | 保险赔付 | 保险理赔，本院认为：免责］，模糊度：0，文书类型：［判决书］标签：醉酒驾驶。访问网址：http：//www.lawsdata.com/访问时间：2019年4月11日。

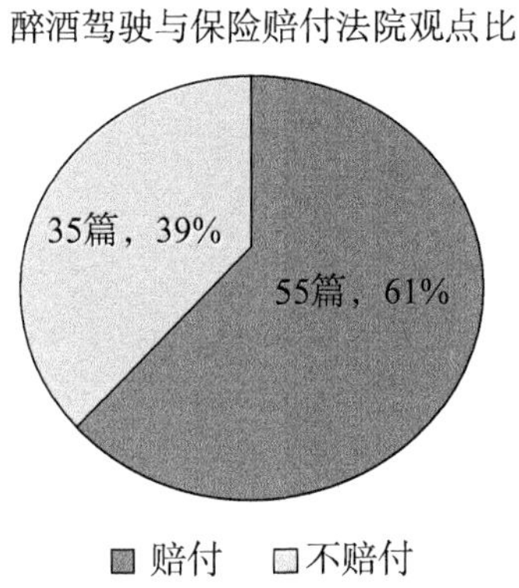

图 6.2　保险赔付法院观点比例图

（二）判决理由

进一步对法院裁判的理由论证及法律依据细化、深究，可以发现，机动车驾驶员醉酒驾驶情形下能否获得赔付关键在于两点：其一，该情形是否属于保险公司的免责事项；其二，保险公司是否对该免责事项履行了相应的义务。

法院在免责事由的界定上有三种观点：第一，醉酒驾驶属于“被保险人故意犯罪情形”①，即法定的免责事由，属于《〈刑法〉修正案（九）》第 8 条规定的犯罪行为，保险公司不需要履行进一步的义务即可免责；第二，醉酒驾驶属于“法律、行政法规中的禁止性规定情形”②，即特殊的免责事由，保险公司仅须尽到提示义务即可免责；第三，醉酒驾驶仅为保险合同条款所约定的一般免责条款③，即一般的免责事由，保险公司需要履行提示与明确说明义务方可免责。

三、被保险人醉驾死亡法院判决大数据分析结论

基于以上解析，得出以下结论。

（1）机动车驾驶人醉酒驾驶，法院认定保险公司未履行相应义务，判决保

① 《保险法》第 45 条规定，因被保险人故意犯罪或者抗拒依法采取的刑事强制措施导致其伤残或者死亡的，保险人不承担给付保险金的责任。

② 《〈保险法〉解释（二）》第 10 条规定，保险人将法律、行政法规中的禁止性规定情形作为保险合同免责条款的免责事由，保险人对该条款作出提示后，投保人、被保险人或者受益人以保险人未履行明确说明义务为由主张该条款不生效的，人民法院不予支持。

③ 《保险法》第 17 条第 2 款规定，对保险合同中免除保险人责任的条款，保险人在订立合同时应当在投保单、保险单或者其他保险凭证上作出足以引起投保人注意的提示，并对该条款的内容以书面或者口头形式向投保人作出明确说明；未作提示或者明确说明的，该条款不产生效力。

险公司赔付的55篇样本文书中，认为该醉驾情形属于特殊的免责事由的文书数量为25篇，占比45%[①]；认为该醉驾情形属于一般的免责事由的文书数量为35篇，占比55%[②]。

（2）机动车驾驶人醉酒驾驶，法院认为保险公司不需要履行或者已经履行相应的义务，判决保险公司免责、不予赔付的35篇样本文书中，认为该醉驾情形属于法定的免责事由的文书数量为2篇，占比6%[③]；认为该醉驾情形属于特殊的免责事由的文书数量为24篇，占比68%[④]；认为该醉驾情形属于一般的免责事由的文书数量为9篇，占比26%[⑤]。如图6.3所示。

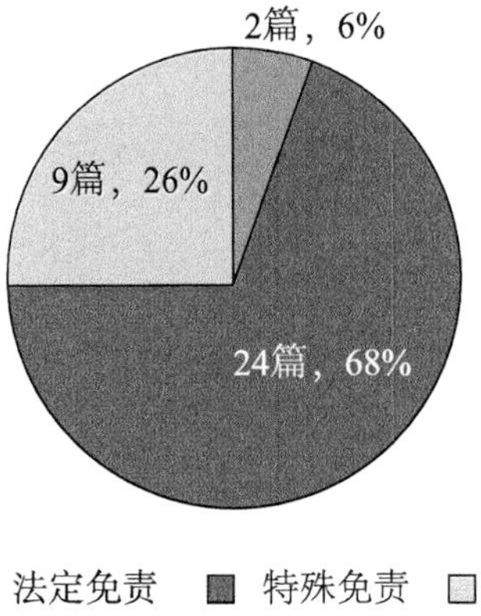

图6.3　醉酒驾驶不赔付事由比例

四、本案的其他解决路径——代结论

（一）路径一：根据对免责条款明确说明义务的限制性规定判决

保险合同中将被保险人醉驾肇事发生保险事故的情形列为免责条款，但是，依据《〈保险法〉解释（二）》第10条"保险人将法律、行政法规中的禁止性规定情形作为保险合同免责条款的免责事由，保险人对该条款作出提示后，投保人、被保险人或者受益人以保险人未履行明确说明义务为由主张该条款不生效的，人民法院不予支持"的规定，被保险人醉驾肇事的，属于违反《道路交

① 参见文书：（2018）浙06民终2469号。
② 参见文书：（2018）内07民终691号。
③ 参见文书：（2017）闽06民终2129号。
④ 参见文书：（2017）豫11民终402号。
⑤ 参见文书：（2017）桂03民终2864号。

通安全法》禁止性规定的情形，这类免责条款仅需进行提示，而无须进行明确说明。如河北省玉田县人民法院（2015）玉民初字第4439号判决书中：依据《〈保险法〉解释（二）》第10条规定，醉酒驾驶属于法律、行政法规中规定的禁止性情形，保险人需对投保人进行提示，无须进行明确说明，免责条款即可发生法律约束力。

（二）路径二：根据保护社会公共利益的规定判决

保险承保的机动车驾驶行为中的危险，具有双重属性：一般社会行为属性和专业保险行为属性。作为一般的社会行为，保险行为的实施和参与应当符合有关社会公共利益保护的法律要求。被保险人醉驾肇事死亡的，保险人不应对之履行给付保险金义务，否则有损社会公共利益，如南京市鼓楼区人民法院（2008）鼓民二初字第322号民事判决书。根据《民法通则》的有关规定，民事活动应当尊重社会公德，不得损害社会公共利益。我国《保险法》也规定，从事保险活动必须遵守法律、行政法规，尊重社会公德，遵循自愿原则。同时，我国《道路交通安全法》也规定，饮酒不得驾驶机动车。况且，禁止酒后驾车是每个驾车人从开始学习驾驶就应该遵守的众所周知基本的价值准则。本案中，原告方驾驶员作为专业货车司机，应当明知不得酒后驾车这样众所周知的法律禁止性规定。法律所保护的应当是合法利益，保险也只应保障合法行为。如原告方司机在酒后驾驶，被保险车辆发生交通事故后，原告作为被保险人仍然通过保险理赔得到经济补偿，则会引导错误的价值取向，将社会公众置身于更加危险的交通环境之中，有违社会公共利益，也违反了保险法的基本准则。

（三）路径三：根据保险的基本原理判决

保险是以投保群体作为厘定危险的群体，以非故意的危险为承保对象的制度，保险费的厘定以投保群体的危险发生概率（大数法则）为基础。保险公司不对被保险人故意实施的行为产生的损害给付保险金，符合危险的基本属性，符合保险等价有偿的交易规律，符合对投保群体利益的保护需求。投保群体利益是社会公共利益在保险制度中的具体体现。我国《保险法》第4条规定：从事保险活动必须遵守法律、行政法规，尊重社会公德，不得损害社会公共利益。被保险人醉驾致死，保险人对被保险人的故意醉驾行为导致的死亡损害不应给付保险金，否则构成对社会公共利益的侵害。

参考文献

1. ［美］约翰·罗尔斯．正义论［M］．何怀宏，何包钢，廖申白，译．北京：中国社会科学出版社，2009.

2. 封丽霞．辛普森“杀妻”案判决的启示［J］．理论视野，2016（3）．
3. 陈光中．证据法学［M］．北京：法律出版社，2015．
4. 江伟．民事诉讼法［M］．北京：高等教育出版社，2013．
5. 李浩．民事诉讼法学［M］．北京：法律出版社，2014．
6. 张卫平．民事诉讼法［M］．北京：中国人民大学出版社，2015．
7. 梁慧星．民法解释学［M］．北京：法律出版社，2015．
8. 殷鼎．理解的命运［M］．上海：生活·读书·新知三联书店，1988．
9. 杨仁寿．法学方法论［M］．北京：中国政法大学出版社，2013．

第七章　保险代位权纠纷案

第一节　保险判例教室精要

一、案件核心事实、诉讼概览和法院裁判要旨

（一）核心事实（如图7.1所示）

2008年10月28日，被保险人甲制罐有限公司（以下简称“甲制罐公司”）、甲制罐第二有限公司（以下简称“甲制罐第二公司”）与被告乙安装公司签订《建设工程施工合同》，约定由乙安装公司负责被保险人整厂机器设备迁建安装等工作。《建设工程施工合同》第二部分“通用条款”第38条约定，“承包人按专用条款的约定分包所承包的部分工程，并与分包单位签订分包合同，未经发包人同意，承包人不得将承包工程的任何部分分包”，“工程分包不能解除承包人任何责任与义务。承包人应在分包场地派驻相应管理人员，保证本合同的履行。分包单位的任何违约行为或疏忽导致工程损害或给发包人造成其他损失，承包人承担连带责任”。《建设工程施工合同》第三部分“专用条款”第14条第（1）项约定，“承包人不得将本工程进行分包施工”。“通用条款”第40条约定，“工程开工前，发包人为建设工程和施工场地内的自有人员及第三人人员生命财产办理保险，支付保险费用”，“运至施工场地内用于工程的材料和待安装设备，由发包人办理保险，并支付保险费用”，“发包人可以将有关保险事项委托承包人办理，费用由发包人承担”，“承包人必须为从事危险作业的职工办理意外伤害保险，并为施工场地内自有人员生命财产和施工机械设备办理保险，支付保险费用”。

2008年11月16日，乙安装公司与丙运输公司签订《工程分包合同》，将前述合同中的设备吊装、运输分包给丙运输公司。2008年11月20日，就上述整厂迁建设备安装工程，甲制罐公司、甲制罐第二公司向××财险公司投保了安装工程一切险。投保单中记载被保险人为甲制罐公司及甲制罐第二公司，并明确记载承包人乙安装公司不是被保险人。投保单“物质损失投保项目和投保金额”栏载明“安装项目投保金额为177 465 335.56元”。附加险中，还投保

有“内陆运输扩展条款A”，约定每次事故财产损失赔偿限额为200万元。投保期限从2008年11月20日起至2009年7月31日止。投保单附有被安装机器设备的清单，其中包括：SEQUA彩印机2台，合计原值为29 894 340.88元。投保单所附保险条款中，对“内陆运输扩展条款A”作如下说明：经双方同意，鉴于被保险人已按约定交付了附加的保险费，保险公司负责赔偿被保险人的保险财产在中华人民共和国境内供货地点到保险单中列明的工地，除水运和空运以外的内陆运输途中因自然灾害或意外事故引起的损失，但被保险财产在运输时必须有合格的包装及装载。

2008年12月19日10时30分许，丙运输公司驾驶员姜某才驾驶苏L06××××、苏L××3挂重型半挂车，从旧厂区承运彩印机至新厂区的途中，在转弯时车上钢丝绳断裂，造成彩印机侧翻滑落地面损坏。××财险公司接险后，对受损标的制定了清单。经××市公安局交通巡逻警察支队现场查勘，认定姜某才负事故全部责任。后甲制罐公司、甲制罐第二公司、××财险公司、乙安装公司及丙运输公司共同委托××公估公司对出险事故损失进行公估，并均同意认可××公估公司的最终理算结果。2010年3月9日，××公估公司出具了公估报告，结论：出险原因系设备运输途中翻落（意外事故）；保单责任成立；定损金额总损1 518 431.32元、净损1 498 431.32元；理算金额1 498 431.32元。××公估公司收取了××财险公司支付的47 900元公估费用。

2009年12月2日，甲制罐公司及甲制罐第二公司向乙安装公司发出《索赔函》，称“该事故导致的全部损失应由贵司与丙运输公司共同承担。我方已经向投保的××财产保险公司报险。一旦损失金额确定，投保公司核实并先行赔付后，对赔付限额内的权益，将由我方让渡给投保公司行使。对赔付不足部分，我方将另行向贵司与丙运输公司主张”。

2010年5月12日，甲制罐公司、甲制罐第二公司向××财险公司出具赔款收据及权益转让书，载明：已收到××财险公司赔付的1 498 431.32元。同意将上述赔款部分保险标的的一切权益转让给××财险公司，同意××财险公司以自己的名义向责任方追偿。

（二）诉讼概览

××财险公司向甲制罐公司赔偿后，以××财险公司的名义向责任方乙安装公司追偿，乙安装公司拒绝赔偿。××财险公司则诉至法院，请求判令乙安装公司支付赔偿款1 498 431.32元和公估费47 900元。本案经过一审［（2010）京商初字第1822号］、二审［（2011）镇商终字第0133号］、再审［最高人民法院指导案例第74号］，现已审理终结。一审法院审理后判决支持××财险公司请求

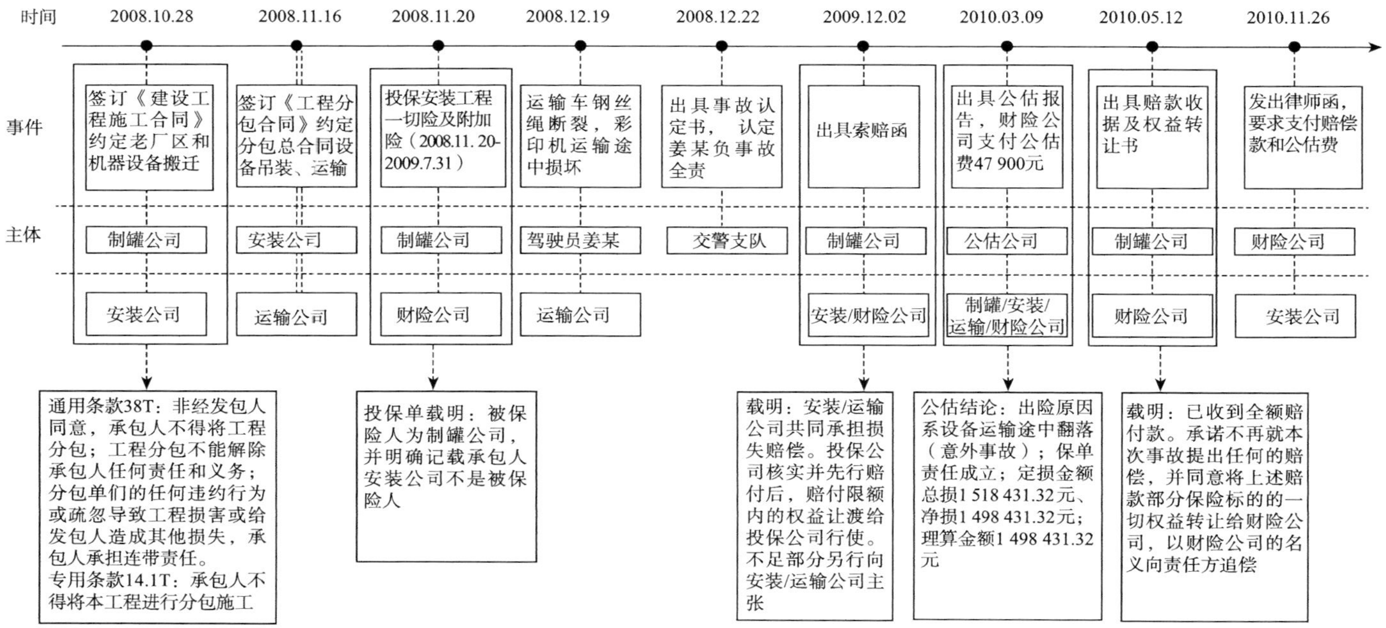

图7.1　主要案件事实梳理

乙安装公司支付赔偿款的诉讼请求，不予支持××财险公司请求乙安装公司支付公估费的诉讼请求。乙安装公司不服一审判决，提起上诉，二审法院经审理后判决撤销一审法院的民事判决，驳回××财险公司的诉讼请求。××财险公司不服二审判决，申请再审。再审法院再审查明后，判决撤销二审民事判决，维持一审民事判决。

（三）法院裁判要旨

本案的争议焦点为保险代位求偿权的行使范围。

1. 一审法院裁判要旨

因第三者对保险标的的损害而造成保险事故的，保险人自向被保险人赔偿保险金之日起，在赔偿金额范围内有权代位行使被保险人对第三者请求赔偿的权利。本案中，相对于投保人及保险公司而言，与投保人签订建设工程施工合同的乙安装公司即为第三者。虽然丙运输公司也属于第三者，但《保险法》第60条第1款并未对“第三者”的范围作出特别限定，即保险公司有权依据便利原则根据具体情况进行选择，以确定其所主张权利的“第三者”；而且，建设工程施工合同中也有不得分包的约定，因此，××财险公司选择被告乙安装公司作为追偿的第三者，并无不当。对于××财险公司要求乙安装公司支付赔偿款1 498 431.32元的诉讼请求，予以支持。根据《中华人民共和国保险法》第64条规定，保险人、被保险人为查明和确定保险事故的性质、原因和保险标的的损失程度所支付的必要的、合理的费用，由保险人承担。因此，对于原告××财险公司要求被告乙安装公司给付公估费47 900元的诉讼请求，不予支持。

2. 二审法院裁判要旨

我国《保险法》第60条第1款规定：“因第三者对保险标的的损害而造成保险事故的，保险人自向被保险人赔偿保险金之日起，在赔偿金额范围内代位行使被保险人对第三者请求赔偿的权利。”该法条所指的“第三者”应专指损害保险标的从而造成保险事故的责任人即侵权行为人。本案中，保险标的毁损事故系由承揽大件运输工作的丙运输公司装载货物所致，乙安装公司在此事故中无过错。××财险公司只能向损害保险标的从而造成保险事故的侵权行为人行使保险代位求偿权，而不能向非侵权行为人乙安装公司行使保险代位求偿权。

3. 再审法院裁判要旨

将保险代位求偿权的适用范围理解为限于侵权损害赔偿请求权，不符合保险代位求偿权制度设立的目的。从立法目的分析，规定保险代位求偿权制度，在于贯彻财产保险之“损失补偿规则”，避免被保险人因保险事故的发生分别从保险人及第三者获得赔偿，取得超出实际损失的不当利益，并因此增加道德风险。

根据《保险法》第 60 条第 1 款的文义及保险代位求偿权制度的立法目的可知，保险人行使代位求偿权，应以被保险人对第三者享有损害赔偿请求权为前提，这里的赔偿请求权既可因第三者对保险标的实施的侵权行为而产生，亦可基于第三者的违约行为产生，不应仅限于侵权赔偿请求权。

被申请人乙安装公司不是案涉保险标的的所有权人，不具有所有权保险利益，不能成为适格的财产损失保险被保险人。不同主体对于同一保险标的可以具有不同的保险利益，可就同一保险标的投保与其保险利益相对应的保险险种，成立不同的保险合同，在各自的保险利益范围内获得保险保障，从而实现利用保险制度分散各自风险的目的。对于所有权人而言，其对保险标的具有所有权保险利益，为分散保险标的的损坏或灭失风险，可以投保与其所有权保险利益一致的相关财产损失保险。发包人甲制罐公司及甲制罐第二公司投保的安装工程一切险（不包括第三者责任险）性质上属于财产损失保险，附加险中投保的“内陆运输扩展条款 A”约定，“保险公司负责赔偿被保险人的保险财产在中华人民共和国境内供货地点到保险单中列明的工地，除水运和空运以外的内陆运输途中因自然灾害或意外事故引起的损失”，该项附加险在性质上亦属财产损失保险。作为案涉保险标的的所有权人甲制罐公司及甲制罐第二公司对保险标的具有所有权保险利益，是适格的财产损失保险被保险人。但是，乙安装公司并非案涉保险标的的所有权人，其对本案保险标的不具有所有权保险利益，因而不是适格的财产损失保险被保险人。乙安装公司作为承包人，其对案涉保险标的具有责任保险利益，欲将施工过程中可能产生的损害赔偿责任转由保险人承担，应当投保相关责任保险，而不能借由发包人投保的财产损失保险免除自己应负的赔偿责任。

二、案件评论

第三人造成保险标的发生损害而应当承担的赔偿责任，或为侵权责任，或为违约责任，被保险人以此对第三人享有的损害赔偿请求权，属于债权请求权的范畴。保险法中的代位求偿权是债权的法定移转，其性质为损害赔偿请求权的主体变更；赔偿请求权的内容并不因而发生变动。保险公司是以自己名义直接对第三人行使代位权，这项请求权由被保险人处移转而来，该第三人原可对抗被保险人的事由也可以因之对抗保险公司。

三、保险判例教室起诉状与答辩状

民事起诉状

原告：××财产保险公司，住所地××。

负责人：××，总经理。

委托诉讼代理人：（模拟代理律师）高雅，保险判例教室模拟律师事务所。

（模拟代理律师）于晓萍，保险判例教室模拟律师事务所。

（模拟代理律师）董柯欣，保险判例教室模拟律师事务所。

被告：乙安装公司，住所地××。

法定代表人：××，董事长。

诉讼请求：1. 请求法院判令被告向原告支付赔偿款1 498 431.32元；

2. 判令本案诉讼费用由被告承担。

事实与理由：

2008年11月20日，就甲制罐公司整厂迁建设备安装工程，甲制罐公司向原告投保安装工程一切险及附加险，投保期限从2008年11月20日起至2009年7月31日止。投保单附有被安装机器设备的清单，包括SEQUA彩印机2台，合计原值为29 894 340.88元。保险合同约定，安装项目投保金额为177 465 335.56元；对于第三者责任的赔偿限额，每次事故财产损失赔偿限额为250万元，每次事故及累计赔偿限额均为2 000万元；附加险中“内陆运输扩展条款A”，约定每次事故财产损失赔偿限额为200万元。

2008年12月19日，某运输公司驾驶员姜某才驾驶运输车辆，从旧厂区承运彩印机至新厂区的途中，在南徐大道与引资大道交叉口（天桥）右转弯时，车上钢丝绳断裂，造成彩印机侧翻滑落地面损坏。原告接险后，对受损标的确定了清单。经公安局交通巡逻警察支队现场查勘，于2008年12月22日出具了××号事故认定书，认定姜某才负事故全部责任。另2008年10月28日，制罐公司与被告签订《建设工程施工合同》，约定由被告负责甲制罐公司老厂区和机器设备搬迁项目，该合同第14条第1款约定，承包人不得将本工程进行分包施工。

2009年12月2日，原告、被告及运输公司、制罐公司同意共同委托公估公司对出险事故损失进行公估，2010年3月9日，公估公司出具了××号公估报告，载明：出险原因系设备运输途中翻落（意外事故）；保单责任成立；定损金额总损1 518 431.32元、净损1 498 431.32元；理算金额1 498 431.32元。原告向制罐公司支付保险赔偿金1 498 431.32元；2010年5月12日，制罐公司向原告出具赔款收据及权益转让书，载明：已收到原告全额保险赔付款，并同意将上述赔款部分保险标的的一切权益转让给原告，同意原告以原告的名义向责任方追偿。

2010 年 11 月 26 日，原告委托律师向被告发出律师函。

综上所述，被告的违约行为造成保险标的的损失，依法有义务向制罐公司即被保险人赔偿损失；原告已依约向被保险人完全履行保险事故的理赔义务，且收到被保险人的权益转让书。为维护自身的合法权益，现原告根据《中华人民共和国保险法》第 60 条等有关规定向贵院提起诉讼，请贵院依法判决。

此致

××区人民法院

具状人：××财产保险股份有限公司

××××年×月×日

民事答辩状

答辩人：甲安装集团有限公司，住所地：××。

法定代表人：××，该公司董事长

委托代理人：（模拟代理律师）吴佳凝，保险判例教室模拟律师事务所律师。

答辩人现就被答辩人某财产保险股份有限公司江苏分公司提起保险代位求偿权纠纷一案答辩如下：

1. 答辩人将吊装、运输工作分包给某运输公司系发包人明知且认可的，并未违约。

2008 年 10 月 28 日，甲制罐公司、甲制罐第二公司与答辩人签订《建设工程施工合同》约定：由答辩人将其原位于乙市南徐路的老厂区和机器设备搬迁至乙市丁卯高新园区纬一路。该合同第二部分“通用条款”第 38 条规定：“承包人按专用条款的约定分包所承包的部分工程，并与分包单位签订分包合同，未经发包人同意，承包人不得将承包工程的任何部分分包”，第三部分“专用条款”第 14 条第（1）项约定，“承包人不得将本工程进行分包施工”。两制罐公司所发包的工程不但涉及整个工厂设备的拆解和安装，还涉及从老厂区搬运到新厂区的运输事项。安装公司系安装工程公司，没有运输资质，于是将前述建设工程施工合同中的设备吊装、运输分包给运输公司并于 2008 年 11 月 16 日与其签订了《工程分包合同》。虽然在前述《建设工程施工合同》的专用条款中约定了不能分包，后也没有书面约定变更，但基于安装公司没有运输资质的客观事实，以及事故发生当日，两制罐公司委派大件设备的押运人员随同运输公司的驾驶员多次监督运输大件设备直至出险，综合分析，能够证明两制罐公司对安装公司委托运输公司承揽大件设备运输工作事先明知和认可，安装公司并未违约。

2.《保险法》规定的保险代位求偿权仅限于侵权损害求偿权而不能扩张至违约损害求偿权，故安装公司并非本案适格被告。

依据《中华人民共和国保险法》第60条第1款的规定，因第三者对保险标的的损害而造成保险事故的，保险人自向被保险人赔偿保险金之日起在赔偿金额范围内代位行使被保险人对第三者请求赔偿的权利。“第三者”是指造成保险事故并且对保险标的有损害的直接责任方，即运输公司。基于侵权，安装公司对所涉保险事故的发生没有任何过错，不是保险法限定的代位求偿权承担者，并非本案适格被告，不应承担责任。

综上，被答辩人的请求缺乏事实及法律依据，依法不能成立。请求法庭驳回被答辩人的诉讼请求。

此致

××区人民法院

答辩人：甲安装集团有限公司

××××年××月××日

第二节　案件综合评析

最高人民法院发布的第74号指导案例是有关保险人行使代位权的纠纷——中国某某财产保险股份有限公司江苏分公司诉江苏某某安装集团有限公司保险人代位求偿权纠纷案。案情中包括以下内容：保险人、被保险人、第三人共同协商，由保险人预先支付公估费用，保险公司向被保险人支付保险金之后，取得向第三人的代位求偿权，这部分公估费用能否获偿？案件的一审法院驳回了保险公司主张公估费的诉讼请求，二审法院驳回保险公司包括公估费的全部诉讼请求，再审法院维持了一审法院的判决。此案中保险公司有权行使代位求偿权部分是否包括保险公司支付的公估费，还是仅限于保险公司向被保险人支付的保险金？有商榷的必要。

一、保险代位权案件的三重结构

保险代位权案件存在三重结构：第一，保险公司基于保险合同与被保险人之间形成的保险合同理赔关系；第二，被保险人与第三人之间形成的赔偿关系；

第三，保险公司与第三人之间的代位求偿关系。

这三重结构基于不同的准据法形成了三重请求权关系：第一，基于保险法的规定，被保险人有向保险公司请求保险金的权利；第二，基于侵权责任法或者合同法的规定，被保险人有向第三人请求赔偿损失的权利；第三，基于保险法的规定，保险公司有向第三人请求赔偿的权利。

三重结构在事实和法律关系上交织，司法裁判过程折射出不同准据法之间、不同法律制度之间的立法主旨的区别和调和。

二、三重法律关系各自的立法目的存在差异

保险金请求权和保险代位求偿权之间、保险代位求偿权和第三人侵权或违约赔偿请求权在法律关系层面形成了交叉和叠合的联系，保险人是否有权向第三人请求公估费用，需要分析以上联系。

（一）保险代位求偿权的立法目的

我国《保险法》第 60 条规定，因第三者对保险标的的损害而造成保险事故的，保险人自向被保险人赔偿保险金之日起，在赔偿金额范围内代位行使被保险人对第三者已取得的赔偿金额。《〈保险法〉解释（四）》第 7 条规定：保险人依照《保险法》第 60 条的规定，主张代位行使被保险人因第三者侵权或者违约等享有的请求赔偿的权利的，人民法院应予支持。有观点主张，第三者对保险标的的损害仅指第三者对标的的侵权损害。最高人民法院通过司法解释的形式确认了这种损害还包括违约损害等违反其他法律关系造成的损害。

保险法设立代位求偿权制度的立法目的在于防止被保险人获得多重赔偿而产生不当得利，保险人给付保险金之后取得被保险人向第三人享有的赔偿请求权。《保险法》第 60 条中规定的“在赔偿金额范围内代位行使被保险人对第三者请求赔偿的权利”即为该立法目的在代位求偿权数额上的体现。

（二）保险人支付公估费法律规定的立法目的

保险人支付公估费的法律依据是《保险法》第 64 条，该条规定，保险人、被保险人为查明和确定保险事故的性质、原因和保险标的的损失程度所支付的必要的、合理的费用，由保险人承担。该条的立法主旨是：在保险合同关系中，确定和查明保险事故性质、原因和保险标的的损失程度的必要合理费用，是为了确定保险人支付的保险金数额而进行的支出；加之保险是转嫁危险的制度，必要合理的费用成为确定危险损失数额的组成部分。不是出于保险合同保险人履行保险金的需要，投保人没有必要支出该笔费用。故此，该条法律规定必要的、合理的费用由保险人承担。

（三）被保险人向第三人享有赔偿请求权的立法目的

依据被保险人向第三人享有的赔偿请求权性质的不同，其立法目的也不同。如果被保险人向第三人享有侵权赔偿请求权，则其立法目的是保护民事主体的合法权益，明确侵权责任，预防并制裁侵权行为（《侵权责任法》第1条）。如果被保险人向第三人享有违约赔偿请求权，则其立法目的为保护合同当事人的合同法权益，维护社会经济秩序。（《合同法》第1条）

三、公估费用赔付请求权的法律和事实基础

依据我国《保险法》第60条的规定，保险人仅能“在赔偿金额范围内”行使代位求偿权。对这一规定进行文义解释和立法目的的解释结果存在差别：从文义解释角度，在赔偿金额范围内行使代位求偿权，是将保险人支付给被保险人的保险金数额作为保险人向第三人行使代位求偿权的金额范围，保险人只能向第三人请求其支付的保险金范围内的数额，不能超出这一数额。那么，公估费并非是保险人向被保险人支付的保险金额，不能向第三人请求。依据保险代位求偿权的立法目的进行解释，防止被保险人多重受偿，将这种多重受偿置于被保险人和第三人之间的侵权或者违约关系之中，则保险代位求偿权的立法目的是：防止被保险人从第三人处获得侵权或者违约赔偿而出现的多重受偿的结果。

首先，单独探查被保险人和第三人之间的赔偿关系可知，对标的损失进行评估，支付公估费用属于第三人履行赔偿义务的组成部分，虽然这部分费用无须向被保险人支付，而在事实上需要向公估部门支付，但是却是应当由第三人支付的数额。

其次，再以保险人代位求偿权的角度探查，保险人代替被保险人的地位取得向第三人的求偿权，即行使代位求偿权时，保险人和被保险人的地位是替换的关系——被保险人对第三人享有的权利范围与保险人对第三人享有的权利范围是相同的。被保险人有权向第三人请求赔付公估费用，保险人也有权向第三人请求赔付公估费用。

最后，回到保险人代位求偿权的立法目的，防止被保险人从第三人处获得侵权或者违约赔偿而出现的多重受偿的结果。“赔偿金额范围内”应当被解释为：在被保险人向第三人的赔偿请求权范围内的，保险人已经向被保险人支付的保险金，加上为了给付这些保险金支付的必要合理费用的“赔偿金额范围内”。而不是仅仅从文义表面的内涵，将赔偿金额范围内简单等同于保险人已经向被保险人支付的保险金。

这样的解释结果实质上是《保险法》第60条（保险人代位求偿权）和《保险法》第64条（必要合理费用的承担）两个法律规定立法目的的叠加，同时也兼顾和尊重了被保险人享有向第三人公估费用请求权的事实。防止表面文义解释的弊端：即使没有保险合同，被保险人也有权向第三人请求公估费用，有了保险合同，保险人支付公估费用以后，却不能向第三人请求这部分费用支出。

故此，我们的结论是，应当从被保险人和第三人之间赔偿关系的基本事实出发，对“赔偿金额范围”做多重立法目的的解释，本案中的公估费用应当由第三人承担。

第八章　保险销售欺诈纠纷案

第一节　保险判例教室精要

一、案件核心事实、诉讼概览和法院裁判要点

（一）核心事实

2005 年 9 月，甲保险公司（以下简称“甲公司”）上海分公司客户经理应某、陈某、邹某向尤某推介福如东海保险产品，称投保人每年交 2.3 万元，交 20 年以后可以一次性领取 80 多万元，如不一次性领取，可以在交满 18 年后每年领取 3.5 万元，并且该产品满 5 年就可以提前领取本金及红利收益。尤某投保时，客户经理仅收取了 2.3 万元的保费，并未同时提供保险合同。2007 年八九月份，陈某、应某才向尤某提供了投保书、保险单、保险合同，但投保书的内容及最后的签名均非其本人所写，且保险单载明的保险人为甲保险公司。保险合同中附有“福如东海利益演算表”，陈某、应某称该表已经写明了本次保险的收益计算及领取办法。2014 年 8 月，尤某收到甲公司上海分公司邮寄给其的客户告知书，通知其客户经理陈某、应某已经离职，故尤某向甲公司上海分公司客服了解保险事宜，发现保险内容与客户经理推荐的并不一致。此后，尤某找陈某、应某面谈，陈某、应某仍称保险内容与之前推介时的承诺是一致的，“福如东海利益演算表”也是真实可信的，可以据此维权。尤某再次向甲公司上海分公司反映此事时，甲公司上海分公司称其所购保险是终身寿险，不能返还本金，也不承认利益演算表。经查明，尤某向甲公司上海分公司投保福如东海终身寿险（A 款）（分红型）保险 4 份，保险条款第 3 条载明：在本合同有效期内，本公司承担下列保险责任：（1）被保险人于合同生效 1 年内因疾病导致身故或身体全残，本公司按本合同初始基本保险金额的 10% 给付身故或全残保险金，并无息返还所交保险费，本合同效力终止。（2）被保险人因意外伤害或合同生效 1 年后因疾病导致身故或身体全残，本公司按有效保险金额给付身故或全残保险金，本合同效力终止等。截至 2013 年，尤某累计交纳九期保费，共计 20.7 万元。

（二）诉讼概览

尤某以其受到欺诈为由，向甲公司主张返还保费20.7万元，并依照《消保法》第55条规定，请求甲公司赔偿其所受损失的三倍62.1万元，甲公司拒赔，故尤某提起诉讼。本案经过一审［（2015）崇商初字第0379号］、二审［（2015）锡商终字第01110号］、再审［（2016）苏民申5562号］，现已审理终结。

一审法院经过审理，判决驳回尤某的诉讼请求。尤某不服一审判决，提起上诉。二审法院经过审理，判决撤销一审法院判决，并判令甲公司返还尤某保险费20.7万元并赔偿尤某20.7万元。甲公司不服二审判决，申请再审。再审法院经过审理，裁定驳回甲公司上海分公司的再审申请。

（三）法院裁判要旨

本案的争议焦点为投保人在购买保险时是否受到欺诈，保险产品是否属于《消费者权益保护法》所称的生活消费的范畴。

1. 一审法院裁判要旨

虽然尤某坚持说投保单中的投保人签名并非其本人所签，但尤某在收到投保书后已经累计交纳了9期保险费，应视为其对上述投保单中签字的追认，尤某与甲保险公司的保险合同关系合法有效。尤某作为完全民事行为能力人，在收到保险合同后即应当知道保险合同中关于保险收益的相关约定，如发现有与保险推销人员陈述不一致，其认为存在欺诈的地方，其亦应及时请求保护其民事权利。本案中，尤某自认其是在2007年八九月份收到投保书、保险合同、保险单，但直到2014年8月得知陈某、应某离职后，在向甲公司核实时才发现受到欺诈。现尤某主张撤销其与甲公司之间订立的保险合同，并要求按照《消费者权益保护法》的规定赔偿损失，已经超过了撤销权的行使期间和诉讼时效期间，故对尤某的诉讼请求，不予支持。

2. 二审法院裁判要旨

本案甲公司营销员向尤某提供的“福如东海利益演算表”上清楚载明“甲人寿保险股份有限公司”的单位名称，并加盖了“上海分公司本部营销服务部”的印章，足以使一般投保人相信该利益演算表的真实性。该利益演算表载明第1~20年每年交费2.3万元，第18年起每年领取3.5万元等内容。虽保险公司在庭审中否认该利益演算表及其上加盖印章的真实性，但根据原审中尤某提交的其与保险公司营销员陈某的谈话录音及电话录音中，陈某认可该利益演算表系其向尤某提供，故该利益演算表可作为认定本案事实的依据。本案尤某所投险种属于“身故或身体全残”保险，而利益演算表并未载明被保险人身故或身体全残才可享受保险利益，且“福如东海终身寿险（分红型）（A款）”名称中的“福如东海”及“分红”字样亦会诱导投保人误以为该险种系投资分红型或养老型保险。而营销员推介保险产品并提供该利益演算表的行为属于保险公司的职务行为，产生的法律后果应由保险公司承担。保险公司对于该利益演算表，亦未提出反驳的证据予以推翻，故可认定尤某购买案涉保险产品时受到保险公司欺诈。

关于尤某是否有权按照《消保法》的规定要求保险公司承担惩罚性赔偿责任的问题。《消保法》的立法目的是保护整体上为弱者的消费者一方的合法权益。保险消费者处于非常弱势的地位，保险公司出具的保险合同非常复杂，包括大量难懂的专业术语，如保险金额、保险利益、现金价值等，一般投保人很难看懂，特别是保险公司的业务员存在故意隐瞒、虚假宣传的行为时，会严重侵害投保人、被保险人的利益。因此，要维护投保人的合法权益，杜绝保险违法行为的发生，对保险欺诈起到警示和惩戒作用，应对保险欺诈行为适用《消保法》惩罚性赔偿的规定。再者，保险公司提供的保险产品，不论是财产保险，还是人身保险，其目的是保障个人财产和生命健康所需，使被保险人在发生意外、损害后果后能弥补损失，具有保障、补偿功能，因此保险公司提供的保险产品符合《消保法》所称的生活消费范畴。2014 年 3 月 15 日施行的《消保法》明确将证券、保险、银行等金融服务的经营者提供的产品或服务纳入了《消保法》保护的范畴，并确立了金融机构存在欺诈行为时的惩罚性赔偿规则。鉴于本案保险公司的欺诈行为发生于 2005 年，根据法不溯及既往的原则，本案应适用 1994 年 1 月 1 日施行的《消保法》第 49 条：“经营者提供商品或者服务有欺诈行为的，应当按照消费者的要求增加赔偿其受到的损失，增加赔偿的金额为消费者购买商品的价款或者接受服务的费用的一倍”的规定。尤某有权依据该规定要求保险公司承担惩罚性赔偿责任，即要求甲公司、甲公司上海分公司返还尤某保险费 20.7 万元并增加赔偿 20.7 万元。

3. 再审法院裁判要旨

二审法院依据尤某提交的证据认定甲公司、甲公司上海分公司在案涉保险合同订立过程中存在欺诈，并无不当。

二审法院依据 1994 年 1 月 1 日施行的《消保法》判决甲公司上海分公司、甲公司承担惩罚性赔偿责任，并无不可。虽然 1994 年版的《消保法》未明确将保险等金融服务纳入其调整范围，但该法的立法目的为保护消费者的合法权益，规范经营者的经营行为，维护社会经济秩序。该法第 2 条规定：“消费者为生活消费需要购买、使用商品或者接受服务，其权益受本法保护；本法未作规定的，受其他有关法律、法规保护。”此处的“生活消费”应是一个广义、开放的概念，只要提供商品或者服务的一方从事的是市场经营活动，购买商品或者接受服务的一方是为了个人或者家庭终极消费的需要，而不是为了从事生产经营或者职业活动的需要，即应适用该法。证券、保险、银行等金融机构提供金融服务实际上也是一种市场交易活动，作为个人接受金融服务主要是为了个人或者家庭财产的保值增值需要，属于金融消费的范畴，而金融领域存在消费者在交易中处于弱势地位的情形，故金融服务原则上也应受该法的调整。尤某购买甲公司推出的案涉保险产品应属于生活消费的范畴，应受《消保法》的保护。何况，经修订于2014年3月15日起施行的《消保法》已经明确将保险等金融服务纳入其调整范围。尽管《保险法》第131条第（1）项规定保险代理人在办理保险业务活动中不得欺骗投保人，但未对该行为的后果作出明确规定，在此情况下，二审法院依据《消保法》确定保险公司的责任并无不当。1994年版《消保法》第19条第1款规定："经营者应当向消费者提供有关商品或者服务的真实信息，不得作引人误解的虚假宣传。"第49条规定："经营者提供商品或者服务有欺诈行为的，应当按照消费者的要求增加赔偿其受到的损失，增加赔偿的金额为消费者购买商品的价款或者接受服务的费用的一倍。"如前所述，甲公司上海分公司、甲公司在案涉保险业务过程中存在欺诈，因案涉保险合同签订于2005年，故二审法院适用1994年版《消保法》的上述规定，在判决甲公司和甲公司上海分公司向尤某返还已交保费20.7万元的同时，判决增加赔偿20.7万元，未为不可。

二、保险判例教室起诉状与答辩状

民事起诉状

原告：尤某，住所地××。

委托诉讼代理人：（模拟代理律师）师佳慧，保险判例教室模拟律师事务所律师。

被告：甲保险股份有限公司，住所地××。

法定代表人：××，董事长。

诉讼请求：

1. 请求法院撤销原告与被告签订的保险合同，并判令被告返还保险费20.7万元；

2. 判令被告赔偿原告62.1万元；

3. 判令本案诉讼费用由被告承担。

事实和理由：

2005年9月，原告在被告上海分公司客户经理陈某、应某的推销下购买了甲保险公司的福如东海产品，于2007年八九月份，收到陈某、应某向其提供的投保书、保险单、保险合同，至2013年，累计交纳九期保险费，共20.7万元。原告与被告上海分公司的保险合同合法有效。

2005年9月，被告上海分公司客户经理陈某、应某在原告购买福如东海产品时声称：购买该保险产品的投保人每年交2.3万元，交20年以后可以一次性领取80多万元，如不一次性领取，可以在交18年后每年领取3.5万元，原告基于保险经理对于该保险产品的推销购买该产品，并且在之后提供的保险合同中也附有“福如东海利益演算表”，该表清楚载明被告的单位名称，并加盖了“被告上海分公司本部营销服务部”的印章，且该表写明的本次保险的收益计算及领取办法与陈某、应某的说法一致。直至2014年8月，原告收到被告上海分公司邮寄给其的客户告知书，得知保险内容与客户经理推荐的并不一致。保险内容规定原告购买的保险为终身寿险，不能返还本金也无利息，这与客户经理所声称的以及“福如东海利益演算表”中所规定的保险利益相去甚远，可知由于客户经理的虚假宣传，使得原告在购买保险产品时受到了被告的欺诈。

综上所述：

1. 根据《中华人民共和国合同法》第149条以及第58条规定，撤销原告与被告签订的保险合同，并要求被告返还因该合同取得的财产，保险费20.7万元。

2. 根据《中华人民共和国消费者权益保护法》第55条规定，请求被告按照原告交纳的保险费金额的3倍予以赔偿，赔偿金额为62.1万元。

恳请贵院依法判决。

此致

××区人民法院

具状人：尤某

××××年××月×日

民事答辩状

答辩人：甲保险股份有限公司，住所地××。

法定代表人：××，董事长。

委托诉讼代理人：（模拟代理律师）高雅，保险判例教室模拟律师事务所律师。

被答辩人：尤某，住××。

委托诉讼代理人：××，××律师事务所律师。

对××区人民法院尤某人寿保险合同纠纷一案的起诉，答辩如下：

被答辩人起诉的内容不符合客观事实，于法无据，答辩人与被答辩人之间签订的保险合同属于有效合同，答辩人不存在销售误导行为，保险合同不存在可撤销事由，答辩人不应当承担返还保险费的责任，更不应当承担三倍赔偿责任。

事实与理由：

一、答辩人与被答辩人之间签订的保险合同合法有效

2015年9月28日，答辩人将涉诉保险合同交给被答辩人。根据最高人民法院《关于适用〈保险法〉若干问题的解释（二）》第3条规定“投保人或者投保人的代理人订立保险合同时没有亲自签字或者盖章，而由保险人或者保险人的代理人代为签字或者盖章的，对投保人不生效，但投保人已经交纳保险费的，视为其对代签字或者盖章行为的自认。”本案中，被答辩人在收到保险合同后至今累计交纳保险费9期，因此应视为被答辩人对代签字行为的自认。保险合同双方当事人适格，是双方当事人的真实意思表示，答辩人所提供的“福如东海终身寿险（A款）（分红型）”保险产品已经在中国保险监督管理委员会（现为“中国银行保险监督管理委员会”）备案（××保险［2009］终身寿险037号），保险合同内容不违反法律、行政法规的强制性规定，也不违背公序良俗。且被答辩人已对保险合同合法有效这一基础事实予以认可，因此，答辩人与被答辩人之间签订的保险合同合法有效。

二、答辩人不存在销售误导行为

首先，案涉人寿保险产品“福如东海终身寿险（A款）（分红型）保险”已于2009年9月向中国保险监督管理委员会备案，保险合同备案条款1.5约定：“本合同生效后，本公司为您提供10日的犹豫期。”条款2.1约定：“本合同保险金额由基本保险金额和累积红利保险金额两部分构成。基本保险金额由您和本公司在投保时约定，但须符合本公司当时的投保规定，约定的基本保险金额将在保险单上载明。累积红利保险金额指因年度分红累积增加的保险金额。”“本合同的保险期间为被保险人终身”及“保险人承保的保险责任仅为身故或身体全残”“保单红利分配形式包括年度分红和终了分红”，并且对保单分红具体内容作了详细的解释，明确年度红利发放方式为“增加保险金额”。以上保险合同条款即使是一般公众也可自行在中国保险监督管理委员会的网站查询，被答辩人作为投保人在已经收到保险合同的情况下更有动力及义务对其所投保的保险产品予以简要了解，这也是符合客观理性人标准的可预测行为。

其次，案涉保险合同中标明“本合同分红具有波动性，分红率无法预先设定且各年度并非完全相同；年度分红以增加保险金额的方式进行分配。本

公司在每一会计年度末对该会计年度的分红保险业务进行核算”，利益演算表表尾注明“上述红利演示假定投资收益水平为1%”，客户权益告知书中也已明确分红水平将根据每一会计年度实际经营成果核算，无法预先设定且每一年度并非完全相同。根据中国保险监督管理委员会颁布的《人身保险公司保险条款和保险费率管理办法》（保监会令 2011 年第 3 号），保险公司可以就分红型保险向客户出具利益演算表以供参考，也允许费率浮动或者参数调整。根据中国保监会颁布的《人身保险销售误导行为认定指引》（保监发〔2012〕87 号）（以下简称《指引》），“本指引所称销售误导，是指人身保险公司、保险代理机构以及办理保险销售业务的人员，在人身保险业务活动中，违反《保险法》等法律、行政法规和中国保监会的有关规定，通过欺骗、隐瞒或者诱导等方式，对有关保险产品的情况作引人误解的宣传或者说明的行为。”被答辩人称答辩人实施了欺诈即《指引》中的进行虚假陈述的欺骗型销售误导行为，根据该《指引》第 6 条，答辩人并未实施如夸大保险责任或者保险产品收益等欺骗行为，其提供的利益演算表不属于误导材料；并且，截至 2015 年 4 月 28 日，本案涉诉保险的现金价值、累计年度红利、终了红利共计为 123 478.36元，已经高于表中第 9 年列明的可领取金额118 125.5元。综上，答辩人的行为属于正常合法的保险销售行为，不存在被答辩人所称的销售误导行为。

以上，答辩人不存在销售误导行为，保险合同不存在可撤销事由。

此外，假定答辩人的行为被认为是销售误导行为，答辩人仍有两点答辩意见供合议庭参考。其一，即使答辩人的行为被认为是销售误导行为，属于《中华人民共和国合同法》第 54 条规定的可撤销事由，被答辩人自认其于 2007 年收到保险合同及利益演算表后仍交纳保险费至 2013 年，累计交纳 9 期保费，在此期间以对一般理性投保人的客观标准来评判，被答辩人应当对其所投保的保险产品进行了解，根据《中华人民共和国合同法》第 55 条的规定，被答辩人虽享有撤销权，但是其应当自知道撤销事由之日起 1 年内行使撤销权，被答辩人未积极行使，因此被答辩人的合同撤销权消灭，保险合同有效，答辩人不应当承担退还保费的责任。其二，即使答辩人的行为被认为是销售误导行为，被答辩人也不应当依据现行有效的《中华人民共和国消费者权益保护法》第 55 条向答辩人申请 3 倍赔偿，依据“法不溯及既往的原则”，应当适用 1994 年 1 月 1 日施行的《消费者权益保护法》，而该版本的《消费者权益保护法》并未将保险纳入其调整范围，根据该法第 2 条，受该法保护的消费者购买、使用商品或者接受服务是为生活消费需要，而案涉保险产品明确约定有保单现金价值，且有保单分红条款，故不属于《消费者权益保护法》调整范围。

综上所述，答辩人与被答辩人之间签订的保险合同合法有效，答辩人的所有行为均为正当销售行为，不是被答辩人所诉称的欺诈或销售误导行为，没有对他人任何权利造成侵害，被答辩人的诉求于法无据，纯属无理要求。请求人民法院查明事实，秉公处理，以维护答辩人的合法权益。

此致

××区人民法院

答辩人：甲保险股份有限公司

××××年××月×日

民事答辩状

答辩人：甲保险股份有限公司，住所地××。

负责人：××，董事长。

委托诉讼代理人：（模拟代理律师）单佳琦，保险判例教室模拟律师事务所律师。

被答辩人：尤某

委托诉讼代理人：××，××律师事务所律师。

答辩人因被答辩人尤某提起保险合同纠纷诉讼一案，现答辩如下：

对于被答辩人要求撤销合同的请求于法无据。答辩人已经将合同于2007年8月左右送达到被答辩人手中供其审核，而且合同的签订双方主体平等，是在公平自愿的基础上达成的协议，被答辩人在收到合同后没有提出异议主张权利且继续交纳保费，应认定该行为是对合同内容的认可且有默示完成合同的意思表示。故被答辩人声称答辩人实施欺诈行为致使其受骗购买涉案保险，于事实无据。

《中华人民共和国消费者权益保护法》第2条“消费者为生活消费需要购买、使用商品或者接受服务，其权益受本法保护”的规定，惩罚性赔偿金的制度目的在于加大对消费者为生活消费需要购买商品或接受服务时遭受欺诈所致损失的保护力度。本案被答辩人购买保险产品属于分红型年金人寿保险兼具财务投资和生活消费的性质，有两点理由不适用惩罚性赔偿：（1）本案被答辩人未受欺诈；（2）涉案险种不是单纯生活消费所需，而是具有投资理财性质的保险产品，不符合惩罚性赔偿的制度目的。

综上所述，被答辩人的诉讼请求不成立，于法律和事实无据。

此致

××人民法院

答辩人：甲保险股份有限公司

××××年××月×日

民事答辩状

答辩人：甲保险股份有限公司，住所地××

代表人：××，董事长。

委托诉讼代理人：（模拟代理律师）张蕾，保险判例教室模拟律师事务所律师。

被答辩人：尤某，住××省××市××区。

委托诉讼代理人：××，××律师事务所律师。

答辩人现就被答辩人提起的人寿保险合同纠纷一案提出如下答辩意见：

（一）保险合同系双方真实意思表示，不存在法定的可撤销情形，故该保险合同应当继续履行

答辩人与被答辩人签订保险合同并不存在欺诈事由。根据保监会规定，保险公司可以就分红型保险向客户出具利益演算表以供参考。答辩人提供的利益推演表仅是对收益的推演而非是对收益水平的承诺。客户权益告知书中也已明确分红水平将根据每一会计年度实际经营成果核算，无法预先设定且每一年度并非完全相同，被答辩人也已在投保书上签名确认投保前已经阅读了包括产品说明书、犹豫期、保险条款等内容。故答辩人工作人员在与被答辩人签订合同时，被答辩人已经知悉保险合同条款，答辩人已充分披露相关风险，故不存在欺诈。

（二）被答辩人已过保险合同可撤销权的行使期间

被答辩人自认在2007年八九月份就收到了答辩人保险代理人提供的保险合同、保险单，虽然投保书的内容及最后的签名均非被答辩人本人所写，但被答辩人在收到投保书后已经累计交纳了9期保险费，根据最高人民法院《关于〈保险法〉若干问题的解释（二）》第3条规定，此应视为其对上述投保单中签字的追认。被答辩人作为一名完全民事行为能力人，若存在欺诈情形，交费时就应该发现。但被答辩人直到开庭时才主张撤销其与答辩人订立的保险合同。根据《合同法》第55条规定被答辩人已经超过了撤销权的行使期间和诉讼时效期间。

（三）本案不属于《消费者权益保护法》的调整范围

本案中，被答辩人购买的福如东海保险产品属于分红保险，具有投资功能。在分红险中，被保险人（受益人）可以依保险人年度业绩情况取得分红。因此被答辩人购买福如东海属于投资行为，并不属于生活消费，故不受《消费者权益保护法》调整。

综上所述，请求法院查明事实，秉公处理，以维护答辩人的合法权益。

此致

××人民法院

答辩人：甲保险股份有限公司

20××年×月×日

第二节　案件综合评析

在我国《保险法》和《消保法》并行的背景下，对保险营销人员在推销保险产品过程中，如果存在保险销售欺诈①行为该如何处理？应否适用《消保法》中规定的3倍惩罚性赔偿，已经成为保险法律界、保险监管部门以及保险行业内部共同关心和热议的问题。

对保险营销中出现营销人员保险产品销售欺诈的法律适用问题，关涉甚重：第一，关涉受到欺诈的消费者（投保人）损害补偿；第二，关涉保险公司的声誉和利益；第三，关涉投保该保险产品的投保群体②的利益保护；第四，关涉保险监督管理部门的职能发挥。如果适用《消保法》惩罚性赔偿的规定，其正当性何在？如果不适用，其法律依据又何在？

我们在此书中考察了两则典型的保险销售欺诈案件，（2016）吉民终515号和（2016）苏民申5562号案件，对我国保险销售欺诈案件的法律适用问题进行探查，以检视我国保险法律、消费者权益保护法律的立法层面和解释层面的多元问题群，并在可预见的金融消费者权益保护法（或称金融服务法）的维度内探查保险销售欺诈准据法视域的问题。

从保险销售欺诈法律适用的判断上，涉及保险关系的案件应当选择适用《保险法》的规定。无论从主体还是调整范围角度，作为专门调整保险关系的部门法的《保险法》均应当成为保险纠纷案件的准据法。但是，两则案例中均没有考察适用《保险法》规定的路径，直接适用了《消保法》有关惩罚性赔偿的规定。即使将准据法选择的前提正当性暂时搁置，探查案件法律适用的逻辑，

---

① “保险销售欺诈”概念的使用，同案件中给定的“保险销售人员在销售过程中存在欺诈行为”这一事实相互匹配，同时也可以同《保险法》中既有概念“保险欺诈”相互区别。《保险法》第27条规定，保险欺诈特指被保险人、受益人或者投保人故意骗取保险金的行为。

② “投保群体不仅包括单一保险合同中由投保人、被保险人、保险金受益人组成的小投保群体，也包括依据危险厘定原理而形成的大投保群体。”潘红艳：“论保险法对投保群体利益的保护”，载《法制与社会发展》2019年第4期，第206页。

也存在诸多漏洞，此类案件适用《消保法》的结论并不成立。

一、保险销售欺诈适用《消保法》的质疑

（一）（2016）苏民申5562号案件

（1）案情概要。投保人尤某向甲公司投保福如东海终身寿险（A款）（分红型）保险4份，保险条款第3条载明，在本合同有效期内，本公司承担下列保险责任：1. 被保险人于合同生效1年内因疾病导致身故或身体全残，本公司按本合同初始基本保险金额的10%给付身故或全残保险金，并无息返还所交保险费，本合同效力终止。2. 被保险人因意外伤害或合同生效1年后因疾病导致身故或身体全残，本公司按有效保险金额给付身故或全残保险金，本合同效力终止。截至2013年，尤某累计交纳9期保费，共计20.7万元。

保险公司营销员向尤某提供的“福如东海利益演算表”上载明“甲人寿保险股份有限公司”的单位名称，并加盖了“上海分公司本部营销服务部”的印章，足以使一般投保人相信该利益演算表的真实性。该利益演算表载明第1～20年每年交费2.3万元，第18年起每年领取3.5万元等内容。

尤某所投险种属于“身故或身体全残”保险，而利益演算表并未载明被保险人身故或身体全残才可享受保险利益，且“福如东海终身寿险（分红型）（A款）”名称中的“福如东海”及“分红”字样亦会诱导投保人误以为该险种系投资分红型或养老型保险，这与该利益演算表显示的保险利益相差甚大。

该案历经一审、二审和再审①，再审法院认定保险公司销售过程中存在欺诈行为，惩罚性赔偿的计算标准为尤某交纳的保险费，保险公司需要向尤某支付20.7万元的赔偿。

（2）裁判要旨。二审法院认为，保险产品符合《消保法》所称的生活消费的范畴，依据该法的规定要求保险公司承担惩罚性赔偿责任，符合该法保护整体上为弱者的消费者一方合法权益。为了杜绝保险违法行为的发生，对保险欺诈起到警示和惩戒作用，适用该法。

再审法院认为：案涉保险合同订立过程中存在欺诈，依据《消保法》的规定要求保险公司承担惩罚性赔偿责任。再审法官在判决书中称，《消保法》的立法目的是保护整体上为弱者的消费者一方的合法权益。保险消费者处于非常弱势的地位，保险公司出具的保险合同非常复杂，包括大量难懂的专业术语，如保险金额、保险利益、现金价值等，一般投保人很难看懂，特别是保险公司

① 该案一审判决书编号为（2015）崇商初字第0379号，二审判决书编号为（2015）锡商终字第01110号，再审判决书编号为（2016）苏民申5562号。

的业务员存在故意隐瞒、虚假宣传行为时，会严重侵害投保人、被保险人的利益。因此，要维护投保人的合法权益，杜绝保险违法行为的发生，对保险欺诈起到警示和惩戒作用，应对保险欺诈行为适用《消保法》惩罚性赔偿的规定。再者，保险公司提供的保险产品，不论是财产保险，还是人身保险，其目的是保障个人财产和生命健康所需，使被保险人在发生意外、损害后果后能弥补损失，具有保障、补偿功能，因此保险公司提供的保险产品符合《消保法》所称的生活消费范畴。2014 年 3 月 15 日施行的《消保法》明确将证券、保险、银行等金融服务的经营者提供的产品或服务纳入了《消保法》保护的范畴，并确立了金融机构存在欺诈行为时的惩罚性赔偿规则。

（二）案例中折射的法律适用问题

上述案例与本篇第五章所述案例均在判决中显示出以下法律适用的结果：被告保险公司及其销售人员在订立保险合同过程中存在欺诈，应当适用《消保法》的规定，判定保险公司支付 3 倍惩罚性赔偿。这种法律适用的逻辑不无疑问。

在已经存在《保险法》这一专门调整保险关系的部门法的前提下，如果发生保险欺诈，法律适用的应然逻辑是什么？能否如已有案例显示的结果一样，适用《消保法》的规定，要求保险公司进行惩罚性赔偿？

进一步的问题在于：已经存在保险监督管理部门的行政罚款处罚前提下，对实施欺诈的保险公司及其工作人员在保险合同关系的处理结果上仍然需要承担惩罚性赔偿，两相重压，究竟是过犹不及还是恰到好处？

对于存在保险产品销售欺诈行为的保险纠纷案件，能否直接选择适用《消保法》有关惩罚性 3 倍赔偿的规定，成为需要解决的首要问题。①

二、保险销售欺诈适用《消保法》的悖论

（一）两则案例法律适用逻辑梳理

两则案例中，构建的总体法律适用逻辑是：将保险归入“生活消费”的概念范畴，进而纳入《消保法》的调整范围中，在此基础上得出保险销售欺诈应当适用《消保法》有关惩罚性赔偿规定的结论。梳理和综观两则案例法院适用

① “（2016）吉民终 515 号”案件一审二审的判决结果在是否适用《消保法》的惩罚性赔偿规定上结论是相同的，两审判决的不同之处在于赔偿基数的计算标准上，一审判决以全部保险费作为计算惩罚性赔偿的标准，二审判决以保险费和现金价值的差额作为确定赔偿数额的标准。对本案的全面分析包括两个问题：第一，是否适用《消保法》的规定？在这一问题的结论为肯定的前提下，才涉及第二，如何计算惩罚性赔偿？如果第一个问题的结论是否定的，则不存在第二个问题。故此，本书仅涉及有关第一个问题的分析。

《消保法》的基本思路，可知将《消保法》第2条、第28条和第55条作为一个制度链条进行体系解释，在实现法律适用过程：首先，根据第2条获得《消保法》调整范围的规定；其次，将其中的“生活消费”提取出来，有鉴于该法并未直接界定何为生活消费，借助于该法第28条的规定，反向推导出第2条所规定的生活消费包括保险，得出《消保法》调整保险消费的结论；最后，在前一个结论的前提下，最终做出保险消费欺诈适用《消保法》第55条规定的结论。

首先，依据《消保法》第2条规定：“消费者为生活消费需要购买、使用商品或者接受服务，其权益受该法保护。”该条为《消保法》调整范围的规定，为了证明保险属于《消保法》的调整范围，而第2条中并未界定何为“生活消费”，引出对《消保法》第28条的适用。

其次，《消保法》第28条规定：采用网络、电视、电话、邮购等方式提供商品或者服务的经营者，以及提供证券、保险、银行等金融服务的经营者，应当向消费者提供经营地址、联系方式、商品或者服务的数量和质量、价款或者费用、履行期限和方式、安全注意事项和风险警示、售后服务、民事责任等信息。得出保险等金融服务适用《消保法》的结论。

最后，《消保法》第55条第1款规定，经营者提供商品或者服务有欺诈行为的，应当按照消费者的要求增加赔偿其受到的损失，增加赔偿的金额为消费者购买商品的价款或者接受服务的费用的3倍；增加赔偿的金额不足500元的，为500元。法律另有规定的，依照其规定。得出保险销售存在欺诈的，保险公司应当进行惩罚性赔偿的结论。

（二）将保险纳入《消保法》调整有违保险的基本属性

在选择适用《消保法》的前提是明确该法的立法宗旨，该法的适用范围是规定在《消保法》第2条，该条的宗旨在于：鉴于消费者经济力量的微弱，为了平衡在商品交易中以个人力量独立从事交易的消费者与作为生产者的大公司、大企业，尤其是大的垄断集团之间的买卖双方交易能力的失衡，保护消费者的合法权益。

首先，保险的属性是产品而非商品。保险的属性为“产品”而非“商品”：我国并未采用“保险商品”的概念，保险法律、法规和规范性文件中均使用“保险产品”[①] 的概念，在前述保险法律文件中均未使用保险商品的概念。保险商品和保险产品两个概念的差别体现和折射出保险作为一种危险转嫁制度，在

① 我国《保险法》第110条使用的是保险产品的概念，银保监会及之前行使保险监管职能的保监会发布的文件中均使用的是保险产品的概念，如银保监会2019年8月23日颁发的《商业银行代理保险业务管理办法》中使用的就是“保险产品”。

以市场运营的方式开展时的特殊属性。

其次，生活消费的概念藩篱并非不可逾越。《消保法》中并未对何为生活消费进行界定，从该法适用范围的规定，并不能得出保险属于生活消费的结论，也不能得出保险纠纷应当适用该法的结论。原因在于，将消费者作为一个群体加以保护的根源在于其交易关系中的弱势地位，并不在于其参与交易关系的目的本身。以基础的社会关系特点观察，随着职业门类的多样化，加之互联网提供的即时信息交换平台，创造财富的生产活动和消费财富的生活活动界限越来越难以区分，建立在生产和生活区分基础上的生活消费也就更加难以被界定。

依据一般认识，生活消费是人们在生产和生活的过程中消耗物质资料和享受服务的一种经济行为，是相对于生产消费的消费活动。保险的制度功能在于转嫁危险，是以保险费的现实支出应对未来可能发生危险的一种方式。从概念内涵的互斥属性上，保险消费和生活消费存在交叉，但并不完全重合。二者的排斥部分取决于如何界定“生活”，如果生活包括对未来事件的安排，则保险可以完全纳入“生活”涵盖的内容之中；如果生活不包括对未来事件的安排，则保险不能被完全纳入“生活”的范围之内。而对生活是否包括对未来事件的安排并不存在统一的认识①，保险能够被完全纳入生活消费的范畴也就不能得出统一的结论。

最后，《消保法》并未明确将证券、保险、银行等金融服务纳入该法的保护范围。实际上《消保法》在是否调整证券、保险、银行等金融服务的问题上语焉不详。在该法中，只有第 28 条的规定涉及金融服务的内容，如前文所述，该条仅是有关信息提供义务的规定，并非有关法律调整范围的规定，无法从这一规定得出《消保法》将金融服务纳入调整范围的结论。

（三）依据《消保法》第 28 条规定无法得出保险等金融服务适用《消保法》的结论

《消保法》第 28 条规定，“网络、电视、电话、邮购等方式提供商品或者服务的经营者，以及提供证券、保险、银行等金融服务的经营者，应当向消费者提供经营地址、联系方式、商品或者服务的数量和质量、价款或者费用、履行期限和方式、安全注意事项和风险警示、售后服务、民事责任等信息”。

可见，该条规定的是经营者提供信息的义务，保障消费者的知情权。该条不是对“生活消费”的界定，仅是以列举的方式规定金融服务的经营者应当向消费者提供必要信息。既然并非是对何谓生活消费的界定，也就不能得出保险

① 《现代汉语词典》对生活的解释包括五种含义：第一指人或生物的各种活动；第二指进行各种活动；第三指活着，保存生命；第四指生计；第五指方言活儿。

等金融服务适用《消保法》规定的结论，唯一能够得出的结论是，保险等金融服务的经营者应当承担信息提供义务。

（四）保险销售欺诈适用《消保法》规定解释论视角的悖论

从解释论视角观察，两则案例中选择适用《消保法》规定蕴含以下路径：首先，对《消保法》将第 2 条和第 28 条进行体系解释，得出保险应当适用《消保法》的结论，进而得出保险销售欺诈应当适用《消保法》第 55 条规定。但是，如果从立法目的实现，从适用条件和适用结果等维度对《消保法》第 55 条进行解释，得出保险销售欺诈不应当适用第 55 条规定的结论。如此，出现了体系解释和目的解释结论的顺次和关系问题——在体系解释的结论和目的解释的结论出现矛盾时，应当以体系解释的结论解决法律适用的问题，还是应当以目的解释的结论解决法律适用的问题？

从目的解释和体系解释的关系角度分析：体系解释的结论应当服从目的解释的结论。如果说法律是社会生活的调节器①，相较于法律规范的文义解释、体系解释、历史解释等解释方法，目的解释就是法解释方法的调节器。它是连接立法者、解释者、法所调整的社会关系的根本性解释规则。这一判断的理由在于：以效力作为划分标准的法律规范解释（立法解释、司法解释、学理解释）中学理解释是唯一不具有法律约束的解释方法，但是有鉴于立法、司法解释做出的过程，立法、司法解释者的法律思维方法以及立法、司法解释者的受教过程等原因，学理解释成为其他两种具有法律效力的解释类型的根本。而学理解释是与法律适用直接相关联的（至少学理解释的结论来源于或者服务于对法律适用结果），这样，使得学理解释与法律调整的社会关系直接连接。相应的，在以解释方法为标准的法律规范解释类型中，目的解释与学理解释在体现和反映社会关系这一点上是相同或者至少是相通的，两种不同维度和视角的对法律解释做出的划分因为与法所调整的社会关系的相通而连接。故此，从法律作为社会关系调节器的角度，目的解释是学理解释的根源和灵魂所在，也是各种解释方法的根源。

总之，在《消保法》法律适用范围的法条规定中并未对生活消费加以界定，也并未将保险列举为生活消费的范畴之中，无法得出保险销售关系适用《消保法》的结论。在《消保法》信息提供义务的规定中，虽然将保险等金融

① “商法彰显出来的经济历史观对经济与法律关系的精辟解释——法律规范在经济事实面前显得多么苍白无力，事实的本来面目才具有终极的规范意义，它应该服务人生、熨帖人心，而不是用规则的外形去凌辱社会生活的实际”。参见朱慈蕴、毛健铭：“商法探源——论中世纪的商人法”，载《法制与社会发展》2003 年第 4 期。

服务列举其中，但是仅限于信息提供义务。可见，保险销售欺诈适用《消保法》惩罚性赔偿的规定存在诸多法律适用逻辑推理层面、法律解释层面以及事实认定与法规对应层面的漏洞。

三、保险销售欺诈适用《消保法》第55条的悖论

（一）保险销售欺诈与《消保法》第55条立法目的不契合

《消保法》第55条的立法目的在于惩罚实施欺诈行为的经营者，该立法目的是在制假贩假屡禁不止的背景下得以确立的。[①]在探查《消保法》第55条的立法目的之后，需要解决如何在法律适用层面使该立法目的得以贯行的问题。从该立法目的出发，适用《消保法》第55条规定必须包括两个相互衔接的条件：经营者存在欺诈行为、经营者的欺诈行为给消费者造成了损失。不能偏颇地将第55条的规定理解为，只要存在经营者的欺诈，就应当进行惩罚性赔偿。

《消保法》对消费者权益的保护是建立在将消费者和经营者作为对应关系的基础上进行的：因为经营者经济上的强势地位，打破了消费者与经营者之间的利益平衡，借由法律的规定，对处于弱势一方的消费者予以保护。回归至消费者和经营者之间的交易关系，第55条的惩罚性赔偿的规定，在于借由法律强制实施对经营者的惩罚赔偿，实现对经营者非诚信行为的矫正。这种矫正方式的出发点并不是使消费者获利，否则会破坏作为消费者和经营者整体关系基础的诚实信用基石。将立法目的和法律适用结果并同探查可知：对经营者进行3倍惩罚性赔偿的目的不是使消费者获利，而是对经营者的欺诈行为进行惩罚。因而，适用《消保法》第55条的两个条件缺一不可。

将保险销售欺诈基础事实当中的投保人（保险消费者）和保险公司（保险经营者）之间的关系作为观察客体，探查其关系内核可知：保险销售欺诈与《消保法》第55条立法目的并不契合。

保险销售欺诈并非造假制假，保险公司提供的保险产品并非假货，只是保险销售过程中使投保人产生与保险产品真实属性不相符合的误解。这与《消保法》第55条确定惩罚性赔偿时打击假货的立法理由不相契合。保险公司销售的

---

① 2013年对《消保法》的修改，其中一个出发点就是加大对违法行为的惩罚性赔偿力度。其背景为，三聚氰胺奶粉、瘦肉精、地沟油、苏丹红等食品安全事件多有发生，制假贩假行为屡禁不止，将修改前的《消保法》第49条规定的“购买商品的价款或者接受服务费用的1倍”改为“3倍”，即经营者提供商品或者服务有欺诈行为的，应当按照消费者的要求增加赔偿其受到的损失，增加赔偿的金额为消费者购买商品的价款或者接受服务费用的3倍。参见全国人大常委会法制工作委员会民法室：“消费者权益保护法修改的背景和主要内容”，载《中国法律年鉴》2014年第1期，第34页。

保险产品都是经过国家的保险监管机构批准或报备的产品，保险公司在经营保险产品时，其产品质量均由保险监管机构监管，不存在伪劣，山寨产品。那么问题只能出现在产品销售阶段，夸大保险产品的功能，骗取投保人不是自愿加入保险，有违保险自由加入的原则。那么销售阶段出现问题的并非保险公司，而是营销人员。当然营销人员出现问题，向保险公司问责，也是《保险法》规定的精神，并无异议。但是，问题是即便投保人无意加入保险，但是保险产品的功能不曾丧失，若投保方发生保险事故，保险产品的功能照样启动，保险产品的价值并没有降低，其社保的第三支柱的功能照样存在。其与普通商品不同的是，伪劣商品丧失其正常商品应有的物理性功能。

以《消保法》第55条调整保险销售欺诈案件实际上混同了两个要素：保险公司销售人员的欺诈行为所指向的虚拟保险产品与保险公司实际销售的保险产品；投保人交纳的作为保险产品对价的保险费与投保人主观上认为的虚拟的保险费损失。

（二）保险销售欺诈不符合《消保法》第55条的适用条件

保险销售欺诈不符合《消保法》第55条的适用条件。《消保法》第55条规定："经营者提供商品或者服务有欺诈行为的，应当按照消费者的要求增加赔偿其受到的损失，增加赔偿的金额为消费者购买商品的价款或者接受服务的费用的3倍。"该条以概括的方式规定经营者提供商品或者服务存在欺诈行为的，需要进行惩罚性赔偿。适用该法条的条件可以从主客观两个维度加以确定：主观上，需要满足经营者的经营行为存在欺诈的条件；客观上，该法条适用的条件包括两个方面：第一，惩罚性赔偿限于经营者提供商品或者服务行为；第二，惩罚性赔偿限于消费者受到损失。

在保险销售欺诈中，销售行为本身虽然存在欺诈，但是消费者购买的保险产品是保险公司经过保监会批准或者备案的保险产品，保险产品本身并不存在欺诈；消费者确实交纳了保险费，但是保险公司也提供了作为该保险费对价的保险产品，消费者并不存在因为其所购买的保险产品而造成的任何损失。

从投保人的角度，保险销售欺诈的行为结果并未导致投保人发生《消保法》第55条所谓的损失。虽然该法条中并未明确界定何为适用该法条应当满足的损失条件，但是与该法条的立法理由、立法目的并同观察，《消保法》第55条所谓的损失，应当是指与"制假贩假"具有同一匹配程度的经营者，因为欺诈经营而对消费者造成的损失，这种损失不仅仅是从消费者角度衡量的，同时也是从"假货"所能造成的损失程度衡量的。

与第55条立法目的匹配的损失应当被界定为：因为经营者的制假造假行为

以及假货本身，造成的消费者人身和财产的损失。保险销售欺诈中投保人并未产生与前述损失程度相匹配的损失后果，投保人因为销售欺诈而购买了自己不知道真实情况的保险产品，而这种“误购”只是产生与保险公司订立保险合同结果的行为，并非产生投保人实际损失的结果。

（三）保险销售欺诈适用《消保法》第55条易于滋生消费者的不诚信行为

深度挖掘消费者和经营者的关系基础，符合诚实信用的基本要求，应当是第55条立法基石。对消费者损失的填补和对经营者欺诈行为的惩罚是共生于消费者和经营者的利益关系之中的，而对二者的利益加以均衡考量，应当是《消保法》以第55条为路径将二者关系向诚实信用方向矫正的深层立法基石——惩罚欺诈的经营者的终极目的，是使之能够回归诚实信用经营的市场交易主体应有的本位。

如果适用《消保法》第55条规定，判令保险销售欺诈的保险公司进行3倍赔偿，投保人获益远超保险合同条款约定的获益标准。（2016）吉民终515号案件中，即使依照保险销售人员承诺的6.32%的收益标准，67万保险费1年的收益金额是432.44元。而依据人民法院现有判决，石田某某会获得301 500元的款项，是销售欺诈人员承诺的收益水平的697.2倍数。（2016）苏民申5562号案件中，投保人尤某已经交纳9年保险费，已经从保险公司获得120 000元的分红收益。如果依据再审判决结果，尤某可以获得621 000元的赔偿，是其之前9年交纳保险费所获分红收益的5.175倍。利之所在，人趋之若鹜。保险销售欺诈适用《消保法》第55条的结果，极易滋生投保人对惩罚性赔偿利益的追逐，破坏保险关系的诚实信用基础。

（四）保险消费欺诈适用《消保法》第55条有损投保群体利益

在保险消费中，如果适用《消保法》的惩罚性赔偿，惩罚保险公司，这样的结果表面看是惩罚了保险公司，但是实际上是惩罚了广大投保群体，损害了投保群体的利益。

其缘由是，保险经营的原理是根据“大数法则”展开保险经营，保险公司经营的保险产品，都是独立账户，独立核算，独立盈亏。因为，其是根据保险互助的精神，让参加某一个保险产品的投保方都具有相同或相似的事故发生的风险率，对这些事故发生的风险率，根据大数法则预测其风险发生率，然后根据其风险发生率厘定保费，制作出合乎大数法则和精算规则的保险产品，向风险率基本相同的大众进行销售。那么在同一保险产品中的投保方（含被保险人）的风险率基本相同，当某一投保人或被保险人发生保险事故时，基本上都是预测中的风险，保险公司将会从该保险产品的投保人交纳的保费中，拿出保险金需要补偿给投保方（被保险人或受益人）。所有的风险率都是事先根据历来社会上实际发生风险的经验数据，通过精密计算方厘定出适合该风险率的费率。

如果，3 倍惩罚性赔偿发生在该保险产品中，那么，由该产品账户支出的赔款，其实超出了预测精算的风险，那么，这种意外的支出将会给全体加入该保险的投保方带来损失。因为，大家交纳的保费其实不是保险公司的盈利，是保险公司的负债，这些钱是用来支付群体中发生保险事故的投保方，为他填补损失。

这种互助性行为是商业化保险经营的属性，其通过精确的计算，预收保费，赔付保险金是为预估风险发生时买单。如果发生了 3 倍惩罚性赔付，那么至少会发生以下几种不利于投保方的事情发生。

（1）如果因上述金额的支付，超越了通过精密计算的预测风险率时，而当其他投保方发生保险事故时，有可能会出现该保险产品中的余额将无法向其他投保方支付保险金。例如有些分红型寿险产品，会通过保费的资产运用等所产生的“利差益”“死差益”“费差益”，最终将收益通过分红的形式反馈给投保方，如果因不当赔付的出现，将无法获益。

（2）如果该保险产品的保险风险预测因上述金额的支付，出现失控，那么将会使其他投保人员无端受损，最后导致该产品收支赤字，有可能关闭该保险产品的销售，使得投保群体利益受损。

综上，我们的结论是：保险销售欺诈不应当适用《消保法》第 55 条的规定。

四、保险销售欺诈适用保险法规定的立论

（一）保险销售欺诈适用保险法规定是解决法律冲突的路径

前述两则案件的判决，选择适用了《消保法》，法官在审理案件的过程中，是面临在独立的商事部门法——《保险法》和《消保法》如何选择适用法律的抉择的①：适用专门调整保险法律关系的《保险法》，还是适用保护消费者的《消保法》的规定？同为人大及其常委会制定颁布的法律②，两部部门法属于同

① “法律冲突是法官头脑中的一个矛盾的反应，就是法律选择上的矛盾。”李兰英：“契约精神与民刑冲突的法律适用——兼评保险法第 54 条与刑法第 198 条规定之冲突”，载《政法论坛》2006 年第 6 期，第 167 页。肖永平：《肖永平论冲突法》，武汉大学出版社 2002 年版，第 4 页。

② 《保险法》是 2015 年 4 月 24 日，第十二届全国人民代表大会常务委员会第十四次会议最新修正的；《消费者权益保护法》是 2013 年 10 月 25 日，第十二届全国人民代表大会常务委员会第五次会议通过的。

位阶的法律，相同的法律事实存在适用两部法律可能性的前提下，就产生了法律冲突。①

解决法律冲突的重要方法是对法律进行解释②，需要探究两部部门法对关涉保险欺诈销售社会关系调整规则的区别，进而对两部部门法的制度链条进行符合案件反映出的保险法律关系实质的解释——“法律解释将案件事实和案件要适用的法律相结合，通过解释来诠解案件事实的法律效果。在这个过程中，案件事实是产生法律解释的客观材料，法律事实的具体形态决定了法律解释的框架和内容，法律解释沿着案件事实的脉络进行深度和广度的延伸。”③ 进而选择适用更加符合案件纠纷本质属性的部门法。

前述对保险销售欺诈的法律适用逻辑是以《保险法》和《消保法》的调整范围为核心展开的，有鉴于《保险法》调整保险关系，《消保法》第 2 条和第 28 条进行体系解释的结果，是保险可以纳入该法的调整范围。这样，保险销售欺诈就可以同时适用两个部门法的调整，如此产生法律冲突。但是，回溯至保险销售欺诈法律事实本身，以及部门法的各个构成法律规范的独立性角度，我们可以获得与保险销售欺诈的法律适用更具有精准对应性的路径是回到《保险法》以及《消保法》规定的保险销售欺诈的法律后果，将两者进行比对，选择更能体现保险销售欺诈本质属性的规定予以适用。

（二）保险销售欺诈适用《保险法》规定的路径

我国《保险法》针对保险销售欺诈做出明确规定，《保险法》对保险公司及其工作人员开展保险业务时存在欺骗投保人等主体的行为，做了专门的禁止性规定（《保险法》第 116 条），一旦保险公司及其工作人员实施该行为，由保险监督管理部门责令改正，处 5 万元以上 30 万元以下的罚款；情节严重的，限制其业务范围，责令停止接受新业务或者吊销业务许可证（《保险法》第 161 条）。在保险合同法部分，没有直接规定如果保险公司及其工作人员实施了欺骗投保人行为产生何种法律后果。

我国《保险法》是专门调整保险法律关系的部门法，对涉及保险纠纷均有

---

① “法律冲突是两个或两个以上的不同法律同时调整一个相同的法律关系而在这些法律之间产生矛盾的社会现象。一般来说，只要各法律对同一问题做了不同的规定，而当某种事实又将这些不同的法律规定联系在一起时，法律冲突便会发生”。肖永平：《肖永平论冲突法》，武汉大学出版社 2002 年版，第 4 页。

② “司法和执法机关在适用法律时对法律的解释，是排除法律冲突的重要手段。”蔡定剑：“法律冲突及其解决的路径”，载《中国法学》1999 第 3 期，第 58 页。

③ 池海平：“法律发现——司法过程中使用的一种法律方法”，载《政法论丛》2009 年第 3 期，第 95 页。

约束力。在部门法划分的立法、法律调整对象、理论依据等多个维度上均与《消保法》存在差别。本案所涉及的是保险合同关系争议，应当适用我国《保险法》的规定处理。越过保险法规定，直接适用其他部门法的规定有违立法和法律适用的基本规律。

保险是“分散危险，消化损失”的制度，保险公司经营保险产品的过程的表面，和其他商品的经营过程相同，都是一方向另一方提供商品或者服务，获得商品或者服务一方支付价款。但是，保险产品的经营存在特殊性：保险公司仅仅是用投保群体汇集起来的保险费，支付发生危险的特定投保人保险金的“介质”。

虽然保险属于产品，但有专门的保险法调整，脱离保险监管和保险行业的操作规程，除非保险产品的特殊性无法在前述法律框架中得到调整，才诉诸其他部门法。一般情况下，保险产品的收益均以保险基金支付，即使保险公司存在欺诈，也不能以保险基金支付惩罚性赔偿款项，否则侵害投保群体的利益。从大数法则和保险运营的基本原理，不应当适用惩罚性赔偿的规定，不能从保险基金支付。

惩罚性赔偿是商品生产经营者存在欺诈时，由该商品生产经营者支付惩罚性赔偿，以达到对直接欺诈主体的惩戒目的。但是保险产品是保险公司经营的，以投保群体交纳的保险费汇集而成保险基金，再由保险基金支付保险金的产品。保险公司仅仅是保险产品的经营者，并不是保险产品的生产者。与一般的产品比较而言，保险产品并非生产经营者的。

“一赔三”如果在保险基金中支付，则成为新的支付风险，而这一风险是无法纳入大数法则的精算之中的。从法律后果上看，保险公司用以支付惩罚性赔偿费用的不是其利润，不是其自由资本，而是保险基金。如果支付了惩罚性赔偿，直观的后果是保险公司用来支付保险金的资金减少，更深一层的后果是投保群体的利益遭受损失。

（三）保险销售欺诈适用《保险法》规定的法律后果

保险法律规范体系是以监管部门的行政罚款方式规制和预防保险销售欺诈行为的发生的，（2016）吉民终515号案件中涉及的保险公司违规行为，银保监会已经下发了行政处罚书，对保险公司的违法行为实施了行政罚款。[①] 保险监督管理机构的处罚行为和结果，实质是代表投保群体利益对违法经营的保险公

① 吉保监罚〔2017〕7号、8号行政处罚书显示，对违法的保险公司欺骗消费者的行为罚款5万元人民币。

司进行的，同投保群体作为“隐性的、实质意义上的保险合同当事人”[①] 利益保护路径相匹配：从群体构成的宏观特征视角分析，投保群体的利益保护与公共利益的保护具有路径的同一性，需要借助于利益代表机构实现。保险法将这种代表机构确定为保险监督管理机构，依据我国《保险法》第133条规定：“保险监督管理机构…对保险业实施监管管理，维护保险市场秩序，保护投保人、被保险人和受益人的合法权益。”

在投保人和保险公司的保险合同关系层面，对“保险销售欺诈”这一事实进行分解，并与保险经营过程进行连接，可以获得三个核心要素：订立保险合同，保险销售欺诈，保险公司出售保险产品。这三个要素形成两个层次的关系：第一，基于保险交易外观，投保人并非和保险销售人员订立保险合同，而是和保险公司订立保险合同。第二，基于保险交易过程，保险销售和保险公司之间是代理和被代理的相互衔接的经营行为。被欺诈的投保人行使请求权的主体选择问题上，从保护投保人的视角出发，应当将第一层关系中的保险公司作为被请求权行使的对象，将第二层关系的保险销售作为保险公司追偿的次顺位关系。[②]

（1）保险公司与投保人的保险合同关系的处理。因为保险公司及其销售人员的欺诈，导致投保人与保险公司订立了保险合同，我国《保险法》并未直接规定保险销售欺诈的问题，应当适用《合同法》有关合同欺诈的规定。从发布机关上判断，《合同法》和《保险法》是一般法和特别法的关系：我国《合同法》是由全国人民代表大会制定的，《保险法》是全国人民代表大会常务委员会制定的。保险合同和合同关系的种属性决定了合同法与保险法的一般法和特别法关系，根据特别法和一般法适用的规则，如果《保险法》没有规定，应当适用《合同法》的规定。根据我国《合同法》第54条规定，当事人一方存在欺诈的，另外一方有权撤销合同。依据《合同法》第58条的规定，合同被撤销后，因合同取得的财产，应当予以返还，有过错的一方应当赔偿对方因此所受到的损失。保险公司应当退还保险费，如果投保人存在损失，应当由保险公司代为赔偿，然后向欺诈主体求偿（针对本书论及的两个案件，投保人的可追偿损失为保险费的利息）。

（2）对保险销售欺诈法律适用路径的反思。表层的法律适用结果，虽然投

① 潘红艳：“论保险法对投保群体利益的保护”，载《法律与社会发展》2019年第4期，第209页。

② 为了集中论述符合投保人交易外观的保险合同层面法律关系，我们剔除了保险销售人员属于无权代理的情况，只将保险销售欺诈限于保险销售人员为有权代理和构成表见代理的情况。

保人不能取得惩罚性赔偿，但是符合保险经营和保险产品属性。在保险产品的经营销售中，个体的、具体的投保人，背后是投保群体。投保群体的利益借由保险法律制度，经由保险监管职能的发挥而得以保护，而无法或很难以投保群体的法律主体形式获得保护。

以保险监管部门代替投保群体，对侵害投保群体利益的行为进行处罚这样的做法，与《消保法》中实施惩罚性赔偿的法律规定存在功能的共通与差异。保险消费者本身就是一个群体概念，投保群体是蕴含在保险产品中的，基于保险的运行原理而形成的群体。一般消费者是基于经济力量对比的外部性因素而形成的群体。一般消费者与经营者之间是一对一的关系，将消费者作为一个群体加以保护，是出于该群体与经营者之间的经济实力对比，并非出于消费者群体内部的共同属性。保险消费者（投保群体）与保险经营者是多对一的关系，投保群体和保险经营者具有利益的对应性。

采取保险监管部门进行行政处罚，对欺诈的保险公司进行罚款，起到了震慑和预防欺诈行为发生的结果。在投保个体和保险公司的合同关系上，采取解除合同、退还保险费的方式使得存在欺诈的保险合同回归至合同订立之前的状态即可。不能双轨并行，既适用保险法律体系的方式处理，又适用消费者保护法律体系的方式处理：实施所谓的惩罚性赔偿，否则侵害的是与个体投保人内在利益共生的投保群体的利益。

可见，我国既有案例中显现出来的，保险销售欺诈适用《消费者权益保护法》的逻辑进路并非必然成立，即使消费者权益保护法体系解释已经能够调整保险消费，但是3倍赔偿的具体规定不应当适用。在我国《保险法》已经以偏重保护投保人利益为立法导向的前提下，应当适用更符合保险基本属性的《保险法》规定，以避免法律冲突。

（四）保险销售欺诈法律适用问题的展望与结论

2000年，英国颁布《金融服务市场法》（*Financial Service and Market Act*，FSMA），保护金融消费者①的权益。2008年美国“金融海啸”发生以来，世界各地纷纷检讨金融法制规范，施行新的立法，如日本2008年施行的《金融商品交易法》、美国2010年实施《华尔街改革与消费者保护法》，我国台湾地区2011年颁行的“金融消费者保护法”，均对金融消费加以独立“部门法”调整，以强化金融消费者对金融市场的信心。所有这些事实表明，金融消费者保护法（或称为金融服务法）成为各国和地区调整金融消费者保护关系的立法趋势。

---

① 依据英国《金融服务市场法》第425A及425B条的规定：金融消费者是“消费者为购买金融商品与接受金融服务之投资者的统称”。

如果未来我国也制定专门的金融服务法，保险法已经规定的内容，也不宜纳入该法之中，或者做出保险纠纷准用保险法的规定。现实的《消费者权益保护法》和未来的金融服务法，在部门法设置的调整范围和具体的法律规范体系折射出的问题视域，应当也必须考虑到既有的部门法在调整范围、立法主旨、既有规则等方面已经做出的规定；相应的，针对同一法律事实可以适用两个以上部门法，产生法律适用冲突时，在选择适用法律时，应当也必须对法律适用存在交叉、重叠的部门法的宏观调整范围与具体法律规定做出协调，从法律事实的本质属性出发，综合衡量各个部门法的具体法律规定的立法主旨，同时对比不同规定的法律后果与法律事实的本质属性的匹配度，做出法律适用的选择。

我们以图 8.1（保险销售欺诈法律适用图）对全文的论述做总结。

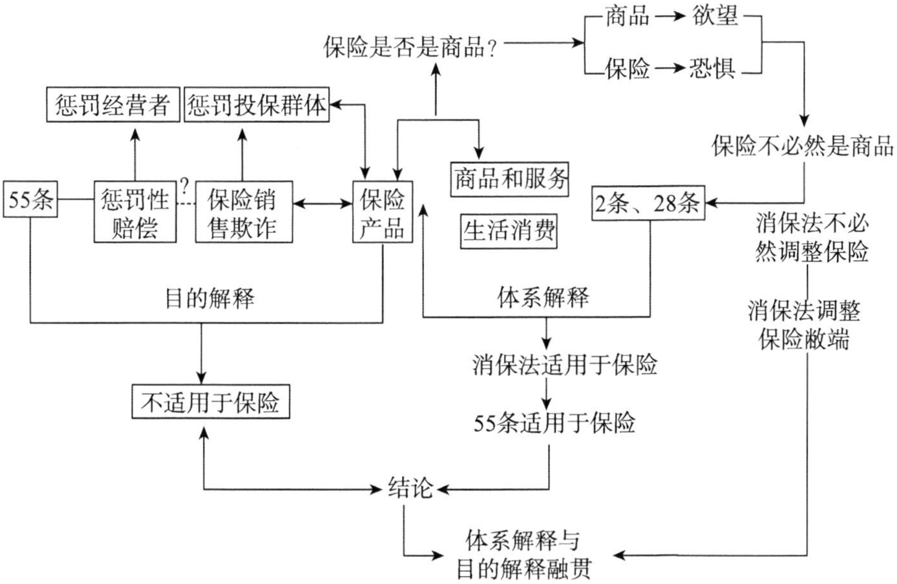

图 8.1　保险销售欺诈法律适用图

保险销售欺诈案件应当回归至保险销售的基本事实，将投保人置于与保险公司的关系之中进行观察，寻找到符合保险基本原理、符合保险法律制度逻辑的法律适用路径。剔除追求投保人获利最高结果为目的的导向的法律适用结果，将保险产品和《消保法》所规定的商品和服务以及生活消费做比对，揭示保险产品和商品以“人类欲望和恐惧”为裁取工具的区别。将《消保法》中第 2 条和第 28 条进行体系解释的结论，同该法第 55 条的目的解释结论进行并同观察，得出保险销售欺诈不应当适用《消保法》规定的最终结论。然后再深入探查

《保险法》调整保险销售欺诈关系的制度，获取保险销售欺诈法律适用的正确路径。

参考文献

1. 潘红艳. 论保险法对投保群体利益的保护［J］. 法制与社会发展，2019（4）.

2. 朱慈蕴，毛健铭. 商法探源——论中世纪的商人法［J］. 法制与社会发展，2003（4）.

3. 全国人大常委会法制工作委员会民法室. 消费者权益保护法修改的背景和主要内容［J］. 中国法律年鉴，2014（1）.

4. 李兰英. 契约精神与民刑冲突的法律适用——兼评保险法第54条与刑法第198条规定之冲突［J］. 政法论坛，2006（6）.

5. 肖永平. 肖永平论冲突法［M］. 武汉：武汉大学出版社，2002.

6. 蔡定剑. 法律冲突及其解决的路径［J］. 中国法学，1999（3）.

7. 池海平. 法律发现——司法过程中使用的一种法律方法［J］. 政法论丛，2009（3）.

下　篇

保险判例综合评述

第九章　人寿保单现金价值强制执行纠纷案

一、人寿保单现金价值的司法实践及其反思

（一）人寿保单现金价值的司法实践

当人寿保单的投保人无法清偿到期债务时，如果债务人是个人，债权人可否向法院申请强制执行其人寿保单的现金价值。现行法律对此无明确规定，司法实务中，各地法院对此问题的看法也并不统一。

案例一：投保人甲与保险公司乙签订了一份分红型人寿保险合同，被保险人为甲。因投保人甲未能按时履行其债务，债权人丙向法院提出执行相关保险的现金价值，法院于是向保险公司乙发出了协助执行通知书。保险公司乙不服，向法院提出书面异议。法院经审查，驳回了保险公司乙的异议请求。①

案例二：投保人甲与保险公司乙签订了7份人寿保险合同，被保险人为其子女丙、丁，生存保险金受益人丙、丁，身故保险金受益人法定。因投保人甲不能偿还所欠债务，经债权人戊申请，法院作出强制执行保险的现金价值的裁定，投保人甲不服，向上一级人民法院申请复议，法院经审理撤销原裁定，并将之前划扣的保单现金价值退回保险公司乙。②

案例三：投保人甲与保险公司乙签订了7份人寿保险合同，后投保人甲与债权人丙因借贷纠纷，经法院调解，达成调解协议。投保人甲未能按生效调解书履行义务，债权人丙向法院申请强制执行相关保单的现金价值。法院对保单项下的保险权利予以冻结并对保险公司乙下发协助执行通知书。投保人甲对此提出执行异议，要求中止执行。法院经审理认为："冻结投保人的

① "中国人寿保险股份有限公司阳泉分公司执行异议执行案"［山西省阳泉市中级人民法院（2018）晋03执异3号］，https：//www. jufaanli. com/wenshu/bm91ICow，访问日期：2019年3月1日。

② "虞春燕、黄友录诉陈敏民间借贷纠纷执行异议案"［浙江省温州市中级人民法院（2014）浙温执复字第36号］，https：//www. jufaanli. com/wenshu/521cee9097eed01f510fcd7ca351e91d/？q =% EF% BC% 882014% EF% BC% 89% E6% B5% 99% E6% B8% A9% E6% 89% A7% E5% A4% 8D% E5% AD% 97% E7% AC% AC36% E5% 8F% B7&src = search，访问日期：2019年3月1日。

保单权利和收益符合法律规定，但在保险合同履行期间直接扣划保险费不当。扣划到期收益或现金价值数额应依据相关保险合同条款确定。”法院在撤销保险公司的协助执行通知书的同时，驳回了投保人甲请求中止执行保单权利的异议。①

上述 3 个案例均是法院对异议人因债权人申请强制执行人寿保单的现金价值所提出异议的裁定。案例一中的法院对强制执行人寿保单现金价值持肯定态度；案例二中的法院对强制执行人寿保单现金价值持否定态度；案例三中的法院裁定，“冻结保单的相关权利的同时，在保险合同存续期间不划拨人寿保单的现金价值”。这实质上是对强制执行人寿保单的现金价值持肯定态度。

人寿保单现金价值的强制执行可以分为冻结等保全性执行措施和划拨等处分性执行措施。案例一和案例三的法院都认可保单现金价值的强制执行，区别在于案例一的法院在执行程序上选择“收入执行程序”，实质上将人寿保单现金价值与投保人的收入或储蓄画等号，于是法院选择处分性执行措施：代为解除保险合同，强制划拨保单的现金价值。案例三的法院在执行程序上选择“到期债权执行程序”，实质上将保单现金价值与到期债权画等号，于是法院选择保全性执行措施：冻结保单相关权利，在合同存续期间不划拨人寿保单的现金价值。由于缺乏强制性，仅仅冻结保单相关权利，人寿保单的现金价值在实践中仍然难以执行。上述 3 个案例裁定的结果和理由反映出在没有明确的法律规定之前，法院对人寿保单现金价值强制执行的处理结果存在一定的差异甚至截然相反。所以有必要对此问题进行梳理，以期指导实践。

（二）对人寿保单现金价值司法实践的反思

在司法实践中，支持人寿保单现金价值强制执行的法院，往往将《民事诉讼法》第 242 条作为强制执行的法律依据，以此解除投保人与保险公司之间的保险合同，执行人寿保单的现金价值。

---

① “赵秀珍、宋新生与赵秀珍民间借贷纠纷执行异议案”［潍坊市奎文区人民法院（2015）奎执异字第 30 号］，www. pkulaw. cn/case/pfnl _ a25051f3312b07f3ec7970954af020bb437c38408fc2911cbdfb. html? keywords = % EF% BC% 882015% EF% BC% 89% E5% A5% 8E% E6% 89% A7% E5% BC% 82% E5% AD% 97% E7% AC% AC30% E5% 8F% B7&match = Exact，访问日期：2019 年 3 月 1 日。

1. 应否适用《民事诉讼法》第242条

《民事诉讼法》第242条①对强制执行的对象进行了列举，但并没有穷尽。有的法院认为人寿保险具有储蓄属性，保单现金价值与银行存款性质相同，将保单现金价值纳入《民事诉讼法》第242条的执行范围。案例一中的法院就是以此作为理由之一，驳回了保险公司的执行异议。探寻法院判决的逻辑，实质上是把保单现金价值与银行存款画等号，对被执行人银行存款的执行，其实就是强制性地替代被执行人行使了储蓄存款合同的任意解除权，法院可以依据《民事诉讼法》第242条执行被执行人的银行存款，同理也可依据该法条执行保单的现金价值，因此，《民事诉讼法》第242条在保单现金价值强制执行案件中具有适用性。

虽然人寿保险合同与银行存款合同相似，具有一定的储蓄属性，但二者之间仍然存在本质上的区别：第一，目的性不同。人寿保险具有极强的互助性，体现的是“人人为我，我为人人”的保险宗旨，目的在于分散危险、分摊损失。储蓄是纯粹的个体行为。它属于依靠自身力量应付风险的方法，目的是用减少现时支出来弥补未来增加的支出。第二，性质不同。在人寿保险合同中，保险公司退还保单的现金价值是有条件的，需要保险合同的解除。所以投保人对保单的现金价值是一种附条件的债权。而在银行的储蓄合同中，存款人享有的是一种附期限的债权，即使存款人提前取款，也只是牺牲自己部分的利益，银行的给付义务是确定的。第三，利益性不同。人寿保险合同除了分红和利息外，还包括被保险人或受益人的生存利益和死亡利益。例如，定期寿险的被保险人死亡时，其受益人所获得的保险金是由投保人交纳的保险费的一部分、寿险责任准备金和利息以及在保险期满时被保险人仍生存保单的部分保费和利息组成；定期生存保险的被保险人期满生存时，其所获得的保险金是由投保人交纳的保费和利息组成。而储蓄者将钱存入银行，一定时期后，获得的金额只是本金及本金产生的利息之和。② 第四，涉及的主体不同。人寿保险合同，涉及的主体较多，包括保险合同的当事人（投保人、保险公司）、保险合同的关系人（被保险人、受益人）以及保险合同的辅助人（保险代理人、保险经纪人），涉及第三方的利益。而银行的储蓄合同仅包括合同的当事人即存款人和银行，

① 《民事诉讼法》第242条规定，被执行人未按执行通知履行法律文书确定的义务，人民法院有权向有关单位查询被执行人的存款、债券、股票、基金份额等财产情况。人民法院有权根据不同情形扣押、冻结、划拨、变价被执行人的财产。人民法院查询、扣押、冻结、划拨、变价的财产不得超过被执行人应当履行义务的范围。人民法院决定扣押、冻结、划拨、变价财产，应当作出裁定，并发出协助执行通知书，有关单位必须办理。

② 陶存文：《人寿保险理论与实务》，高等教育出版社2011年版，第13页。

并不涉及第三方的利益。第五，法律后果不同。在人寿保险合同中，提取保单现金价值的前提是保险合同的解除，而合同解除带来的保单现金价值与维持保险合同有效所获得的保险利益相比，价值太小，所以在实践中投保人一般不会轻易解除保险合同。而储蓄者可以根据需要随时提取银行存款，即使是定期存款也可随时提取，损失的只是少量利息。所以在实践中，储蓄者随时提取存款已是生活中的常态。因此，当法院对债务人的存款进行强制执行时，银行一般不会提出异议，而当法院对保单现金价值进行强制执行时，保险公司往往会提出异议①。综上，人寿保单现金价值与银行存款存在本质差异，《民事诉讼法》第242条在人寿保单现金价值强制执行案件中并不适用。

人寿保险合同的权利人享有的财产权益一般包括保单红利和保单的现金价值，本书认为法院在强制执行时应当将二者进行区分。人寿保单现金价值不属于《民事诉讼法》第242条适用的财产范围，而保单红利是保险公司分配给投保人的盈余，投保人按约定的方式领取，投保人对其拥有确定的债权，与银行存款具有一样的属性，属于《民事诉讼法》第242条适用的财产范围。在司法实践中，部分法院作出了类似判决，“要求复议人协助执行扣划被执行人朴某某在中国人寿保险股份有限公司玉田支公司的保险投保金（保险费）至河北省玉田县人民法院，势必造成双方所达成保险合同的强制予以解除，显然违背自愿原则。但根据朴某某向复议人所投保的保险性质即国寿福禄尊两全（分红型）商业人身保险，执行法院可对该保险合同所产生的分红予以执行”②。案例三的法院也持此观点，“扣划到期收益或现金价值数额应依据相关保险合同条款确定”。

2. 法院代为解除保险合同强制执行存在的问题

法院代为解除保险合同即法院代投保人直接解除保险合同，在司法实践中，法院强制执行人寿保单现金价值时，先通过向保险公司发放《协助执行通知书》，由执行人员代替投保人填写解除保险合同的申请，保险公司依据该申请解除保险合同，协助法院对人寿保单现金价值进行划扣。或者法院向保险公司

① “中国人寿保险股份有限公司玉田支公司、宋某某等与刘某某民间借贷纠纷执行案”［河北省唐山市中级人民法院（2016）冀02执复47号］；“中国平安人寿保险股份有限公司与王某某、王某执行异议案”［湘潭市岳塘区人民法院（2018）湘0304执异20号］；“中国人寿保险股份有限公司昌邑市支公司、张某某与逄某某买卖合同纠纷执行案”［山东省昌邑市人民法院（2014）昌执异字第2号］；“中国人寿保险股份有限公司新乐支公司复议案”［河北省石家庄市中级人民法院（2015）石执审字第00070号］；上述案件在法院强制执行保单现金价值时，均为保险公司提出执行异议。

② “中国人寿保险股份有限公司玉田支公司、冯某某等与朴某某买卖合同纠纷执行案”［河北省唐山市中级人民法院（2016）冀02执复54号］。

发放《协助执行通知书》，直接对保单现金价值进行划扣（实质上隐含了一个解除保险合同的行为）。本书认为，法院代为解除保险合同并没有法律依据。由于合同的解除缺乏合法性，在法院权威性受到不利影响的同时，保险公司的法律风险也随之增加。

（1）法院代为解除合同无法律依据。保险合同的解除是指在保险合同生效后，有效期届满之前，经过双方当事人的协商，或者由一方当事人根据法律规定或合同的约定行使解除权，从而提前结束合同效力的法律行为。[①] 合同的解除分为法定解除和约定解除，当事人之间的约定解除，只要约定明确，且不违反法律法规的强行性和禁止性规定就有效，本书不再论述。关于保险合同的法定解除，《保险法》规定了保险人在限定条件下享有的解除权和投保人享有的任意解除权。

根据《保险法》的相关法条可知，保险人仅在以下几种特定的情形下享有保险合同的解除权：①投保人违反告知义务（《保险法》第 16 条[②]）；②投保人、被保险人违反防灾减损义务（《保险法》第 51 条[③]）；③被保险人违反危险增加义务（《保险法》第 52 条[④]）；④投保人、被保险人或受益人故意制造保险事故（《保险法》第 27 条[⑤]）；⑤人身保险合同的投保人申报被保险人年龄不真实（《保险法》第 32 条[⑥]）；⑥效力中止的人身保险合同逾期未复效（《保险

① 彭虹、豆景俊主编：《保险法》，中山大学出版社 2003 年版，第 106 页。

② 《保险法》第 16 条规定，订立保险合同，保险人就保险标的或者被保险人的有关情况提出询问的，投保人应当如实告知。投保人故意或者因重大过失未履行前款规定的如实告知义务，足以影响保险人决定是否同意承保或者提高保险费率的，保险人有权解除合同。

③ 《保险法》第 51 条规定，被保险人应当遵守国家有关消防、安全、生产操作、劳动保护等方面的规定，维护保险标的的安全。投保人、被保险人未按照约定履行其对保险标的的安全应尽责任的，保险人有权要求增加保险费或者解除合同。

④ 《保险法》第 52 条规定，在合同有效期内，保险标的的危险程度显著增加的，被保险人应当按照合同约定及时通知保险人，保险人可以按照合同约定增加保险费或者解除合同。保险人解除合同的，应当将已收取的保险费，按照合同约定扣除自保险责任开始之日起至合同解除之日止应收的部分后，退还投保人。

⑤ 《保险法》第 27 条规定，未发生保险事故，被保险人或者受益人谎称发生了保险事故，向保险人提出赔偿或者给付保险金请求的，保险人有权解除合同，并不退还保险费。投保人、被保险人故意制造保险事故的，保险人有权解除合同，不承担赔偿或者给付保险金的责任；除本法第 43 条规定外，不退还保险费。

⑥ 《保险法》第 32 条规定，投保人申报的被保险人年龄不真实，并且其真实年龄不符合合同约定的年龄限制的，保险人可以解除合同，并按照合同约定退还保险单的现金价值。保险人行使合同解除权，适用本法第 16 条第 3 款、第 6 款的规定。

法》第37条[①])。由于保险人和被保险人地位悬殊,《保险法》严格限制了保险人的法定解除权,这也是保险法追求实质公平价值取向的体现。

《保险法》第15条[②]规定了投保人享有保险合同的任意解除权。保险合同成立后,除法律另有规定[③]或保险合同另有约定外,投保人在保险合同成立后的任何时间,都可以提出解除保险合同,这是投保人的法定解除权。有观点认为,该条文的立法本意是保护投保人,防止投保人的利益受到保险人的侵害,使长期的人身保险处于稳定状态。相对于保险公司而言,投保人处于弱势地位,该法条的目标是通过保险人的合同解除权,以使保险合同双方当事人的法律地位实现实质平等,而非限制有权机关对投保人的强制执行权。人民法院在执行中强制解约并提取被执行人人寿保单现金价值的行为与本条的立法本意并不冲突。[④] 我们从立法目的解释的角度来探析《保险法》第15条的立法本意,可知该法条的立法目的不是限制权力机关对投保人的强制执行,但也并不意味着法院可以依据该法条在执行中强制解除保险合同。人寿保单现金价值可以执行和怎么执行是两个不同的问题,《保险法》第15条虽然没有限制法院对人寿保单现金价值的强制执行,但也没有为法院强制解除保险合同提供依据,显然该观点是不合理的。

通过对《保险法》规定的合同约定解除权和法定解除权的分析可知,人民法院代为解除保险合同没有法律依据,破坏了合同的相对性。虽然执行难是我国司法实践中的难题,但破解执行难也不应破坏《合同法》《保险法》的合同自愿原则以及市场经济的稳定。

(2)法院权威的树立受到影响。有观点认为,法院的强制执行程序在本质上就是替代被执行人对其所享有的财产权益进行强制处置,从而偿还被执行人所欠的债务。如果处分被执行人的财产权益尚要受被执行人意志左右,将有违

---

① 《保险法》第37条规定,合同效力依照本法第36条规定中止的,经保险人与投保人协商并达成协议,在投保人补交保险费后,合同效力恢复。但是,自合同效力中止之日起满2年双方未达成协议的,保险人有权解除合同。保险人依照前款规定解除合同的,应当按照合同约定退还保险单的现金价值。

② 《保险法》第15条规定,除本法另有规定或者保险合同另有约定外,保险合同成立后,投保人可以解除合同,保险人不得解除合同。

③ 《保险法》第50条规定,货物运输保险合同和运输工具航程保险合同,保险责任开始后,合同当事人不得解除合同。

④ 华承承:"人身保险现金价值强制执行法律问题研究——兼浙高法执〔2015〕8号文理解与适用",载《(2017)浙江保险科研成果选编》,第430—431页。

执行程序的强制性[1]。该观点没有认识到保险合同的特殊性，以维护执行程序的强制性为由，支持人民法院直接解除保险合同，片面强调执行程序的强制性。殊不知，执行程序的开展依赖的是合法合理的法律文件，而人民法院通过《协助执行通知书》来解除保险合同并没有法律依据。在没有合法依据的情况下，直接采取强制执行手段解除保险合同，势必对人民法院权威的树立带来不利影响。

（3）保险公司法律风险增加。法院在强制执行人寿保单现金价值时，会向保险公司发放《协助执行通知书》。根据《民事诉讼法》第114条[2]的规定可知，有协助执行义务的单位，如果拒绝协助执行或阻碍执行，法院有权对其主要负责人或者直接责任人进行罚款、甚至拘留。保险公司作为具有协助执行义务的民事主体，协助法院的执行工作是其法律义务，如果违反将承担相应的法律后果。本书认为，当保险公司接到法院的《协助执行通知书》时，理应积极协助法院的执行工作，避免不必要的法律风险。

在司法实践中，人民法院往往通过代为解除保险合同来对人寿保单现金价值进行强制执行。由于这种解除保险合同的方式缺乏法律依据，当人寿保单的现金价值执行完毕后，投保人（被执行人）可以通过向法院主张保险合同的有效性，要求保险公司继续承担保险责任。在实践中，有过类似的案件："2007年，债务人郭某由于不能归还到期债务，被法院强制执行了人寿保单现金价值。2008年，郭某得知保险合同已被解除，于是向临沂市兰山区人民法院提起诉讼，请求法院判决保险公司继续履行保险合同。兰山区人民法院经审理认为，保险公司未经投保人同意擅自解除保险合同，即使被告认为人寿保单的现金价值已转账至法院，申请解除合同的是法院工作人员，保险公司解除保险合同的行为仍违反了法律规定和合同约定，保险公司应继续履行保险合同"[3]。由于法院强制执行过程中，解除保险合同的不合法，使保险公司陷入一个进退两难的境地：如果拒绝协助法院的执行工作，将会面临法律制裁的风险；如果协助法

---

① 马向伟："人寿保险单的现金价值可以被强制执行"，载《人民司法（案例）》2016年第17期，第107页。

② 《民事诉讼法》第114条规定："有义务协助调查、执行的单位有下列行为之一的，人民法院除责令其履行协助义务外，并可以予以罚款：（一）有关单位拒绝或者妨碍人民法院调查取证的；（二）有关单位接到人民法院协助执行通知书后，拒不协助查询、扣押、冻结、划拨、变价财产的；（三）有关单位接到人民法院协助执行通知书后，拒不协助扣留被执行人的收入、办理有关财产权证照转移手续、转交有关票证、证照或者其他财产的；（四）其他拒绝协助执行的。人民法院对有前款规定的行为之一的单位，可以对其主要负责人或者直接责任人员予以罚款；对仍不履行协助义务的，可以予以拘留；并可以向监察机关或者有关机关提出予以纪律处分的司法建议。"

③ 王静：《保险类案裁判规则与法律适用》，人民法院出版社2013年版，第231页。

院的执行工作，将会面临“退还人寿保单现金价值后仍需继续承担保险责任”的不合理风险。

二、人寿保单现金价值的可执行性分析

（一）现金价值的基本属性

保单的现金价值，在保险实务上又称为“退保金”，是指投保人已交足2年以上保险费，而保险合同的效力因各种原因消灭时，保险人应退还的已经提取的责任准备金。① 即在保险合同确定后，交纳2年以上保险费之后，现金价值便产生。

保单的现金价值起源于保险经济学上的“均衡保险费”理论。不同年龄阶段的人有不同的死亡概率，年龄大的人死亡概率相对较高，年龄小的人死亡概率相对较小。由此可计算出不同年龄段的人的预定死亡率，称为保险学上的“生命表”；按照当年死亡概率确定的实际所需保险费，称为“自然保险费”。由于人寿保险的保险期限较长，一般可长达十几年、几十年或终生。在保险期间，被保险人每年支付一次（或数次）保险费，每次支付的保险费金额相等。投保人交纳的这种等额保险费称为均衡保险费。② 保单现金价值源于均衡保险费，而均衡保险费只存在于人寿保险中，即只有人寿保险的保单才存在现金价值。

（二）人寿保单现金价值的权属

法院的强制执行针对的是被执行人（投保人）的财产，只有先明确人寿保单现金价值归属于投保人，再去探讨人寿保单现金价值是否具有可执行性才会有实际意义。检索我国现行《保险法》的相关条款，含有“现金价值”的条款集中在人身保险合同部分，分别是第32条③、第37条④、第43条⑤、

---

① 樊启荣：《保险法论》，中国法制出版社2001年版，第260页。

② 彭虹、豆景俊主编：《保险法》，中山大学出版社2003年版，第187页。

③ 《保险法》第32条规定，投保人申报的被保险人年龄不真实，并且其真实年龄不符合合同约定的年龄限制的，保险人可以解除合同，并按照合同约定退还保险单的现金价值。保险人行使合同解除权，适用本法第16条第3款、第6款的规定。

④ 《保险法》第37条规定，合同效力依照本法第36条规定中止的，经保险人与投保人协商并达成协议，在投保人补交保险费后，合同效力恢复。但是，自合同效力中止之日起满2年双方未达成协议的，保险人有权解除合同。保险人依照前款规定解除合同的，应当按照合同约定退还保险单的现金价值。

⑤ 《保险法》第43条规定，投保人故意造成被保险人死亡、伤残或者疾病的，保险人不承担给付保险金的责任。投保人已交足2年以上保险费的，保险人应当按照合同约定向其他权利人退还保险单的现金价值。受益人故意造成被保险人死亡、伤残、疾病的，或者故意杀害被保险人未遂的，该受益人丧失受益权。

第44条[①]、第45条[②]、第47条[③]。对上述法条进行简要分析，这些法条表明了退还人寿保单现金价值的几种情景，主要分为两大类：第一类是保险合同解除，保险公司退还人寿保单现金价值，第47条规定了投保人享有的保险合同任意解除权；第32条、第37条规定了在特定条件下，保险公司有解除保险合同的权利。第二类是保险合同因法定原因终止，保险公司退还人寿保单现金价值，第43条、第44条、第45条规定了几种保险合同因法定原因终止的情形（投保人故意伤害被保险人、被保险人自杀、被保险人犯罪导致其死亡）。综上，这些法条表明了保险合同解除或终止，保险公司退还保单人寿现金价值，但并没有明确向哪一方退还。

关于人寿保单现金价值的权属，法律没有明文规定。学界对此问题的看法也并不统一，主要有以下几种学说。

1. 人寿保单现金价值归属于保单持有人

该观点主要来自美国的保单质押制度，保单权利人（投保人、被保险人或受益人）为解决暂时的经济困难，可将人寿保单现金价值质押给债权人。此时，该债权人即为保单的持有人。当保单权利人（投保人、被保险人或受益人）不能按时履行其债务时，债权人（保险单持有人）可以通过主张所质押的人寿保单现金价值，以实现自己的债权[④]。可以看出，保单持有人对人寿保单现金价值的权利，是来自于保单权利人对人寿保单现金价值的权利。我国法律目前既没有规定保单质押制度，也没有保单持有人这个概念。在我国的保险实践中，保单权利人往往是投保人，所以没有引入这个概念的必要。

2. 人寿保单现金价值归属于保险人

认同人寿保单的现金价值归属保险人的主要依据是：人寿保单现金价值是以货币的形式表现出来的，适用货币“占有即所有”的规则，投保人给付保险

---

① 《保险法》第44条规定，以被保险人死亡为给付保险金条件的合同，自合同成立或者合同效力恢复之日起2年内，被保险人自杀的，保险人不承担给付保险金的责任，但被保险人自杀时为无民事行为能力人的除外。保险人依照前款规定不承担给付保险金责任的，应当按照合同约定退还保险单的现金价值。

② 《保险法》第45条规定，因被保险人故意犯罪或者抗拒依法采取的刑事强制措施导致其伤残或者死亡的，保险人不承担给付保险金的责任。投保人已交足2年以上保险费的，保险人应当按照合同约定退还保险单的现金价值。

③ 《保险法》第47条规定，投保人解除合同的，保险人应当自收到解除合同通知之日起30日内，按照合同约定退还保险单的现金价值。

④ 左稚华、张念：“人身保险保险单现金价值权属问题研究”，载《广东金融学院学报》第22卷第4期，第96页。

费后，保单现金价值部分的金钱所有权就转移到保险人这边。[①] 这种观点将保单现金价值等同于保险费，保单现金价值与保险费是两个不同的概念。从保单现金价值的来源角度分析：在人寿保险合同中，由于随着人的年龄增加，死亡率会上升，因此被保险人向保险公司支付的保险费本该随年龄逐年增加。保险公司一般采用均衡保险费的科学方法将整个缴费期间应付的保险费，均匀地分摊到整个交付期内，使得每年所交保险费有一个固定标准，不会随年龄而不断增加。在保单生效后，多交的保险费便存在了保险单上，这部分存起来的保险费即责任准备金，扣除必要的费用后便是保单的现金价值。[②] 由此可知，人寿保单现金价值虽然源于保险费，但并不等同于保险费。保险费自投保人交纳后，为保险人所有。而人寿保单现金价值则相当于保险合同项下保险人对投保人的负债，并不属于保险人。

3. 人寿保单现金价值归属于被保险人

认同人寿保单的现金价值归属被保险人的主要依据是：人寿保险合同的被保险人虽不是保险合同的当事人，但却是保险合同的保障对象，是保险事故的承载主体，故投保人与被保险人、受益人为不同主体时，人寿保单现金价值应属于被保险人，而不属于投保人。[③] 本书认为这种观点忽视了保险合同的投保人的存在，不符合合同法的基本原理。在人寿保险合同当中，投保人是保险合同的当事人，享有保险合同的任意解除权。而被保险人由于不是保险合同的当事人，其权利主要来源于投保人与保险人之间的约定，在保险合同没有赋予被保险人取得保险合同权利的情况下，被保险人不享有保险合同的各项权利。所以不享有人寿保单现金价值请求权。[④]

4. 人寿保单现金价值归属于投保人

在保险法理论上，持“人寿保单现金价值归属于投保人”观点的人占多数，司法实务中，法院也多以此作为支持强制执行的裁判书的说理部分。本书亦赞同此观点。

第一，从法理上来看，一方面，人寿保单的现金价值由保险费及其增值产生，保险费由投保人支付，人寿保单现金价值理应归投保人所有。另一方面，由于人寿保单的现金价值来源于投保人支付的保险费及其增值，退还人寿保单现金价值发生在保险合同解除的情形，而合同解除后，理应恢复原状，其退还

---

① 武亦文：“保单现金价值强制执行的利益衡平路径”，载《法学》2018 年第 9 期，第 98 页。

② 邢海宝：《中国保险合同法立法建议及说明》，中国法制出版社 2009 年版，第 325 页。

③ 杨临萍、刘竹梅、林海权：“关于适用《保险法若干问题的解释（三）》的理解与适用”，载《人民司法（应用）》2016 年第 1 期，第 23 页。

④ 常敏：“保单现金价值归属的法律解释逻辑”，载《环球法律评论》2018 年第 5 期，第 37 页。

的对象应为投保人。因此，人寿保单的现金价值归属于投保人。

第二，最高人民法院也倾向于支持人寿保单现金价值归属投保人的观点。《〈保险法〉解释（三）》第16条规定“保险合同解除时，投保人与被保险人、受益人为不同主体，被保险人或者受益人要求退还保险单现金价值的，人民法院不予支持”即表明了人寿保单现金价值归属于投保人。有观点以该规定第2款“投保人故意造成被保险人死亡、伤残或者疾病，保险人依照《保险法》第43条规定退还保险单现金价值的，其他权利人按照被保险人、被保险人继承人的顺序确定”作为保单现金价值不属于投保人的理由。本书认为，这只是关于投保人故意犯罪的例外规定，并不影响人寿保单现金价值归属于投保人的原则。

第三，从保险的不丧失价值条款进行分析。保险的不丧失价值条款，对投保人而言，人寿保单上的现金价值不会因保险合同效力的变化而丧失，其赋予了投保人选择处理自己人寿保单现金价值的权利。而对保险人来说，无权将人寿保单现金价值占为己有。从这个角度表明，人寿保单现金价值归属于投保人。

第四，从人寿保险的自动垫付保险费条款进行分析。所谓自动垫付保险费条款，是指人寿保险合同中，投保人在合同规定期限内，未按期交纳续期保险费的，则保险人从人寿保单所具有的现金价值中自动扣除投保人欠交的保险费，继续维持保险合同效力的一种约定。[①] 保险人用人寿保单现金价值交付投保人欠交的保险费，这充分说明了，人寿保单现金价值归属于投保人。

第五，在保险实务中，保险公司也倾向于将人寿保单现金价值归属于投保人。中国人寿保险公司的保险产品就明确了人寿保单现金价值退还给投保人。例如人保寿险鑫利年金保险（B款）条款[②]，投保人解除合同的，“自我们收到解除合同申请书时起，本合同终止。我们自收到解除合同申请书之日起30日内向您退还本合同的现金价值”。合同效力恢复的，“自本合同效力中止之日起满2年您和我们未达成协议的，我们有权解除合同。我们解除合同的，向您退还合同效力中止时本合同的现金价值”。在本条款中，“您”指投保人，“我们”指中国人寿保险公司。

（三）人寿保单现金价值返还请求权的法律属性

关于人寿保单现金价值返还请求权的性质，目前主要有3种观点。

第一种观点认为人寿保单现金价值返还请求权本质是银行储蓄或有价证券。人寿保险具有长期性和储蓄性特征，在保险期限届满前，如果合同解除或由于

① 彭虹、豆景俊主编：《保险法》，中山大学出版社2003年版，第192页。

② 参见 http://www.e-picclife.com/ECPL/personal/products/financing/article/3721.html，访问日期：2019年2月22日。

某种原因合同终止，保险人应当将保险责任准备金扣除少量退保手续费后退还投保人。因为人寿保险合同的投保人，可以随时向保险人提出解除合同，领取保单现金价值，持有人寿保险单相当于持有有价证券，所以称人寿保险单具有现金价值[①]。这种观点就是实践中法院直接划扣保单现金价值所持有的观点："人寿保单的现金价值应该视为投保人享有的一种确定的投资性权益而非债权，因此本院对涉案保单的现金价值进行划拨提取并无不当"[②]。这种观点将人寿保单现金价值与储蓄、有价证券等投资性收益画等号，忽视了人寿保险合同的特殊性，导致现有的执行方式存在很多问题。

第二种观点认为人寿保单现金价值返还请求权本质上是一种期待权。在保险合同解除前，投保人对保险单拥有的仅仅是一种期待可能，以此论证保单现金价值不能强制执行。该观点忽视了人寿保险合同所具有的财产属性，人身保险合同虽然是以人的寿命和身体为保险标的而订立的保险合同，具有一定的特殊性。但作为保险合同的一种，其价值可以用金钱计量[③]，保险单不仅可以转让、质押，也可以作为夫妻共同财产进行分割。《第八次全国法院民事商事审判工作会议（民事部分）纪要》关于夫妻共同财产的认定："婚姻关系存续期间以夫妻共同财产投保，投保人和被保险人同为夫妻一方，离婚时处于保险期内，投保人不愿意继续投保的，保险人退还的保险单现金价值部分应按照夫妻共同财产处理；离婚时投保人选择继续投保的，投保人应当支付保险单现金价值的一半给另一方。"实践中法院也有类似判决："本院认为保单现金价值具有财产性利益，应属上诉人与被上诉人共同所有。双方在离婚财产分割时未对该4份保单进行分割，且上诉人在离婚诉讼期间未经被上诉人同意，将涉及被上诉人人身利益的保险退保，并在4个月内将所得之近4万元用于消费，而引起本案的争讼，基于民事诉讼中的诚实信用原则，原审判决对本案诉争之4份保单的现金价值作为夫妻共同财产进行分割并无不当。"[④] 这充分说明了人寿保单现金价值不是一种期待权，它具有财产属性，是一种财产权。

第三种观点认为人寿保单现金价值返还请求权是一种附条件的债权。人寿保单现金价值返还请求权是一种债权，投保人对现金价值的返还请求权可以视为投保人对保险人的债权。但是，现金价值请求权的形成要以保险合同的解除

---

① 彭虹、豆景俊主编：《保险法》，中山大学出版社2003年版，第187页。

② "中国太平洋人寿保险股份有限公司德州市齐河支公司、王某某民间借贷纠纷案"［齐河县人民法院（2017）鲁1425执异14号］。

③ 李云滨、葛忠仁："人寿保险合同现金价值强制执行的理论基础与进路选择"，见胡云腾：《法院改革与民商事审判问题研究》，人民法院出版社2018年版，第664页。

④ "苏某与黄某离婚后财产纠纷案"［扬州市中级人民法院（2018）苏10民终4号］。

为前提，因此其法律性质是一种附条件的债权。[①] 本书赞同第三种观点，因为根据《保险法》第15条[②]的规定，投保人享有保险合同的任意解除权，保险合同解除后，人寿保单现金价值退还给投保人，所以投保人对保单的现金价值拥有附条件的债权。

（四）人寿保单现金价值成为执行标的的理由

人寿保单现金价值返还请求权实质上是一种附条件的债权，附条件的债权能否成为法院执行的标的，是判断人寿保单现金价值能否强制执行的重要依据。

《民事诉讼法》第242条[③]规定了被执行人的财产范围包括：存款、债券、股票、基金份额等，但并没有明确债权是否属于被执行人的财产。但《最高人民法院关于人民法院民事执行中查封、扣押、冻结财产的规定》第29条对此做出了进一步规定。该条规定，“人民法院冻结被执行人银行存款的期限不得超过6个月，查封、扣押动产的期限不得超过1年，查封不动产、冻结其他财产权的期限不得超过2年”，债权具有财产属性，显然属于“其他财产权”。紧接着，最高人民法院印发《关于依法制裁规避执行行为的若干意见》的通知，该通知第13条规定：“依法保全被执行人的未到期债权。对被执行人的未到期债权，执行法院可以依法冻结，待债权到期后参照到期债权予以执行。第三人仅以该债务未到期为由提出异议的，不影响对该债权的保全。”明确了被执行人的未到期债权也可成为执行标的。

但对附条件债权是否可以成为执行标的，目前并没有明确规定，属于立法上的盲点。我们可以将附条件债权与未到期债权进行比较，法院对债务人未到期债权的执行先通过冻结，法院冻结未到期债权，扩大了法院执行的范围，在促进执行难问题解决的同时，没有给第三人的利益带来损害。同理，如果法院对附条件债权进行冻结，待其条件成就时，按到期债权进行处理。第三人的利益也没有其他损害，第三人需要做的仅仅是不向被执行人给付，所以将被执行

---

① 邵杰：“人寿保险合同现金价值执行之立法规制”，载《上海保险》2017年第2期，第45页。

② 《保险法》第15条规定，除本法另有规定或者保险合同另有约定外，保险合同成立后，投保人可以解除合同，保险人不得解除合同。

③ 《民事诉讼法》第242条规定，被执行人未按执行通知履行法律文书确定的义务，人民法院有权向有关单位查询被执行人的存款、债券、股票、基金份额等财产情况。人民法院有权根据不同情形扣押、冻结、划拨、变价被执行人的财产。人民法院查询、扣押、冻结、划拨、变价的财产不得超出被执行人应当履行义务的范围。人民法院决定扣押、冻结、划拨、变价财产，应当作出裁定，并发出协助执行通知书，有关单位必须办理。

人财产的范围扩大到附条件债权具有合理性①。而且在司法实践中，也有部分法院支持附条件债权成为执行标的，比如临沂市兰山区人民法院的判决就支持对附条件债权实施保全②。因此，尽管法律没有明文规定，但在理论和实践中，附条件债权成为执行标的均有可行性。

（五）人寿保单现金价值返还请求权的非人身专属性

具有人身专属性的权利只能由本人行使，不得转让和继承。③ 人寿保单现金价值返还请求权的行使，以保险合同的解除为前提，是一种附条件的债权，只要该债权具有人身专属性，就不能成为法院强制执行的对象。在司法实践中，有的法院就以此作为反对执行保单现金价值的理由："人寿保险是以被保险人的寿命和身体为保险标的的保险，具有很强的人身依附性"。④本书认为人寿保单现金价值返还请求权不具有人身专属性。

首先，有观点认为人寿保单现金价值的返还需要以保险合同的解除为前提，《保险法》第 15 条⑤赋予投保人任意解除保险合同的权利，人寿保单现金价值返还请求权专属于投保人，具有人身专属性。从体系解释的角度分析，投保人对人寿保险合同的任意解除权并非人寿保险合同所独有。按照我国《保险法》第 15 条规定，无论是人寿保险合同还是财产保险合同，投保人均享有这一任意解除权，也就是说投保人所享有的保险合同任意解除权事实上与人身权并无直接关联，也并无专属性⑥。

其次，根据最高人民法院《关于适用〈中华人民共和国合同法〉若干问题的解释（一）》（以下简称《〈合同法〉解释（一）》）第 12 条的规定可知，专属于债务人自身的债权，是指基于扶养、抚养、赡养、继承关系产生的给付请求权和劳动报酬、退休金、养老金、抚恤金、安置费、人寿保险、人身伤害赔偿请求权等权利。条文中列举具有人身专属性的债权时，提及了"人寿保险"。

---

① 岳卫："人寿保险合同现金价值返还请求权的强制执行"，载《当代法学》2015 年第 1 期，第 88 页。

② "临商银行股份有限公司蓝田支行诉褚某某等合同纠纷案"［临沂市兰山区人民法院（2014）临兰执异字第 9 号］。

③ 岳卫："人寿保险合同现金价值返还请求权的强制执行"，载《当代法学》2015 年第 1 期，第 89 页。

④ "中国人寿保险股份有限公司新乐支公司复议案"［石家庄市中级人民法院（2015）石执审字第 00070 号］。

⑤《保险法》第 15 条规定，除本法另有规定或者保险合同另有约定外，保险合同成立后，投保人可以解除合同，保险人不得解除合同。

⑥ 武亦文："保单现金价值强制执行的利益衡平路径"，载《法学》2018 年第 9 期，第 105—106 页。

从文义解释角度分析，条文中的“人寿保险”与“退休金、养老金、抚恤金”并列，这里的人寿保险指的是人寿保险保险金的返还请求权，人寿保单现金价值返还请求权并不属于上述具有人身专属性债权的范畴。

再次，根据《保险法》第34条①可知，只要经被保险人书面同意，人寿保险合同的保单就可以转让和抵押，保单可以转让、抵押的原因在于人寿保单具有现金价值。投保人在保险合同解除前，可以对保单进行转让和抵押，由此可见人寿保单现金价值返还请求权不具有人身专属性。

最后，在司法实践中，即使是像退休金、养老金这样专属于债务人的财产，也具有执行的可行性。2002年，最高人民法院研究室对执行程序中能否扣划离退休人员离休金退休金清偿其债务的问题进行了答复②。广东省高级人民法院和山东省高级人民法院据此作出相应判决，在执行时为离退休人员留出必要的生活费用的前提下，可以执行退休金、养老金。③

综上，人寿保单现金价值返还请求权不具有人身专属性，即使是具有人身专属性的财产或权利，只要为被执行人留出必要的生活费用，法院仍可执行。所以，以人寿保单现金价值具有人身专属性为由，拒绝法院强制执行的观点不具有合理性。

（六）债权人的权利顺位

人寿保单现金价值是否可以强制执行，实质上隐含一个价值判断问题：债权人的权利和被保险人、受益人的权利哪一个更值得优先保护。

支持人寿保单现金价值强制执行的观点，实质上是认为债权人的权利更值得优先保护；反对人寿保单现金价值强制执行的观点，实质上是认为被保险人、受益人的权利更值得保护。比如，案例二中的法院就认为，强制执行该保单的现金价值将会危害被保险人的生存权益，以此为由驳回了债权人的执行申请。

强制执行人寿保单的现金价值影响的是被保险人的生存权益？上文已经论

---

① 《保险法》第34条规定，按照以死亡为给付保险金条件的合同所签发的保险单，未经被保险人书面同意，不得转让或者质押。

② 最高人民法院研究室《关于执行程序中能否扣划离退休人员离休金退休金清偿其债务问题的答复》规定：为公平保护债权人和离退休债务人的合法权益，根据《民法通则》和《民事诉讼法》的有关规定，在离退休人员的其他可供执行的财产或者收入不足偿还其债务的情况下，人民法院可以要求其离退休金发放单位或者社会保障机构协助扣划其离休金或退休金，用以偿还该离退休人员的债务。上述单位或者机构应当予以协助。人民法院在执行时应当为离退休人员留出必要的生活费用。生活费用标准可参照当地的有关标准确定。

③ “古某某与其他执行执行复议案件执行复议案件执行裁定书”［广东省高级人民法院（2015）粤高法执复字第1号］；“牟某某申诉民事通知书”［山东省高级人民法院（2014）鲁执监字第28号］。

述，在人寿保险合同中，人寿保单的现金价值归属于投保人，被保险人、受益人对人寿保单现金价值并不享有权利。虽然受益人对保险金享有一定的权利，但只有发生保险事故后，受益人才享有向保险人请求支付保险金的权利。而保险事故的发生具有或然性，所以在保险事故发生前，受益人对保险金享有的是一种期待权甚至只是一种期待，这是一种或然性的权利，可见，并不会影响其生存权益。而债权人享有的债权是确定的，相比之下，债权人的债权更值得保护。

即使承认强制执行人寿保单现金价值可能会对被保险人、受益人的生存权益造成一定影响，也不能否认强制执行人寿保单现金价值的合理性。因为，在实质上，一方面，如果债权人不能实现债权，其生存权益也有可能受到影响；另一方面，在执行程序中，相关法条已经体现了对生存权益的保护。例如，《最高人民法院关于人民法院民事执行中查封、扣押、冻结财产的规定》第5条以列举的方式，规定了对维持必要生活的财产不予执行的范围，不需要再额外添加保护。

综上，在价值选择上，债权人的权利更值得法律优先保护。

三、人寿保单现金价值执行的路径

（一）代位执行人寿保单现金价值

代位执行人寿保单现金价值，是指债权人通过代位实行投保人的合同任意解除权解除保险合同，对人寿保单现金价值进行执行。

1. 代位执行人寿保单现金价值的必要性

本书将代位执行人寿保单现金价值与法院现行强制执行进行区分。法院代位执行人寿保单现金价值是指：债权人行使代位权，通过提起代位之诉解除债务人与保险公司之间的保险合同，之后法院对人寿保单的现金价值进行执行。而法院现行强制执行是指：法院直接解除保险合同，对人寿保单现金价值进行划扣，上文已经论证法院强制执行人寿保单现金价值是不可行的。两种执行方式存在一定的差异：第一，代位执行人寿保单现金价值，往往针对的是债务人对第三人享有的债权，涉及第三人；而法院现行的强制执行理论上只针对债务人的责任财产，并不涉及第三人。第二，代位执行人寿保单现金价值需要将第三人无异议且又不在通知指定的期限内履行作为执行程序启动的前提，而法院现行强制执行并没有这一前提。代位执行人寿保单现金价值即债权人行使代位权解除保险合同（提起代位权之诉），此时保险公司为第三人。根据最高人民法院《关于适用〈中华人民共和国民事诉讼法〉的解释》（以下简称《民诉法解释》）第 501 条[①]可知：代位执行需满足第三人无异议且又不在通知指定的期限内履行这一条件，如果保险公司有异议，则执行程序无法启动。这样设计的好处在于：一方面，给合同的解除提供了合法的依据；另一方面，保障了保险公司的异议权不受侵犯。而现行保单现金价值的强制执行，法院作出执行的裁定不需要满足第三人无异议这一前提，由法院直接解除保险合同，保险公司有异议的，是在执行程序启动后才能提起。

上述差异的对比，表明了代位执行保单现金价值制度的必要性：一方面，保障了保险公司的程序利益；另一方面为保险合同的解除提供了合法的依据，降低了保险公司的法律风险。

2. 代位执行人寿保单现金价值的可行性

代位执行人寿保单现金价值，需要满足两个重要前提：一是投保人的合同解除权不具有人身专属性；二是投保人的合同解除权可以成为代位权的行使对象。上文已论述人寿保单现金价值返还请求权不具有人身专属性，而且人寿保单的现金价值可以转让、抵押，表明投保人的保险合同解除权也同样不具有人身专属性。此部分主要探讨投保人的合同解除权是否可以成为代位权的行使对象。

投保人具有保险合同的任意解除权，只要解除合同的意思表示到达保险人，保险合同即解除，该权利实质上是一种形成权。那么，该形成权是否可以成为代位权的行使对象？

对我国的相关法条进行分析，《合同法》第 73 条规定："因债务人怠于行使其到期债权，对债权人造成损害的，债权人可以向人民法院请求以自己的名义代位行使债务人的债权，但该债权专属于债务人自身的除外。"该法条明确规定了代位权的行使对象为到期债权。《〈合同法〉解释（一）》第 13 条[②]将代位权的客体进一步限定为"具有金钱给付内容的到期债权"。很明显，现行立法将形成权排除在代位权的行使对象之外。

学界通说认为，将代位权的行使对象局限于到期债权，范围过于狭窄，不利于债权人利益的维护。例如，韩世远认为：法条将代位权的客体限定为具有给付内容的到期债权，这与立法者将三角债作为债权人代位权制度的主攻对象

---

① 《民诉法解释》第 501 条规定，人民法院执行被执行人对他人的到期债权，可以做出冻结债权的裁定，并通知该他人向申请执行人履行。该他人对到期债权有异议，申请执行人请求对异议部分强制执行的，人民法院不予支持。利害关系人对到期债权有异议的，人民法院应当按照民事诉讼法第 227 条规定处理。对生效法律文书确定的到期债权，该他人予以否认的，人民法院不予支持。

② 《〈合同法〉解释（一）》第 13 条规定，《合同法》第 73 条规定的"债务人怠于行使其到期债权，对债权人造成损害的"，是指债务人不履行其对债权人的到期债务，又不以诉讼方式或者仲裁方式向其债务人主张其享有的具有金钱给付内容的到期债权，致使债权人的到期债权未能实现。

不无关系，其实质是突出债权人代位权作为金钱债权简易回收手段的功能（已非债权人代位权制度本来的意旨），忽略了责任财产保全的功能，不无检讨的余地。构成债务人的责任财产者，不限于债权，物权及物上请求权、形成权、诉讼法上的权利或公法上的权利等均包括在内。[①]

代位权的行使对象范围过于狭小，不符合随着经济社会发展，债的当事人越来越多地涉及金钱以外的债权债务法律关系的社会现实[②]。所以有必要对其进行扩张解释。

首先，从比较法的角度来看，其他国家或地区的代位权的行使对象不限于债权。法国的民法典规定，债权人得行使债务人对第三人的一切权利和诉权；日本的民法及其理论认为，可代位行使的债务人对第三人的权利十分广泛，以至于采用了“属于债务人的权利”的概括。[③]

其次，从立法目的角度来看，代位权制度的设立是为了保全债务人的财产。而债务人的财产范围并不仅仅限于到期债权，还包括物权请求权、形成权、抵消权等，所以只要能够使债务人的财产得以保全，就应该在可被代位之内。

最后，应当对代位权的行使对象进行扩张解释，代位权的行使对象应当包括形成权。而且，投保人的合同解除权不具有人身专属性，债权人可以通过行使代位权解除保险合同。

（二）执行人寿保单现金价值的限制

人寿保单现金价值强制执行的价值取向是，债权人的权益优先于被保险人和受益人的权益，但这并不代表否认被保险人和受益人的权益。如果允许债权人肆意行使代位权，势必会对被保险人、受益人的利益造成非常严重的损害。因此，需要对债权人进行必要的限制，避免第三方利益的过度损害，使人寿保单现金价值强制执行的手段和最终达到的结果符合适当的比例，让保险合同各方主体的利益达到平衡。

1. 若干利益平衡路径的分析

（1）代位保单质押贷款权。上文已充分论证了代位权的实行对象，不限于到期债权，凡是有助于保全债务人责任财产的权利都可以代位行使。于是，有观点认为，可以通过代位行使投保人的保单质押权，来实现保险合同各方的利益平衡。

---

① 韩世远：《合同法总论》，法律出版社 2011 年版，第 334—335 页。

② 姚金阳：“我国代位权客体法律规定性质探究”，载《中央民族大学学报（哲学社会科学版）》2015 年增刊第 42 卷，第 56 页。

③ 崔建远：《合同法》，北京大学出版社 2013 年版，第 162 页。

所谓保单质押贷款权，是指人寿保险合同中，投保人缴交足一定期限（通常为两年）以上保险费后，享有的可凭保险单为质押向保险人申请借款的一种权利。其借款的额度连同利息不得超过保单上的现金价值，如果借款的本息达到保单上现金价值的数额时，合同终止。[①] 我国《保险法》中没有明确规定此权利，但实践中，我国一些保险公司的部分寿险保单的合同条款体现了这一权利。例如，中国平安保险公司的“递增养老年金保险条款”、中国太平洋保险公司的“老来福终身寿险条款”[②] 都对保单质押贷款做了规定[③]。可见，在实践中，投保人以保单的现金价值可以质押借款，以暂时缓解资金紧张的困难。

通过保单质押，投保人可以得到与人寿保单现金价值数额相当的借款（一般不超过90%），债权人可以代位行使投保人的保单质押权，执行得到的质押款。这样做，一方面实现了债权人的债权，另一方面也使保险合同暂时得到维持。当借款的本息达到保单上现金价值的数额时，保险合同自然终止，质权可通过保单现金价值得以实现。此外，根据《保险法》第37条[④]可知，在两年的合同复效期间内，若投保人无法缴清所欠的保险费，保险人有权解除保险合同，此时，质权人的质权可以通过保单现金价值得以清偿。从另一个角度分析，代位保单质押贷款，实质延长了保险合同的存续期间（最长有两年）。在此期间内，投保人完全有可能恢复清偿能力，清偿所欠借款和保险费，使保险合同效力得到维持。这种执行方式，有利于实现保险各方的利益平衡。

但代位实行保单质押贷款权，在实际适用中存在一些问题。首先，我国目前法律没有明确投保人的保单质押贷款权，相关的法律制度存在欠缺。在实践中，关于保单质押的条款均由保险公司自己设立，由于缺乏法律规范，质押合同和质权的设立没有一个统一的标准，存在一定的法律隐患。其次，在保单质

---

① 彭虹、豆景俊主编：《保险法》，中山大学出版社2003年版，第193页。

② 中国平安保险公司的“递增养老年金保险条款”规定：投保人缴费满两周年且保险期限也满两周年的，可向保险人申请贷款，其贷款金额不得超过保险单规定退保金的70%，贷款期限以6个月为限，贷款利率按同期银行贷款利率上浮10%计算。贷款利息到期时一并结算。如果贷款逾期不还，贷款本息达到退保金数额时，合同效力终止。中国太平洋保险公司的“老来福终身寿险条款”规定：投保人缴费且保单生效满24个月后，可以保险单为抵押向保险人申请贷款，贷款金额以当期退保金额的90%为限，借贷期最长为180天，贷款利息按银行同期流动资金贷款利率计算。如贷款逾期不还，当贷款本息合计超过保险单当期退保金额时，视为退保，保险责任即行终止。

③ 陶存文：《人寿保险理论与实务》，高等教育出版社2011年版，第99页。

④ 《保险法》第37条规定，合同效力依照本法第36条规定中止的，经保险人与投保人协商并达成协议，在投保人补交保险费后，合同效力恢复。但是，自合同效力中止之日起满2年双方未达成协议的，保险人有权解除合同。保险人依照前款规定解除合同的，应当按照合同约定退还保险单的现金价值。

押期间，如果发生保险事故，质权人的质权和受益人求偿权会出现竞合，保险事故发生后，受益人的权益理应得到优先保护，那质权人的权益就会受到损害。最后，根据《保险法》第34条①的规定可知，在以死亡为给付保险金条件的保险合同中，投保人质押保险单需要被保险人的书面同意。充分表明在部分人寿保险合同中，代位行使保单质押贷款存在法律上的障碍，实践中不具有可行性。

（2）介入权制度的引入。介入权制度是指在债权人通过代位权解除保险合同取得人寿保单现金价值前，赋予被保险人或受益人介入保险合同的权利，允许其向债权人支付相当于人寿保单现金价值的金钱，以使保险合同得以继续有效的制度。被保险人或受益人代位权的行使，会发生两个法律效果：一是被保险人或受益人取得了保险合同当事人的法律地位，成为保险合同新的投保人；二是原保险合同继续有效。

介入权的应用，有利于实现人寿保单现金价值执行过程中各方利益的均衡，这种制度已经得到很多国家的立法确认。比如，德国《保险合同法》第170条规定："当保险债权被扣押或者强制执行，或投保人的财产开始进入破产程序，记名受益人可经投保人同意，取代投保人介入保险合同。"② 日本《保险法》第60条也有类似的规定："扣押债权人、破产管理人以及死亡保险合同中投保人以外的人解除保险合同时，保险金受领人可以介入该保险合同。该保险合同的解除自保险人收到解除通知1个月后发生效力。如果在前款规定的期限到来之前，保险金受领人经投保人同意，向解除权人支付与保单的现金价值相等的金额，并就该支付行为已通知保险人的，前款规定保险合同的解除不发生法律效力。③"

虽然我国法律并没有明确介入权制度，但已有相关司法解释体现了这个精神。比如，最高人民法院《〈保险法〉解释（三）》第17条④实质上为被保险人、受益人提供了介入保险合同的机会。司法实践中，也有法院认同该理念，"对于保单的国寿英才少儿保险，由于存在受益人不完全是被执行人的情况，在没有征得其是否愿意承受投保人的合同地位、维系保险合同效力的情况下，

① 《保险法》第34条规定，以死亡为给付保险金条件的合同，未经被保险人同意并认可保险金额的，合同无效。按照以死亡为给付保险金条件的合同所签发的保险单，未经被保险人书面同意，不得转让或者质押。父母为其未成年子女投保的人身保险，不受本条第一款规定限制。

② 岳卫："人寿保险合同现金价值返还请求权的强制执行"，载《当代法学》2015年第1期，第93页。

③ 王静："保单现金价值强制执行若干问题研究"，载《法律适用》2017第14期，第55页。

④ 最高人民法院《〈保险法〉解释（三）》第17条规定，投保人解除保险合同，当事人以其解除合同未经被保险人或者受益人同意为由主张解除行为无效的，人民法院不予支持，但被保险人或者受益人已向投保人支付相当于保险单现金价值的款项并通知保险人的除外。

暂不宜对该保单现金价值采取扣划措施”①。

有人可能会认为，支持强制执行人寿保单现金价值隐含的价值取向是债权人的利益更值得保护。介入权制度的引入，其价值取向是受益人的权益更值得保护。人寿保单现金价值具有可执行性的价值取向与介入权引入的价值取向是相互矛盾的，并以此为由，反对介入权制度的引入。事实上，这种观点并没有看到其中的本质。我们是在肯定债权人通过代位权执行人寿保单现金价值的基础上引入介入权制度。介入权的行使，为受益人提供了一个维持保险合同继续有效的机会，并没有使债权人的利益受损。在债权人实现债权的同时也维护了被保险人、受益人的期待权。介入权制度的引入，只是一种对被保险人、受益人伤害更小的执行方式，并没有否定债权保护的优先性。但介入权制度也有自己的弊端：在人寿保险合同中，受到保险利益的限制，被保险人、受益人往往是自己的亲属。当人寿保险合同的被保险人、受益人是投保人的未成年子女或被保险人、受益人无民事行为能力时，即使提供给他们介入保险合同的机会，他们也没有经济能力去行使。此时，介入权制度就形同虚设了。

（3）保单的执行豁免制度。支持人寿保单现金价值的强制执行，实质上的价值取向是优先保护债权人的权益。因此，在实际的强制执行中，双方的地位是不对等的，债权人（申请执行人）处于绝对强势的地位。当然，这种地位的不对等源于被执行人未按时履行债务。但如果不对这种强制的地位进行限制，很容易造成执行不当，过度损害被执行方的利益。此时，可以通过保单的执行豁免为被执行人画一个最低限度的保护圈，保障其最基本的生存利益。

所谓执行豁免，即享有权利的主体，全部或部分免除被执行人的责任和义务。我国没有专门的执行法，有关执行豁免的内容规定在程序法中。例如，《民事诉讼法》第244条规定：“被执行人未按执行通知履行法律文书确定的义务，人民法院有权查封、扣押、冻结、拍卖、变卖被执行人应当履行义务部分的财产。但应当保留被执行人及其所扶养家属的生活必需品。采取前款措施，人民法院应当作出裁定。”在人寿保险合同中，被保险人、受益人往往是投保人的近亲属。在强制执行人寿保单现金价值时，引入豁免制度，为被执行人及其家属留下最基本的生活费用。这样在实现债权人债权的同时，也保障了被执行人、被保险人、受益人最基本生存条件，使保险各方利益达到了均衡。

① “中国人寿保险股份有限公司莱芜分公司5号异议裁定书”［夏津县人民法院（2017）鲁1427执异5号］。

关于人寿保单现金价值执行中的豁免，有以下几种观点值得关注。

第一种观点认为，在人寿保单现金价值执行的过程中，注意区分人寿保险合同的性质。对于具有分红盈利性质的人寿保险合同，人寿保单现金价值予以强制执行；对于具有生活保障性质的人寿保险合同，人寿保单现金价值予以豁免，不再执行。这种观点在实践中，不具有可行性。一方面，人寿保险合同的性质，全靠法官来衡量，主观性太强；另一方面，现在的人寿保险合同的性质并不泾渭分明，大部分的人寿保险有投资理财的属性，难以区分，不具有执行可行性。

第二种观点认为，应以被执行人（投保人）投保的时间来确定执行豁免的对象。如果人寿保险合同成立的时间早于法院执行文件生效的时间，由于投保人无主观恶意，应对其人寿保单现金价值进行执行豁免。司法实践中，石家庄中级人民法院便以此为由，拒绝了人寿保单现金价值的强制执行，“案涉保单系被执行人及其家庭成员在执行依据生效前已投保、并交付了全部保险费的人身保险，不存在违反最高人民法院2015年通过的《关于限制被执行人高消费的若干规定》第3条①的行为”②。这种观点并不合理。一方面，在执行依据生效前购买人寿保险，人寿保单现金价值就可以免受执行。这种观点会变相鼓励人们通过购买人寿保险合同来避债，使保险成为“合法避债”的港湾。另一方面，即使人寿保险合同成立的时间早于债权成立的时间，也不能以被执行人（投保人）不具有避债恶意对其进行豁免。因为执行豁免的理念在于保障被执行人最基本的生存条件，前文已充分论述投保人的债权理应受到优先保护，在执行中，只要为投保人及其家属保留必要生活费用，仍需对其人寿保单现金价值进行执行。综上，以投保时间作为执行豁免的依据不具有合理性。

第三种观点认为，应以人寿保单现金价值的金额占债权的比重来确定是否对其豁免。如果人寿保单现金价值的金额占整个债权的比重很小，就没有强制执行的必要。此时维持保险的有效，对被执行人（投保人）、受益人、被保险人的意义要远远大于强制执行对债权人的价值。一方面，该观点实质上也认可

---

① 最高人民法院《关于限制被执行人高消费的规定》第3条规定，被执行人为自然人的，被采取限制消费措施后，不得有以下高消费及非生活和工作必需的消费行为：（一）乘坐交通工具时，选择飞机、列车软卧、轮船二等以上舱位；（二）在星级以上宾馆、酒店、夜总会、高尔夫球场等场所进行高消费；（三）购买不动产或者新建、扩建、高档装修房屋；（四）租赁高档写字楼、宾馆、公寓等场所办公；（五）购买非经营必需车辆；（六）旅游、度假；（七）子女就读高收费私立学校；（八）支付高额保费购买保险理财产品；（九）乘坐G字头动车组列车全部座位、其他动车组列车一等以上座位等其他非生活和工作必需的消费行为。

② “中国人寿保险股份有限公司新乐支公司执行复议案”［石家庄市中级人民法院（2015）石执审字第00070号］。

保单现金价值可以强制执行，那么就默认了债权优先得到保护。之后又以现金价值金额所占整体债权比重小为由，对保单现金价值执行进行豁免，其价值选择又是不能完全得到清偿的债权不必优先得到保护，这种观点自身存在价值选择上的前后矛盾。另一方面，该观点的逻辑是，所欠债务太多，本次还款清偿的比例太小，不还对债权的清偿没有实质影响，不如优先保护被执行人的利益，对其进行豁免。显然这种逻辑非常不合理。

第四种观点认为，应以债权人（申请执行人）的财产情况作为是否执行豁免的考量依据。如果债权人生活陷入困难，急需还款支付生活费用，人寿保单现金价值应予强制执行。相反，如果债权人的债权相比债权人的整个资产来说无足轻重时，应对人寿保单现金价值进行执行豁免。这种观点内含的逻辑是若是债权人有钱，就不应予以保护，显然是不合理的。在司法实践中，执行的豁免应以被执行人的资产状况为考虑依据，如果人寿保单现金价值是被执行人唯一的生活来源，可以对其进行一定豁免，为被执行人及其家属保留必要的生活费用。如果被执行人除人寿保单现金价值外还有其他收入来源，则应强制执行人寿保单的现金价值，不需对其进行执行豁免。

2. 人寿保单现金价值执行路径的构建

在肯定代位执行人寿保单现金价值的基础上，综合上述几种利益平衡的路径，探寻人寿保单现金价值强制执行的措施。

（1）人寿保险合同解除前。首先，债权人因债务人不能清偿到期债务向法院申请强制执行时，一方面，法院可向被执行人发放资产状况申报表，要求其主动对其资产状况进行申报，法院应在申报表中明确列明人寿保险投保情况，并明确说明不如实申报的法律后果：法院可以根据情节轻重对被执行人予以罚款、拘留。[①] 另一方面，实践中，投保人往往通过银行分期交纳保险费，法院也可通过银行查询投保人的实际投保情况。此外，国家层面还应探索建立保险的互联网查询平台，将国内所有的保险公司纳入其中，并设置权限，仅司法机关可以依授权查询平台信息。通过多种手段，解决被执行人投保状况不好查明的现状。

其次，债权人向法院申请执行债务人的人寿保单现金价值，法院应向保险公司发放《协助执行通知书》，在《协助执行通知书》中明确，仅对人寿保单

① 《民事诉讼法》第241条规定，被执行人报告财产义务被执行人未按执行通知履行法律文书确定的义务，应当报告当前以及收到执行通知之日前1年的财产情况。被执行人拒绝报告或者虚假报告的，人民法院可以根据情节轻重对被执行人或者其法定代理人、有关单位的主要负责人或者直接责任人员予以罚款、拘留。

现金价值进行冻结，防止被执行人通过解除保险合同转移保单现金价值。冻结的期限可以比照法院对银行存款的冻结期限，不得超过6个月，期限需要延长的，可以在期限届满前按法律规定进行延长。①

最后，在法院冻结人寿保单现金价值之后，债权人可向法院提起代位之诉解除保险合同（提起诉讼的期限应以冻结的期限为限），与此同时，向保险合同的被保险人、受益人下达通知，告知其既有情况和相应后果，并明示其享有介入保险合同的机会，被保险人或收益人可以书面的方式向法院提出申请，此时，法院应中止代位权之诉。若被保险人或受益人在提交申请后，一定期限内（可以一周为限）代为交纳相当于人寿保单现金价值的金钱，则其成为保险合同新的投保人，原保险合同继续有效。此时，法院应解除对人寿保单现金价值的冻结，终止代位权之诉。若被保险人、受益人在规定的期限内没有代为交纳，期限届满或明确放弃介入保险合同的，债权人的代位权之诉继续进行。保险公司对此有异议的，可在人寿保单现金价值实际划扣前，通过代位之诉或申请再审来表达自己的异议，充分保障保险公司的程序利益。

（2）人寿保险合同解除后。债权人通过代位之诉解除保险合同后，法院可依据明确合同解除的法律文件，要求保险公司对人寿保单现金价值进行划扣。在划扣之前，法院应充分运用自己的自由裁量权，依据被执行人的经济状况，判断人寿保单现金价值是否为被执行人唯一生活来源。如果人寿保单现金价值为被执行人唯一生活来源，法院可对其进行执行豁免，为被执行人及其家属保留最基本的生活费用。如果人寿保单现金价值的执行并不影响被执行人及其家属的基本生活状态，则不需要对其进行执行豁免。

结论

一方面，法院的裁判结果往往对社会具有一定的指引效果，如果法院的判决反对人寿保单现金价值的强制执行，会给社会营造一种错觉，买人寿保险可以合法避债，事实上，在实际中确实存在一些保险公司以人寿保险可以避债作为宣传，招揽客户。

另一方面，司法实践中，关于人寿保单现金价值的强制执行，法院往往直接解除保险合同，对保单现金价值进行划扣。法院解除保险合同并没有法律依

---

① 《最高人民法院关于人民法院民事执行中查封、扣押、冻结财产的规定》第29条规定，人民法院冻结被执行人的银行存款及其他资金的期限不得超过6个月，查封、扣押动产的期限不得超过1年，查封不动产、冻结其他财产权的期限不得超过2年。法律、司法解释另有规定的除外。申请执行人申请延长期限的，人民法院应当在查封、扣押、冻结期限届满前办理续行查封、扣押、冻结手续，续行期限不得超过前款规定期限的1/2。

据，却以此执行人寿保单现金价值，造成执行程序的不合理。

由此，防止保险成为债务人“合法避债”的港湾，以及维护执行程序的合法有序性，就成为作者的初衷。

本书支持人寿保单现金价值的强制执行，通过论证人寿保单现金价值归属于投保人、人寿保单现金价值是一种附条件的债权且不具有人身专属性等方式说明人寿保单的现金价值可以被强制执行。之后又指出了现行人寿保单现金价值强制执行的方式存在诸多问题：法条适用的不正确以及法院代为解除保险合同的不合理性。并提出通过债权人提起代位之诉解除保险合同，为保险合同解除提供法律依据的同时，实现保单现金价值的执行。此外，为了平衡保险各方的利益，通过引入介入权制度和豁免制度，使保险各方的利益达到均衡。

参考文献

1. 陶存文．人寿保险理论与实务［M］．北京：高等教育出版社，2011.

2. 彭虹，豆景俊．保险法［M］．广州：中山大学出版社，2003.

3. 华承承．人身保险现金价值强制执行法律问题研究——兼浙高法执〔2015〕8号文理解与适用［J］．（2017）浙江保险科研成果选编.

4. 马向伟．人寿保险单的现金价值可以被强制执行［J］．人民司法（案例），2016（17）.

5. 王静．保险类案裁判规则与法律适用［M］．北京：人民法院出版社，2013.

6. 樊启荣．保险法论［M］．北京：中国法制出版社，2001.

7. 左稚华，张念．人身保险保险单现金价值权属问题研究［J］．广东金融学院学报，2007，22（4）.

8. 武亦文．保单现金价值强制执行的利益衡平路径［J］．法学，2018（9）.

9. 邢海宝．中国保险合同法立法建议及说明［M］．北京：中国法制出版社，2009.

10. 杨临萍，刘竹梅，林海权．关于适用《保险法若干问题的解释（三）》的理解与适用［J］．人民司法（应用），2016（1）.

11. 常敏．保单现金价值归属的法律解释逻辑［J］．环球法律评论，2018（5）.

12. 李云滨，葛忠仁．人寿保险合同现金价值强制执行的理论基础与进路选择［M］//胡云腾．法院改革与民商事审判问题研究．北京：人民法院出版社，2018.

13. 邵杰．人寿保险合同现金价值执行之立法规制［J］．上海保险，2017（2）．

14. 岳卫．人寿保险合同现金价值返还请求权的强制执行［J］．当代法学，2015（1）．

15. 韩世远．合同法总论［M］．北京：法律出版社，2011．

16. 姚金阳．我国代位权客体法律规定性质探究［J］．中央民族大学学报（哲学社会科学版），2015（42）．

17. 崔建远．合同法［M］．北京：北京大学出版社，2013．

第十章　网约车保险理赔纠纷案

一、最高人民法院公报案例案情简介

2015 年 7 月 28 日下午，被告张某通过打车软件接到网约车订单一份，订单内容为将乘客从南瑞集团送至恒大绿洲小区。张某驾驶其自有轿车接到网约车乘客后沿前庄路由西向东行驶至清水亭东路丁字路口往南右转弯过程中，与驾驶电动自行车的原告程某发生碰撞，致程某受伤、车辆损坏。南京市公安局江宁分局交通警察大队以无法查清程某是否遵守交通信号灯的情况为由，出具宁公交证字〔2015〕第 0018 号道路交通事故证明。原告程某受伤住院治疗，医院诊断其急性闭合性重型颅脑损伤。经鉴定，程某颅脑损伤所致轻度精神障碍，日常活动能力部分受限，构成九级伤残。原告因本次事故产生医疗费、误工费、护理费等其他费用合计 279 236. 34 元。

经审查被告张某驾驶的轿车行驶证上的使用性质为“非营运”。2015 年 3 月 27 日，张某在被告人保财险南京分公司为该车投保了交强险、保额为 100 万元的商业三者险，保险期间均自 2015 年 3 月 28 日起至 2016 年 3 月 27 日止。保单上的使用性质为“家庭自用汽车”。

本案争点主要为被告人保南京分公司是否应当在商业三者险内赔偿的问题。法院依据《保险法》第 52 条的规定，认为被告张某的营运行为使被保险车辆危险程度显著增加，张某应当及时通知被告人保财险南京分公司，人保财险南京分公司可以增加保险费或者解除合同返还剩余保险费。张某未履行危险增加通知义务，且其营运行为导致了本次交通事故的发生，人保财险南京分公司在商业三者险内不负赔偿责任，最终判决被告人保财险南京分公司仅在交强险责任限额内赔偿原告程某，对交强险责任限额之外的损失，保险人不负赔偿责任。

二、案例评析

保险合同是投保人与保险人签订的转移被保险人风险的协议，其具体内容为投保人向保险人支付一定的保费，保险人承诺在特定危险发生或约定期限到来时向被保险人赔偿或给付相应保险金。一方面，基于保险法的最大诚信及对价平衡原则，当保险标的危险程度显著超出保险合同订立时保险人据以计算保险费率的考量因素时，该显著增加的危险并未涵盖在保险人最初收取的保费之中，保险合同当事人之间基于承保风险与保费之对价平衡被打破。依据我国《保险法》第52条的规定，被保险人此时应将保险标的危险显著增加的事实通知保险人，由保险人按合同的约定采取增加保费或者解除保险合同的做法以期恢复保险人与投保人之间的权利义务对等的状态；另一方面，从保险公司角度而言，保险公司作为风险的集中消化者，诚然承担着分摊损失和经济补偿两项功能，然而保险公司作为营利法人，其保费是严格依据风险大小计算而得，当私家车转变为网约车时，风险显著增大，保费与保险公司所承担的风险不相匹配，是故，保险公司在此情况下拒赔也不无道理，否则保险公司势必面临保费不足以支付保险金的困境，影响保险公司的经营。本案法院也是基于此作出上述判决。

最高人民法院该公报案例貌似给司法实务处理网约车交通肇事保险纠纷提供了较为明确的指导，明确了私家车接入网约车平台从事网约车运营的属于保险标的显著增加的情形，被保险人应当依法履行危险增加时的及时通知义务，被保险人违反该义务的，将承担保险人拒绝赔偿商业三责险保险金的法律后果。

然而，在本案中，被告张某将私家车接入网约车平台从事营运业务的行为，使保险标的的危险程度显著增加，在此过程中发生保险事故，法院依《保险法》第52条规定，以被告张某违反危险增加通知义务为由判决被告张某败诉，保险人不承担交强险之外保险金（也即商业三者险范围内的保险金）赔付责任的判决并未真正触及网约车交通肇事保险纠纷的问题实质之所在。

我们不妨进一步思考，便能发现简单适用《保险法》第52条规定尽管可以解决现有纠纷但却并未真正解决涉网约车侵权责任风险，隐含于此类纠纷背后的实质问题在于责任保险在网约车侵权纠纷中的适用问题。具体而言，保险标的因改变使用性质而致危险程度显著增加，试想，若被保险人及时向保险人履行了危险增加通知义务，法律后果又会如何？依现行《保险法》第52条第1款的规定，保险人此时可以按约定增加保险费或解除保险合同，退还保费。那么，在实务中网约车责任保险缺位的状态下，其一，如若保险人选择增加保费，应该如何增加保费，是完全依照营运车辆危险所对应的保险费率计算保费还是根据网约车的危险程度在营运车险的车险费率基础上适当调整呢？完全按照营运车险的保险费率计算保费，该保费明显超出了网约车的危险程度，出现矫枉过正的结果；适当调低的标准又不明确，对价平衡原则适用出现了危机。其二，如若保险人选择解除保险合同，退还保费，那么网约车因并无相应的保险以转嫁运营过程的风险，其运营过程的安全问题又该如何保障呢？

换言之，网约车营运性质与其车险非营运性质之间已然出现了矛盾，网约车运营过程中的风险转嫁问题正面临来自法律层面与现实层面的双重困境。

（一）网约车责任保险的法律困境

1. 网约车的概念界定缺失

网约车，是网络预约出租汽车的简称。2016 年 7 月，7 部委联合颁布的《网约车预约出租汽车经营服务暂行管理办法》（以下简称《暂行办法》）第 2 条仅对网约车经营服务作了以下界定："以互联网技术为依托构建服务平台，整合供需信息，使用符合条件的车辆和驾驶员，提供非巡游的预约出租汽车服务的经营活动。"然而在如今的网络打车平台提供的出行服务多样的背景下，网约车到底指的是哪些车辆，仍无明确界定。

根据《暂行办法》第 2 条，一方面，该条明确网约车服务的营利性，故这里所说的网约车不包括顺风车等非营利性互联网出行模式；另一方面，该条明确将网络预约出租车视为出租汽车的一种形式，故非巡游的网络预约出租车将和传统巡游式出租车并列成为出租车的两种类型之一，由此可以得出网约车是与传统出租车相对应的出租汽车服务。而在营利性出行服务类型中，专车与快车是两类与传统出租车服务内容相同的移动出行服务类型，仅在提供服务的方式上区别于传统出租车。是故，笔者在此分析的网约车主要指的是移动出行服务类型中的专车和快车，具体指的是与传统巡游式出行方式相对应的，借助互联网形成的网约车平台为司机和乘客提供客运服务的出行方式。

2. 网约车责任保险法律制度缺失

《暂行办法》的出台意味着网约车日常运营自此获得正式法律地位，这对网约车在我国的发展而言具有里程碑式的意义。从《暂行办法》的具体规定中我们可以得知该部门规章在赋予网约车运营合法地位的同时，更多地在于对网约车运营的安全性提出了较高的要求，不论是网约车司机、网约车车辆还是网约车平台均设置了不同程度的准入门槛。然作为加强网约车行政监管的部门规章，其不免更多地偏向于从方便行政监管部门管理的角度出发，而对与此相关的民商法领域的问题规定却有失偏颇。尤其是在涉及网约车运营过程中发生事故造成人身或财产上的损失应当由谁作为赔偿责任主体承担赔偿责任的问题上，鉴于目前网约车责任保险的缺失且考虑到网约车平台作为网约车运营法律关系中经济实力较为雄厚的一方，由其承担事故发生所产生的赔偿责任能够最大限度地保障赔偿义务的履行以及受害方获得损害赔偿的权利，《暂行办法》规定由网约车平台承担承运人责任，并要求其购买相关保险。事实上，网约车平台经营模式大致分为两类：一类是网约车平台与司机之间是客运合同法律关系，平台与司机之间为劳动合同关系；另一类是司机与乘客之间为客运合同法律关系，而网约车平台的法律地位为信息提供者。是故，《暂行办法》该规定显然有置网约车实际运营过程中网约车平台、网约车司机与乘客之间法律关系的差异于不顾之嫌。

（二）网约车责任保险的现实困境

1. 网约车营运与非营运兼具的特性与可投保险之间的矛盾

网约车虽经由私家车转化而来，但其因同时提供网约车服务而使车辆使用性质处于营运与非营运兼具的尴尬境地，实际上模糊了营运与非营运的界限。网约车可投保车险应为一种介于营运与非营运性质之间的车辆保险。

然而，我国目前保险市场上直接针对网约车特点的保险产品仍处于缺失的状态，这也使得网约车应购买何种保险仍不明确。笔者将具体原因概括如下：其一，虽网约车经由私家车转化而来，但从前述所提案例中得知，在私家车接入网约车平台提供网约车服务时，车辆使用性质改变，原本非营运的车辆转变为营运车辆，原来适用于私家车的保险已经不能保障私家车提供网约车服务时的风险。其二，保险是基于大数法则的基础上产生的，在新型网约车出现后，涉及网约车的风险数据不够充分，不足以使保险人在短时间内开发出相应保险产品；且网约车被赋予合法地位不久，保险公司对此仍处于产品研发中。

2. 网约车风险转嫁需求与现有网约车保险保障之间的矛盾

根据《暂行办法》对网约车平台的投保要求，滴滴、易到、优步等网约车平台均在一定程度上提供相应保险。据滴滴公司官方网站显示，“滴滴成立安全管理委员会推出基于大数据技术的智能交通安全保障体系，同时为司机和乘客推出行业领先、高达120万元人民币的滴滴平台司乘意外综合保险”。易到用车“为了更好地保障用户安全体验，易到为平台上的专车司机和乘客提供了一份易到平台司乘意外综合险，最高保额可达150万元”。然司乘意外综合险保障的仅是司机与乘客的人身安全，换句话说司乘意外险仅属于车上人员险的范围，除了车上人员险，网约车最常发生的还有对受害第三人的人身和财产损害以及提供网约车服务的车辆本身的损害，这些均不能受到保险保障。此外，司乘意外综合险作为责任保险的一种也受到保险范围与责任限额的限制，一旦发生保险事故超出责任限额的范围，遭受损失的网约车车辆和受害人将无法获得网约车平台保险的保障。有的网约车平台为了吸引更多的注册用户也为使用其平台出行的乘客提供意外险，但该意外险只有实名注册用户才能享用，很多用户非实名注册仍享受不了该意外险的保障。

是故，在当前直接针对网约车的保险缺失的状态下，现行网约车尽管也可投保保险转嫁运营过程中的部分风险，作为一种应急之举，仅能适当缓解网约车保险保障的空白所带来的困境，部分解决网约车风险转嫁问题，其运营过程中诸如第三者责任险等风险仍在保险保障之外，得不到有效解决。

综上所述，笔者认为上述公报案例虽名为《保险法》第 52 条规定的适用问题，但实质上真正解决该类纠纷的实质在于网约车运营过程中的保险转嫁问题。潜藏于该公报案例背后的问题已经严重影响到网约车运营中第三人的安全保障问题，如若不恰当解决，暴露于保险保障之外的网约车运营中的责任风险势必损害网约车运营中各方主体利益。鉴于网约车运营过程中保险保障的法律与现实双重困境，以及转嫁网约车责任风险保障运营安全的现实需求，尽快解决网约车运营中责任保险的适用很有必要。

第十一章　违反危险增加通知义务保险理赔纠纷案

一、危险增加通知义务之实证考察

（一）审判实践中涉及危险增加条款案件之分析

笔者在中国裁判文书网①中以“法律依据”→“《保险法》第52条”为检索条件，截至2019年1月29日，共出现119条检索结果。笔者又以同样之检索条件，在把手案例②中进行了检索，共出现113条检索结果。其中，如图11.1所示，机动车交通事故责任纠纷为主要案件类型，具体上多为机动车改变用途而未通知保险人，而后发生交通事故保险公司是否免责这种情况。

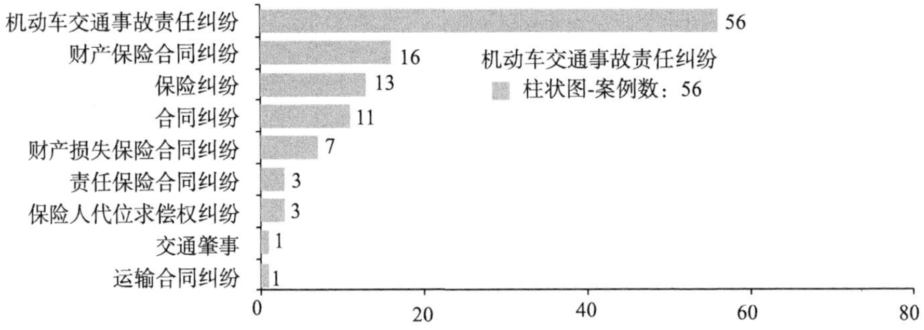

图11.1　机动车交通事故责任纠纷案件类型

此外，就案件发生的时间来看，如前文所述的那样，近年来共享经济的兴起使得类似案件迅速增加（见图11.2）。事实上，由于《保险法》第52条不甚完善，加之事实判断中不可避免的主观性，司法实践中出现许多状况，在一些问题上存在着争议。在保险合同危险增加条款适用范围、危险增加通知义务的性质上，法院判决多有不同。本书将列举几个典型案例加以分析。

---

① 中国裁判文书网，http：//wenshu. court. gov. cn/，访问时间：2019年1月29日。

② 把手案例，http：//www. lawsdata. com/，访问时间：2019年1月29日。

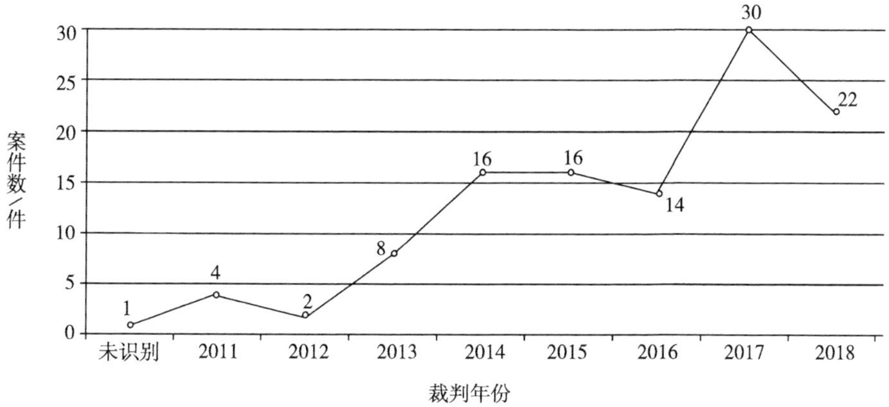

图 11.2　近年来保险案件数

注：上述图表依把手案例检索之结果绘制。

（1）在安华农业保险股份有限公司绥中支公司与绥中县万顺汽车租赁有限公司财产保险合同纠纷一案中，① 被告认为，案外人将车辆转让给我方，这种情形不能必然导致保险标的危险程度显著增加。终审法院认为，“但何种情形属于保险标的的危险程度显著增加的情形，法律没有明确规定，保险条款中也未对何谓危险程度显著增加予以列明”。该判决表明，我国司法实践中对“危险增加”内涵的界定实际上处于一种十分模糊的状态，特别是在争议多发的机动车保险领域。这种缺少明确标准的状态实际上造成了案件审理的“迷茫”。

（2）在储××、杨××、中国平安财产保险股份有限公司常州中心支公司等机动车交通事故责任纠纷一案②中，法院认为，《保险法》第 52 条规定在合同有效期内，保险标的的危险程度显著增加的，被保险人应当按照合同约定及时通知被保险人，被保险人未履行通知义务的，因保险标的的危险程度显著增加而发生的保险事故，保险人不承担赔偿保险金的责任，属于法定免责事由，不同于一般的法律禁止性规定，法定免责事由无论是否记载于保险条款或向被

① “安华农业保险股份有限公司绥中支公司与绥中县万顺汽车租赁有限公司财产保险合同纠纷案”［辽宁省葫芦岛市中级人民法院（2017）辽 14 民终 584 号］。

② “储××；杨××、中国平安财产保险股份有限公司常州中心支公司等机动车交通事故责任纠纷案”［常州市钟楼区人民法院（2018）苏 0404 民初 3461 号］。

保险人明确说明均生效。①

（3）中国人民财产保险股份有限公司扬州市分公司与陆某智、陆某峰等机动车交通事故责任纠纷一案②中，针对当事人提出的与案例二相同的主张，法院认为，中国人民财产保险股份有限公司扬州市分公司作为保险人与投保人在签订商业第三者责任险时，其公司不能证明投保单正文所载明的“免除保险人责任的条款”、《机动车交通事故责任强制保险费率浮动告知单》投保人处签名系涉案车辆车主所签，保险人未履行向投保人作出提示或者明确说明的义务，因此该《机动车综合商业保险免责事项说明书》对被保险人不产生效力。故中国人民财产保险股份有限公司扬州市分公司在机动车第三者责任险限额内应承担赔偿责任。③

从上述（2）、（3）两个案例可以看出，对于“危险增加通知义务”的性质存在着法定义务和约定义务两种观点的分歧。就案例二来看，显然法院将该义务认定为法定义务。而从案例三的结论观之，法院明确将该通知义务视为一种约定义务。当保险合同中相关条款因某些事由而无效时，该通知义务也就不复存在。现实司法实践中存在两种观点的碰撞，由此出现了“同案不同判”的尴尬局面。

（二）保险法规现行规定之探析

我国《保险法》在第49条和第52条两处规定了危险程度显著增加。但危险增加通知义务主要集中在后者，该条文规定了保险标的危险程度显著增加后被保险人应履行的通知义务。并分别规定了履行通知义务的法律效果和未履行该义务而发生保险事故的法律结果。2018年，《〈保险法〉解释（四）》出台，

---

① 相关案例另行参见“杨某、铜仁市碧江区凤顺汽车租赁中心机动车交通事故责任纠纷二案”［贵州省铜仁市中级人民法院（2017）黔06民终525号］、“李某某与中国平安财产保险股份有限公司北京分公司财产保险合同纠纷案”［北京市顺义区人民法院（2018）京0113民初1270号］。

② “中国人民财产保险股份有限公司扬州市分公司与陆某智、陆某峰等机动车交通事故责任纠纷案”［江苏省扬州市中级人民法院（2018）苏10民终144号］。

③ 相关案例另行参见“安邦财产保险股份有限公司吉林分公司与刘某1、刘某2、宋某兴、矫某芬、于某、李某、陈某军机动车交通事故责任纠纷案”［长春市中级人民法院（2017）吉01民终1781号］、“安盛天平财产保险股份有限公司中山中心支公司、许某1机动车交通事故责任纠纷案”［广东省中山市中级人民法院（2017）粤20民终93号］、“徐某龙、阳光财产保险股份有限公司庆阳中心支公司与雷某瑞、豆某花等机动车交通事故责任纠纷案”［甘肃省庆阳市中级人民法院（2017）甘10民终155号］、“永安财产保险股份有限公司贵州分公司、柏朝林财产保险合同纠纷案”［贵州省安顺市中级人民法院（2018）黔04民终616号］、“中国大地财产保险股份有限公司韶关中心支公司、段某红机动车交通事故责任纠纷案”［广东省韶关市中级人民法院（2018）粤02民终366号］、“陈某建、张某机动车交通事故责任纠纷案”［广西壮族自治区北海市中级人民法院（2018）桂05民终527号］。

其中第4条提出了若干项关于危险增加的判断标准，为审判实践提供了指引。该司法解释对“判断标准”给出了微观上的界定，但由于现实情况的复杂性与判断的主观性，仍需要在宏观上对其判断标准予以限定。上述法规与司法解释构筑了我国法上危险增加通知义务法律体系。但就该体系而言，仍有很多问题没有解决。第一，何为“危险程度显著增加”？第二，由于违反该条文的严重后果，应对这种义务作何种限制？第三，就体例编排而言，该义务置于财产保险章节中，对其他保险是否适用？第四，该种义务的履行路径为何？法律规定之两种法律后果是否合理？是否应作进一步分析？明确上述问题，对投保各方都有着重要意义。

二、危险程度显著增加概念厘定及通知义务性质分析

（一）危险程度显著增加概念之确定

何为“危险程度显著增加”？我国《保险法》第52条中仅提出了“危险程度显著增加”之概念，但并未给予明确定义，相关司法解释也未对此作出明确说明。① 由于缺乏明确的指引，司法实践对此问题表现出无所适从的状况，许多情形近似的案件得出了完全对立的判决结果。

学者们对此也有着不同的观点。江朝国先生认为，“所谓危险增加系指订约当时保险人所未曾预料或未予估计之危险发生可能之增加”。② 樊启荣教授认为，“危险增加是指保险标的原危险状况在保险期间发生显著持续增加，该增加在缔约时未予估计并作为计算保险费率的基础，继续履行原合同，对于保险人显失公平”。③ 基于最大诚信原则及对价平衡原则，投保人及被保险人应就保险标的之危险程度加以说明与陈述，以供保险人作为核保并厘定所承担风险相当保险费之参考。④ 在美国法中，法官在某些案件中曾对危险增加作出了这样的定义，即“当被保险财产进行新的使用或者其物理状态于保单签发时发生改变，且此种新的使用方式或者业已变化的状态增加了保险人承担的风险，便构

① 最高人民法院《关于适用〈中华人民共和国保险法〉若干问题的解释（四）》（征求意见稿）第4条规定：保险标的危险增加程度超过保险人承保时可预见的范围，足以影响保险人决定是否继续承保或者提高保险费率的，应当认定为《保险法》第49条、第52条所称的保险标的“危险程度显著增加”。但最高人民法院最终审议通过的《〈保险法〉解释（四）》中删除了对“危险程度显著增加”的定义。

② 江朝国：《保险法基础理论》，中国政法大学出版社2002年版，第176页。

③ 樊启荣：《保险法》，北京大学出版社2011年版，第90页。

④ 张冠群：“台湾保险法关于危险增加通知义务之解构与检讨”，载《政大法学评论》2013年第2期，第91页。

成危险增加”。[①] 笔者认为，所谓危险程度显著增加，应当是在保险合同有效存续期间内，由各种原因所引起的未为保险人所事先评估的保险事故发生概率上升的情况。这种保险人未曾知晓的风险可能促使保险人拒绝承保或者应用与当前规则不同的合同文本。

（二）危险增加通知义务的性质辨析

法定义务与约定义务是合同义务的一种典型的分类方式，我国《保险法》第52条规定的通知义务之性质如何对于实践至关重要，这关乎着该义务能否适用《合同法》之格式条款规则，能否以保护投保方利益从而被排除的情况。

依我国现行法律来看，《保险法》第52条第1款规定，“在合同有效期内，保险标的的危险程度显著增加的，被保险人应当按照合同约定及时通知保险人，保险人可以按照合同约定增加保险费或者解除合同”。从法律解释学角度，按照狭义法律解释，应先进行文义解释。[②] 该条中明确规定了“按照合同约定”，则从该法条文义上讲，似乎将该义务规定为约定义务。另外，从保险法的历史沿革来看，自1995年《保险法》公布生效以来，历经了2002年，2009年，两次大范围修订，但该条文中“按照合同规定”却一直没有改动，这似乎也能证明该义务是一种约定义务。

但笔者认为，将该种义务理解为法定义务可能更符合立法本意，二者是一种非此即彼的关系。保险合同的性质及保险业的特点决定了保险人在承保之后不可能及时了解到保险标的变动的情况，保险标的风险变动实际上处在一种不确定的状态之中。为了再平衡这种不确定性导致的投保双方利益失衡，基于危险的本质属性、最大诚信原则、对价平衡及投保双方之间信息差异的考虑，法律要求被保险人或投保人或其他义务人应在危险程度显著增加时通知保险人。

1. 法定义务的理论基础

（1）保险法意义上“危险”的特殊性。在现代社会中，“危险”呈现出多样化的特征，它既可以指宏观上的某种后果，也可以指代微观个体损失发生的可能性。然就保险法视角考量，并非所有意义上的“危险”均能向保险人所转移，只有可保风险才能构成保险法意义上的或者说保险人所能承保的风险。危险的“偶然性”是构成可保风险的必要条件。这种“偶然性”要求危险有发生的可能性、发生概率上具有不确定性，且其非为故意之危险。当危险程度显著增大时，保险事故发生的概率会迅速上升。这种情况下，危险发生的“不确定

① ［美］肯尼斯·S. 亚伯拉罕：《美国保险法原理与实务》，韩长印等译，中国政法大学出版社2012年版，第231页。

② 王利明：《法学方法论》，中国人民大学出版社2012年版，第128页。

性”在一程度上已经变成了一种“确定性”。另外，在被保险人或投保人故意造成保险标的危险增加时，这种“危险”成为可预知之事实，“就个体而言，可预知的危险带有必然性”①。上述情况表明，当危险程度显著增加时，原有“危险”的本质属性已经被破坏，保险人自有权利在新的“危险”之基础上决定解除合同或者变更合同条款。

（2）保险合同订立的基础信息不对称性。“在完备的保险市场中…这样的话，一个人购买保险的行为对其他任何人的保险费率与事故概率都不会有影响。然而，现实情况是保险市场完美运行这一理想就不曾实现过。妨碍保险市场完美运行的障碍之一就在于信息不充分”②。保险合同的特殊性质导致其为信息高度不对称性合同。无论是在合同成立前或者在合同成立后，投保双方所控制的信息无论是在“质”或者“量”上都存在巨大的差距。对于保险人和投保人来说，信息偏在都是客观存在的事实。③ 这种信息偏在存在于两个维度中。一方面，保险产品的复杂性、专业性，保险合同的附和性，合同条文的冗长，文辞表达的刻意晦涩化，使得一般社会公众很难准确理解自己购买的保险产品实质究竟如何，保险合同条款具体含义又如何。另一方面，以财产保险为例，保险人所能了解和掌控的，仅仅是在订立保险合同时该保险标的所处的环境和所具有的风险。在保险合同成立后，保险人无法控制其所承保的风险，也无法了解该财产的使用状况，“被保险人就其可能遭受的某些方面的风险比保险人更具有信息优势”。④ 结果就是“保险人无论于缔约时或缔约后关于危险的掌握及控制于事实上几乎立于无能之地位”。⑤ 如果保险人处在这样一种地位即决定如何承担危险增加的责任，他们必须首先被通知危险增加的情况已经发生。要求保险人在大多数保险中去监控个体风险在经济上是无效的。因此在实践中保险人通常加入类似保险条款要求相关义务人通知保险人他们知道或者应当注意到的危险增加的情况。

（3）最大诚信原则的要求。诚实信用原则为现代合同法之基本原则，保险合同法作为合同法之特殊法，自然包含在诚实信用的辐射范围之内。然保险合

① 高宇：《中国保险法》，高等教育出版社 2015 年版，第 10 页。

② ［美］肯尼斯·S. 亚伯拉罕：《美国保险法原理与实务》，韩长印等译，中国政法大学出版社 2012 年版，第 6 页。

③ 潘红艳：“论保险人的免责条款明确说明义务——以对保险行业的实践考察为基础”，载《当代法学》2013 年第 2 期，第 91 页。

④ ［美］肯尼斯·S. 亚伯拉罕：《美国保险法原理与实务》，韩长印等译，中国政法大学出版社 2012 年版，第 6 页。

⑤ 江朝国：《保险法论文集（一）》，瑞兴图书出版股份有限公司 1997 年版，第 140 页。

同较一般合同而言有着其特殊性，保险人在多数情况下无法对保险标的作深入而准确的了解。通常的情况是，保险人对该种类型的一般的保险标的进行风险评估，在此基础上依据投保人的告知、通知、保证等，决定是否承保以及确定具体保险费率，与之相对应的是投保人对于保险合同条款也处于一种未解其深意的状态，因而《保险法》要求保险人就上述事项进行说明。若双方为自己利益而相互欺骗，保险合同关系是根本不可能成立的，其分散风险的作用也将不复存在，保险市场将会萎缩直至消亡，最终损害只能由投保双方来承担。因而传统合同法中的诚实信用原则转变为保险法之“最大诚信原则”（绝对诚信原则）。保险合同的当事人在保险法律关系的设立、变更、消灭时，应当秉承真实无欺瞒的原则，在此基础上，各方才能维持利益的基本均衡。当任何一方违背基本的诚信，无论是否导致其他当事人利益受损，由于双方合作之基础已被打破，失信一方自然应承担合同被解除或其他不利的后果。

（4）投保双方“给付的均衡”。公平，是法律所期望达到的社会状态，这种状态以“合同正义”体现在合同法中。而这种“合同正义”以双务合同为对象，强调着双方之间对待给付的合理性与等值性。保险合同作为典型的双务合同，自然要求实现“给付的均衡”。保险人所要求的保费通常由两部分构成，一部分是纯保费；另一部分是附加保费。以车险为例，纯保费往往占到保费的60%左右，而这部分保费的作用在于覆盖保险公司期望的赔付额。① 保险费率厘定的基础在于保险精算的应用。“大数法则”为保险人预测某种风险的发生提供了概率论武器，为纯保费的计算提供了理论依据。保险精算则为费率确定提供了具体的标准。但上述理论工具皆是建立在对保险标的风险的正确评估之上的。

（5）保险活动之特殊性。保险活动既有其他商业活动的共性，也有其自身之特殊性。就一般商业活动而言，多数情形仅涉及双方的权利义务关系，合同之履行对第三人影响很少甚至没有任何影响。但保险活动除了涉及投保双方之外，还影响着保险共同体之利益，其具有广泛的社会影响，往往关系到社会公共利益。在这种情况下，一个稳定的、负有偿付能力的保险业态就显得至关重要。

保险企业之所以能够稳定地经营下去，一个重要的原因就是保险资金池的积累。这种积累是建立在保险费与保险标的事故发生可能性相均衡之上的，正是这种均衡使得保险人能够维持保险资金池“储量”稳定，使得保险业得以存

① 李政宵、孟生旺：“相依风险条件下的汽车保险定价模型”，载《保险研究》2016年第7期，第68页。

续和成长，维持保险人正常的偿付能力。倘若在保险期间保险标的的危险程度发生了显著的增加而保险人在签订保险合同时并未预见到这种危险，则保险人将被迫承担未付对价之风险，这显然有违“合同正义”之原则。由于保费和保险标的可能遭受的危险已经失衡，从而导致保险资金池的“出多入少”，长此以往，保险人将最终无法偿付其可能支付的保险金，最终损害的是危险共同体的利益。在“给付的均衡”被打破或将引发损害时，保险人自当有重新估定风险之权利。

2. 法定义务的立法例及其理由探析

依全国人大法工委相关人士解释，“被保险人没有履行法律规定的通知义务的就该对由此产生的后果负责”①。另外，就历史解释而言，在《保险法》制定之前，国务院制定的《中华人民共和国财产保险合同条例》第 14 条规定“保险标的如果变更用途或者增加危险程度，投保方应当及时通知保险方，在需要增加保险费时，应当按规定补交保险费。投保方如不履行此项义务，由此引起保险事故造成的损失，保险方不负赔偿责任”。从之也可以看出立法时对于该义务强调为法定义务。于各国（地区）立法观之，大都将此种通知义务规定为一种法定之义务。大陆法系基本上都将该义务规定为法定义务②，我国《保险法》多借鉴大陆法系经验，此处也应解为法定义务。例如我国《澳门商法典》第 979 条第 1 项规定，投保人应于知悉风险增大后 8 日或约定之其他期限内，以完整及明确方式将一切与合同生效期间发生或知悉之风险增加之情款

① 卞耀武：《〈中华人民共和国保险法〉释义》，法律出版社 1996 年版，第 83 页。

② 事实上典型的普通法国家，如英国、荷兰在法律中并没有强制性的规定危险增加通知义务。针对这一问题，确实存在着立场的对立。而且在英国，即使保险合同中规定了该种或者相似的义务，法院也会倾向于通过句法分析来否定这种义务。例如有的法院认为，“因此，如果保险人希望当危险临时增加时被保险人向其发出通知，则保险人必须在合同中添加额外的条款”。在 Kausar v. Eagle Star Insurance Co Ltd 一案中，被保险人没有告知保险人由于承租人和次承租人而导致该保险标的危险程度增加。而合同中一个条款是：“你必须告诉我们任何关于导致伤害或损失增加的情况的改变。在我们同意接受危险增加这种情况之前，你将不能得到合同所规定的任何保险金。”而这一条款被法院认定为无效。如下是这个条款的关键部分“保险合同必须被强制终止……如果有任何在建议表中规定的危险增加之事实发生…除非保险人同意继续承保。”另参见 Glen v. Lewis 一案。1853 8 Ex. 607。参见 John Birds, Birds' Modern Insurance Law (Sweet&Maxwell, 2013, Ninth Edition), p. 151。但是在其他著作中，则将之认定为一种法定义务。“这种情形是一种特殊责任，即使这个条款没有在保险单中明确列明”“它（指危险增加通知条款）在保险单中是一个默认条款，即被保险人不能在保险期间实施任何保险单中没有列明范围的可能导致危险显著增加行为”。参见 Robert H. Jerry II, Douglas R. Richmond., Understanding insurance law, (LexisNexis Matthew Bender, 2007 edition.), p. 406.

通知保险人。① 又如《德国保险合同法》第23条，《意大利民法典》第1989条第1款，《波兰民法典》第815条。从上述法律规定来看，其中并无诸如“按合同约定”之词句，而是明确规定投保人的通知义务。

3. 法定义务与约定义务之对立

正如前述司法判例中所显示的那样，在实践中，该义务往往与合同法中格式条款以及保险法中保险人说明义务相关联。当保险人以保险标的构成危险程度显著增加，义务人未履行通知义务为理由而拒付保险金时，保险合同另一方当事人通常会以保险人未履行说明义务作为抗辩理由。现实情况是，尽管保险人采用了保险法中所规定的加粗等足以引起投保人注意的提示且被保险人已经在“本人已明确知晓上述条款”的确认栏中签字，但由于说明义务的举证（特别是在口头说明的情况中）相对困难，法院在多数情况下会认定保险人未履行说明义务从而导致该条款无效。② 这实际上导致了《保险法》第52条被架空，投保人或被保险人的这种通知义务就不复存在，法律恢复双方利益均衡的努力也将化为泡影。因而，无论从理论上、从立法例逻辑中或是从现实经验考虑，该义务都应当解释为法定义务。

有相关学者拟订的保险法修订专家意见稿对该条款做了改动，“在合同有效期内，保险标的危险显著增加的，投保人、被保险人应及时通知保险人…”。③ 因此，在未来修订保险法时，可以借鉴相关比较法之规定与学者建议，将“按合同约定”之限定去除或加以明确，以减少理解之误差，免得徒增烦扰。至于现行法律之规定作何理解，有观点认为“可以理解为保险人和投保人对于被保险人危险增加通知义务的详细内容和履行方式进行约定”，④ 笔者认为这种观点值得借鉴。

三、危险程度显著增加之界定方式

如前文所述，危险增加通知义务乃法律要求投保人或被保险人履行之法定

---

① 商法典，澳门特别行政区政府印务局，http://bo.io.gov.mo/bo/i/99/31/codcomcn/codcom0901.asp 访问日期：2018年9月12日。

② 时间维度为2013年至2017年，以“保险格式条款”、“说明义务”等为搜索条件，共检索到150份生效判决，其中涉及格式条款49份，被认定为无效的多达44份。参见任超：《保险格式条款司法适用实证研究》，华东政法大学2018年硕士论文，第7页。另以“保险免责条款提示说明义务”“证明责任”等为检索条件，时间维度为2005年至2016年，整理后获得112份有效判决中，认定为无效的为81件。参见李彩薇：《保险合同免责条款提示说明义务研究》，中国社会科学院研究生院2017年硕士论文，第7~8页。

③ 尹田、任自力：《保险法前沿》（第四辑），知识产权出版社2017年版，第299页。

④ 付海剑：“论保险法中危险增加通知义务”，华东政法大学2016年硕士论文，第14页。

义务，一般情况下，保险人都会在保险合同中对该义务予以明确。但是否是所有保险合同中规定的情况，被保险人或投保人都要履行该项义务，并承担不履行该义务的不利后果？有学者从一般合同法理念上考虑，认为："凡在合同中约定的须通知的危险增加情形皆属重要危险增加，纵使客观上不属于重要危险增加，亦在其内。"① 笔者认为这种观点似不可取。在美国法中，实践上通常以多种方式来缓和此种条款（指危险增加条款）可能具有的严苛效果。比如在谁是"被保险人"这一问题上作出调整，将"因被保险人知道或者能够控制的方式"中的"或者"解释为"并且"，要求危险增加的时间够长且规模足够大。②

我国《保险法》第52条规定的"危险显著增加"，是指在保险合同有效存续期间内，由各种原因所引起的未被保险人事先评估的保险事故发生概率上升的情况。这种保险人未曾知晓的风险可能促使保险人拒绝承保或者适用与当前规则不同的合同文本。《〈保险法〉解释（四）》③ 的出台为判定是否构成危险增加提供了相对具体的参考，但由于现实情况的复杂性，实务中危险增加的判断的主观色彩十分浓厚。因此，在确定"危险"时，还应当考虑其是否符合或具备以下几个要素。

（一）增加危险之重大性

作为保险所承保的"危险"的不确定性以及保险合同的特点决定了保险合同订立后，该"危险"随时可能发生改变，但被保险人都要履行通知义务吗？答案显然是否定的。法律通过"增加的重大性""显著性"来限制保险合同中该条款的影响。若"增加"或者"加重"在损害补偿保险中，是由于保险标的的合理损耗或者在人身保险中由于被保险人年龄的增加显然不属于"重大的"范畴中。例如《欧洲保险合同法》第4：201条、《法国保险法典》－保险合同（ICA）第113－4条第一款、《德国保险合同法》第23条、《希腊保险合同法》第4条第1款、《意大利民法典》第1989条第1款、《西班牙保险合同法》第11条之规定。

"危险增加的量变达到某一质变程度，方可构成法律或合同基础所不能容

---

① 刘宗荣：《保险法》，三民书局1995年版，第133页。

② ［美］肯尼斯·S. 亚伯拉罕：《美国保险法原理与实务》，韩长印等译，中国政法大学出版社2012年版，第236页。

③ 《〈保险法〉解释（四）》第4条规定，人民法院认定保险标的是否构成《保险法》第49条、第52条规定的"危险程度显著增加"时，应当综合考虑以下因素：（一）保险标的的用途的改变；（二）保险标的的使用范围的改变；（三）保险标的的所处环境的变化；（四）保险标的的因改装等原因引起的变化；（五）保险标的的使用人或者管理人的改变；（六）危险程度增加持续的时间；（七）其他可能导致危险程度显著增加的因素。

忍的质变状态"[①]。不是所有的环境改变都可以被认定为危险增加，那些只可能导致保险标的轻微损失可能性的危险就不应被认定为危险增加。具体说来，在床上吸烟增加了发生火灾从而造成损失的概率，但是这种可能的损失已经包含在火险条款之中了。[②] 显而易见，这种危险的增加不具有重要性。又如，节日庆典后在房子里存放烟花不属于危险增加，即使烟花确实是可燃的。[③] 但是，如果在加油站或者地下室存放足够多的烟花准备商业展览或者储存烟花摊位则表明危险显著增加并且会导致失去承保。该义务意在解决保险人信息掌握的不完全性，因而那些在合同中对某些微小的危险变化同样要求被保险人履行通知义务的保险公司的做法显然是不合适的，也与法律规定相违背。而且这增加了被保险人的负担，导致了对保险人过度的保护。

（二）增加危险时间之持续性

《〈保险法〉解释（四）》第4条第6款规定了应考虑危险增加持续的时间，这种"时间的持续性"如何认定？笔者认为，一个简单的危险增加条款，正如它被称呼的那样，只有当危险增加是持久的和惯常的情况下才能被适用。因此，若危险状况短暂改变而后又恢复原来状态，则不属危险增加。即使是过失行为，如果仅仅暂时增加了危险不会造成被保险人失去保险人的承保。

持续性之要求的目的在于均衡投保双方的义务分配。若发生危险增加的状况，且无论其是一时的或是持续的，通知义务人均需履行通知义务，那么参与投保的这一方显然将疲于应对，通知义务人承担了过重的义务，均衡关系被打破。此外，危险状况的暂时改变是保险人应当承担的结果，这种情形的危险增加并没有改变保险合同约定危险之纯粹性，它事实上已经存在于保险人费率厘定的考虑之中。例如，保险标的是一个带有烘烤谷物火炉的谷仓，一次，被保险人临时同意第三人利用该火炉烘烤树皮，结果发生火灾，则保险公司不能因被保险人未通知而免除给付保险金义务，因为这种情况下并不构成危险的显著增加，而只是单纯的保险事故发生。[④]

（三）"控制"和"明知"于"危险显著增加"之必要性

美国学者在论述危险增加条款时，着重强调了两个方面的内容，一方面是

---

① 樊启荣：《保险契约告知义务制度论》，中国政法大学出版社2004年版，第339页。

② Robert H. Jerry II, Douglas R. Richmond.：Understanding insurance law, LexisNexis Matthew Bender, 2007, p. 407.

③ 同上。

④ John Birds, Birds' Modern Insurance Law, Sweet&Maxwell, Ninth Edition, 2013, p. 151.

“控制”或者说“操纵”（control），另一方面是“知道”（knowledge）或“应当知道”（constructive knowledge）。这些美国学者倾向于认为，标准火险条款和其他财产保险条款都声明，保险人对源于被保险人或者其明知的危险增加，从而导致的保险标的因危险增加而发生的损失不承担责任。如果一个典型的危险增加条款依据合同约定被应用，“控制”和“明知”应被视为二者选其一，因为这两个词是被“或”（or）隔开的，而非“和”（and）。大部分案件在认定该条款的效力时，都裁定被保险人的“明知”或“应当知道”对该条款是必要的，单独的被保险人仅仅“导致”了危险增加从而排除在承保范围之外是不充分的。在 Commercial Union Ins. Co. v. Taylor 一案中，法官认定，“知道”是解释“控制”的先决条件。让一个“不知道”或者“不应当”知道其行为将会导致危险增加的人对他所“操纵”的行为负责是不合理的。在另一个案件中（Murrat v. N. Country Ins. Co.，2000.），证据表明被保险人不知道危险增加的事实，从而不丧失保险公司的承保。因此，一个作为出租人的被保险人不知道，且没有证据证明房东知道或依据一般观念应当知道承租人在租赁期内于租赁房屋中运作非法的冰毒制造设备，不会导致因危险增加条款的存在而失去保险公司的承保。[①] 在另一个案件中，[②] 几名被保险人被裁定在这种状况下没有造成危险增加，即被保险人的雇员关闭了房屋喷淋系统并且被保险人不知道这件事，尽管其应当在日常的检查中履行注意义务。即使被保险人导致了喷淋系统运行频率的减少，但法院认定被保险人不能“控制”且不应“知道”。但是如果被保险人故意关闭了喷淋系统，裁判结果可能会大有不同。[③] 从上述论述及法院裁判中我们可以看到，“知道”对于认定是否构成“危险程度显著增加”也起着重要作用。“知道”或“应当知道”这一要件要求，从社会一般认知来看，被保险人必须知道这种情形会导致危险程度显著增加。如果仅仅是实质上构成了危险增加，但是这种变化源于他人行为且被保险人并不知情，那么保险公司则不能以此作为抗辩理由而拒付保险金。在这种情况下，通知义务人实际上根本无履行通知义务之可能。

从保险市场的现实情况来看，作为个人的投保人往往没有与保险公司商定保险合同条款的权利，只能选择接受或者拒绝保险公司事先拟订的格式合同。

---

① Robert H. Jerry II，Douglas R. Richmond.：Understanding insurance law，LexisNexis Matthew Bender，2007，p. 407.

② Robert H. Jerry II，Douglas R. Richmond.：Understanding insurance law，LexisNexis Matthew Bender，2007，p. 407.

③ 在 Dynasty v. Princeton Ins. Co.，2000. 一案中，法院裁决被保险人不合理的使喷淋系统处于关闭状态构成了“危险增加”，不能得到保险金。

正是因为保险合同这种超附和性，合同中约定的应当通知保险人的增加的危险必须要符合上述几个要件。当危险具备这些构成要件时，这一义务才可能被触发。而对于合同中约定的在客观上不构成重要危险增加，或者其不知道危险增加事实时，投保人或被保险人显然无须履行通知义务。如果要求投保人或被保险人就所有的合同中列明的危险履行该义务，无疑是对保险人的过度保护，增加了被保险人的负担。

（四）《〈保险法〉解释（四）》第4条“不可预见性”之例外

《〈保险法〉解释（四）》中第4条对“不可预见性”做出了规定，即保险标的危险程度虽然增加，但增加的危险属于保险合同订立时保险人预见或者应当预见的保险合同承保范围的，不构成危险程度显著增加。[①] 例如，在木钻炉中用煤油引火，可能构成过失并且显然增加了危险，但是造成过多的火焰这种结果可能已经包含在保险合同中了。

但是，并非所有的未曾估计的危险都会被认定为“危险程度显著增加”。一些被保险人控制之外的环境的改变，诸如商业盈利能力的减弱，增加了商业财产减值的可能。尽管这种情况也符合不可预见的定义，但商业财富的变化是很难估计的，上述商业环境的变化不能满足道德危险增加的必要性条件。正如法院在 Wallace v. Employers Mut . Cas. Co. ，一案中所述的那样“法令或者承保范围的变化，并且这种改变是重大的、实质上的，这种重大的变化被视为社会一般人的应有关注和勤勉义务”。[②]

（五）合同中未约定该条款的处理

就一般情况来考虑，尤其是从保险实践中来看，几乎所有涉及保险标的危险增加的保险产品的合同条文中都规定了保险标的发生保险事故的风险发生变化，并且规定了合同相对人相应的义务。某些域外法律如《欧洲保险合同法原则》4：202条第1款，《丹麦保险合同法》第45条第1款规定，这种“增加”应当被指定在保险合同之中。这种设置事实上也是对危险增加条款的进一步限制。要求在合同中明确该条款这种规则设计可以帮助那些不知道这种危险增加会影响保险人的通知义务人。

但可能存在这样一种状况即保险合同中未约定相关条款，在这个前提下因危险显著增加而发生保险事故。对于此问题，学者之间存在着争论。有部

---

① 《〈保险法〉解释（四）》第4条。

② Robert H. Jerry II, Douglas R. Richmond. : Understanding insurance law, LexisNexis Matthew Bender, 2007, p. 408.

分学者认为“法律明确规定被保险人负有危险增加通知义务须以合同约定为前提，如果合同对此没有约定，则被保险人不负有该义务”①。在司法实践中也有法官持此观点，认为“该通知义务以保险合同约定为依据。由于保险条款为格式合同条款，由保险公司单方制定，如保险合同中未明确要求被保险人在危险程度显著增加时履行通知义务，则被保险人可能不清楚危险程度显著增加将对保险公司产生不利影响”。② 另一种观点则认为，即无论合同中存在或是不存在该义务的约定，被保险人都应当就保险标的的危险的增加情况通知保险人。

在保险合同中未约定相关条款的情况下，笔者认为，投保人或者被保险人仍需在保险标的危险程度显著增加时通知保险人，保险人根据对风险的重新估计选择增加保费或是解除保险合同。理论基础在于，该项义务设置之目的一方面在于恢复投保双方的利益均衡，另一方面也是为了维护保险团体之共同利益，保证保险资金池的充盈。有观点认为合同中未规定通知义务条款可以视为保险人对自身合法利益的放弃，这种放弃属于意思自治，应当得到法律的承认，投保人或被保险人自无履行相关通知之义务。基于前部分论述，该义务在解释上应视为法定义务。这种合同的法定义务是由“法律法规所确定的由当事人承担的义务”③，“合同的非约定义务也称法定义务”④。非约定性本身就表明了这实质上是对意思自治的限制。因而，无论该种义务是否以条文的形式呈现在保险合同中，义务人皆负有符合条件时的通知义务，义务人不能以合同中未作规定作为抗辩理由。

四、危险增加通知义务在人身险中适用可能性探析

从体例编排上看，危险增加通知义务的条款设置于“财产保险合同”中，那么财产保险合同自然处于该义务的规制范围内。人身险合同是否同样处于该范围内，相关规定并没有明晰。该种义务能否适用于人身保险合同中？主张不适用于人身保险合同的观点认为，“人身保险与财产保险的区别很大，且被保

---

① 高燕竹：“被保险人危险增加通知义务若干探讨”，载《法律适用》2010 年第 8 期，第 21—22 页。“如果保险公司没有在保险合同条款中要求被保险人在保险标 的危险增加时履行通知义务，则被保险人完全有可能不清楚保险标的的危险程度增加时，就有关情形通知保险公司”。

② “周某某、陶某与中国人民财产保险股份有限公司启东支公司、沈某某机动车交通事故责任纠纷案”［江苏省南通市中级人民法院（2017）苏 06 民终 4431 号］。

③ 王利明：《民商法研究》（第六辑），法律出版社 2004 年版，第 445 页。

④ 贾邦俊：“合同非约定义务确定的依据、范围和分类”，载《天津政法管理干部学院学报》2001 年第 2 期，第 42 页。

险人具有自主性，危险本身就十分容易变动”。[①] 此外，保险人已经通过免责条款将一些明显的危险排除在保险人责任之外。因而在人身条款中规定该种义务已无意义。[②] 但是其他观点则认为，应当同样适用于人身保险方为妥当。“在人身保险合同成立后，危险增加的情况是客观存在的，如被保险人从事了更危险的工作等，为维护对价平衡关系和公平起见，不应否定危险增加通知义务在人身保险合同中的适用。”[③] 参照各国及地区立法例来看，如德国[④]、法国[⑤]都将该通知义务规定于总则之中。

（一）基于规则设置宗旨之考量

从危险增加通知义务的立法宗旨来考察，主要是为了平衡保险合同双方当事人的利益，保证给付的均衡，贯彻最大诚信原则。“诚实信用是市场经济活动正常进行的基本条件之一，成为民商事法律的首要原则”[⑥]。它要求权利的行使及义务的履行得遵从诚信为之。[⑦] 在保险法上则发展成为“最大诚信原则”。依合同法理论，合同的履行及合同目的的实现，需要当事人的通力配合，其中需要双方互通信息的情形，多有所在。[⑧] 故被保险人作为合同的一方当事人在对保险标的行使权利时，应将作为另一方当事人的保险人的合同利益考虑其中。在保险标的危险状况发生变化时，应通知保险人，以确保保险合同之履行，平衡双方利益。

---

① 张冠群：“台湾‘保险法’关于危险增加通知义务之解构与检讨”，载《政大法学评论》2013 年第 2 期，第 130 页。

② 张冠群：“台湾‘保险法’关于危险增加通知义务之解构与检讨”，载《政大法学评论》2013 年第 2 期，第 20 页。

③ 温世扬：《保险法》，法律出版社 2016 年版，第 155 页。

④ 《德国保险合同法》第一章总则部分规定了危险增加的通知义务。该法第 23 条规定，如果投保人未经保险人许可自己实施了或允许第三人实施了增加承保风险的行为后发现上述事实，就应当立即向保险人通知承保风险增加的事实“在投保人与保险人订立合同后，如果由于非基于投保人的原因导致承保风险增加，投保人必须在其知晓上述事实后立即将上述情况通知保险人”。

⑤ 依《法国保险法》第 113 条第 4 款，于保险契约存续期间内危险增加，而倘若该情势于缔约时或契约更新时被披露，保险人即不会承保或仅会以较高之保费为对价者，保险人有权终止契约或提议新保费。张冠群：“台湾保险法关于危险增加通知义务之解构与检讨”，载《政大法学评论》2013 年第 2 期，第 134—135 页。

⑥ 贾林青：《保险法》，中国人民大学出版社 2013 年版，第 69 页。

⑦ ［日］山本敬三：《民法讲义Ⅰ 总则》，谢亘译，北京大学出版社 2012 年版，第 495 页。

⑧ 韩世远：《合同法》，法律出版社 2015 年版，第 248 页。

（二）人身保险合同与财产保险合同在“对价有偿”上的同质性

保险合同从性质上来讲，与《合同法》中所规定的其他合同并无本质区别，因而其也应适用对价有偿的原则。投保人向保险人交纳保费，获得对价。保险人则在合同规定的情况下对其所保之物支付保险金，通过全体投保人分散风险。相应地，保险人需要根据其所投保之物的性质及其遭受损失的可能性决定是否承保或确定保费的高低，从而使双方的权利义务达到一种相对的平衡。从个体一次赔付与保费收入比来讲，似乎二者之间并没有达到对价有偿的标准，但保险人通过众多投保人支付的保险金建立了一个巨大的互助共济“资金池”，因而从总体上来讲，二者间维持了一种对价关系。若投保人或被保险人由于改变工作或其他情况致使潜在的危险程度超过了保险人承保时对风险进行的最佳估计，上述对价有偿原则就遭到了破坏。这时保险标的发生保险事故而保险人予以保险赔偿金，保险人就承担了本不该承担的风险。投保人所支付的保险金已不足以支持其获取该笔赔偿金。投保人通过隐瞒重要事实和信息而将财富转移给自己，或者说投保人通过低于其价值的价格将风险转移给保险人。[①] 长此以往，必将导致互助共济“资金池”的透支，随之而来的就是分散风险功能的减弱。因而危险程度发生重大变化时，投保人应将此种情况告知保险人，使保险人决定采取相应措施。

因此，无论从何种角度来考虑，人身险合同都应在该义务的规制范围之内。而且，从现实的实践来看，在损失填补性质的人身保险合同中，往往有危险增加条款的约定，客观上也使其适用范围得以扩展。如在意外伤害保险中合同规定“被保险人变更职业或者工种时，投保人或者被保险人应于10日内以书面形式通知本公司……”[②] 故应考虑在《保险法》修订时将其从财产保险合同部分移至保险合同一般规定部分，使之统一适用于财产保险和人身保险，真正体现条款的立法宗旨。

五、危险增加通知义务之履行

（一）履行通知义务之主体

1. 被保险人

依我国《保险法》第52条“保险标的的危险程度显著增加的，被保险人应按照合同约定及时通知保险人”的规定，该条明确了被保险人为通知义务

① 樊启荣：《保险契约告知义务制度论》，中国政法大学出版社2004年版，150页。
② 许崇苗、李利：《最新保险法适用案例精解》，法律出版社2009年版，第227页。

人。一般来讲，在财产保险当中，被保险财产往往直接掌控在被保险人手中，该财产的性质、危险的变化被保险人是最为清楚的。在人身保险之中，由于保险标的就是被保险人自身，道理亦然。故将被保险人列为通知义务人在信息不对称的情况下符合成本效益的原则，有利于解决双方基础信息掌握失衡的问题。

2. 投保人

投保人是否应为通知义务的履行人，从相关立法来看，大都将其与被保险人并列为履行通知义务人。投保人作为合同的一方当事人，往往比被保险人更加了解合同的内容。而且一方面在人身保险中，为被保险人投保的投保人往往和被保险人之间有特殊的关系，对于危险增加的情况会有清楚的了解。因而投保人应为该通知义务人。依据保险法相关规定，① 投保人与被保险人并非等同的概念。而我国《保险法》仅仅将被保险人列为通知义务人，此系疏漏之所在。

3. 受益人

受益人是否应为通知义务人要综合判断，如考虑其法律地位、对相关情况事实是否知晓。就一般情况而言，如在财产保险中，受益人并不能控制保险标的物，同时也可能对保险标的物缺乏了解，甚至在一些情况下受益人可能并不清楚自己为受益人的事实。在上述情况下，受益人若被确定为通知义务履行主体显然是强人所难且不合情理，而且加重了受益人的负担。但在另外一些情况中，如保险标的物由受益人占有使用，且其知道自己为保险合同关系受益人之地位。若合同订立后标的物由于某种原因处于较保险合同成立时更为危险的环境，受益人自应履行通知义务。若受益人未履行通知义务且由此而发生保险事故，保险人自可行使相应法律权利如拒付保险金。

其他国家（地区）的立法例存在着对履行通知义务的主体范围规定更为宽泛的情况。例如《欧洲保险合同法原则》第4：202条第1款规定：假若合同条款中包含被保险人需要履行危险增加通知义务的特殊条款，保单持有人、被保险人，或者受益人，或者其他适当的人员包括负有注意义务或者应当知道保险范围并且了解危险增加的状况也应当履行通知义务。该条款将其他负有适当注意义务之人也列为履行通知义务主体之一。但笔者以为，这种规定过于宽泛，如何界定其他负有通知义务之人范围存在着相当困难。这实际上加重了作为投保群体一方的义务，是对保险人的过度保护。从我国现阶段保险市场各保险人

① 《保险法》第10条第2款规定，“投保人是指与保险人订立保险合同，并按照合同约定负有支付保险费义务的人”。第12条第5款规定，“被保险人是指其财产或人身受保险合同保障，享有保险金请求权的人”。可见，投保人与保险人的内涵并非相同。

的地位来看，不宜对负有通知的义务主体采用这种宽泛的定义方式。

（二）通知义务之领受人

从广义上来讲，通知义务的领受人为保险人自无异议。但这是在理论层面的探讨，现实情况的复杂性远胜于此。何种主体受领对投保人或被保险人履行危险增加通知义务十分重要。

通知义务人向保险人的雇员通过口头通知或者提交书面函的形式履行义务，依民法之代理理论，雇员的受领即构成保险人的受领，也就意味着义务履行的完成。但保险实务中大部分保险合同的成立实际上是通过保险代理人完成的。多数情况下，投保方能经常接触到的其实是保险代理人。因而，在保险标的危险增加的情况下，通知义务人往往选择向代理人履行通知义务。这种情况如何认定，关系着投保群体的切身利益。该义务设置的主要目的在于恢复双方的平衡关系，保险代理人作为联系投保人与保险人之间的纽带与沟通的桥梁，在保险合同无明确约定时，不应否定向其履行该义务的有效性。若保险人明确约定了保险代理人不能成为合格受领人时，应尊重投保双方的意思自治。这种情况下向保险代理人的通知不能被视为有效的履行。至于代理人与保险人之间的通知与协调问题，应由其双方自行商定，不在本书探讨范围之内。

（三）履行通知义务的期限

通知危险增加的合理时间是什么，正如损失通知条款，取决于特定的情况。保险人想尽可能快速地得到危险增加情况的通知，以便在危险发生之前作出决定。然而，通知义务人必须有足够的时间去识别该条款已被触发。在危险增加是由投保人或被保险人故意造成的情况下，这个时间可能相应的缩短。当这种增加不是由投保人或被保险人造成的而是由于自然力或者第三方造成的，例如是由于洪水或者地面下陷造成的，这个时间可能会相应的延长。即使这些改变通知义务人很可能已经知晓。

对通知义务履行的合理时间有两种形式，一种是通过“及时”“立即”等词汇概括式地规定履行时间。另一种则是明确规定该义务履行的时间区间。对于前一种方式，例如《欧洲保险合同法》第4：202条第1款要求保单持有人通知保险人的期间规定①、《德国保险合同法》第23条第2款、第3款通知不应

① 《欧洲保险合同法》第4：202条第1款规定：如果合同条款中包含被保险人需要履行危险增加通知义务的危险增加条款，保单持有人、被保险人，或者受益人，或者其他适当的人员包括负有注意义务或者应当知道保险范围并且了解危险增加的状况时应当履行通知义务。Basedow, Jürgen; Birds, John; Clarke, Malcolm; Herman; Heiss, Helmut. Principles of European Insurance Contract Law Expanded Edition, 2nd, ottoschmidt, p. 198.

延迟“notification without delay”、《德国保险合同法》第30条第1款“不应迟延”“without delay”及我国《保险法》所规定的“及时”。第二种明确履行义务时间段的，如希腊和葡萄牙，保单持有人应当自其知道危险加重之日起14天内履行通知义务。我国《澳门商法典》第979条第1项规定，投保人应于知悉风险增大后8日或约定之其他期限内。

我国《保险法》第52条规定“被保险人应当按照合同约定及时通知保险人”，显然采取了前一种立法的方式。这种方式优点在于可以更好地适应多种情况，避免了因为具体规定期间而导致的不合理情形的发生。但存在的一个问题是，究竟何为“及时”？何种情况应当视为未“及时”通知？在存在争议的情况下，法官的自由裁量权便起到了决定性的作用。但是这种裁量权是否在所有情况下都是合理的，在确定是否“及时”问题时是否夹杂着法官的其他考虑对此不无疑问。依笔者看来，《澳门商法典》中该义务的规定模式更有效。一方面给予了确定性的规定，另一方面给双方意思自治留下了空间。在具体的通知义务履行的期限上，综合各国、地区之规定，笔者认为似可以将该期限确定为7天。一方面，欧洲部分国家将该期限规定为14天，笔者认为该期限过长。在危险程度显著增加的情况下，保险事故发生的概率极大地增加。规定过长的期间可能保险人不得不承担由于危险增加导致的结果，从而使得该条款失去应有的作用。但该期限也不能过短，应当考虑个体利益。从投保人或被保险人视角出发，在有些情况下其可能无法立即知晓危险增加的情况，过短的时间无疑在实质上剥夺了义务人的合理权利。对于后半句，即“或约定之其他期限内”如何理解的问题。笔者认为前述7天应当被解释为法律规定的最短期限，即保险合同约定的时间不得短于该期限，短于该期限的，应当认定通知期限为7天，但双方在保险合同中可以作长于7天的约定。

（四）通知义务的履行方式

当通知义务被触发时，何种履行方式是适宜的，各国法律并无明确规定。事实上，如何履行义务属于意思自治的范畴，可以由投保双方协商确定。但是保险实务中保险合同往往是以格式条款形式出现的，投保人事实上没有与保险人协商的能力。因而该义务的履行方式事实上是由保险人单方面确定的。在这种情况下，合同中往往会存在要求投保人或被保险人以书面形式履行通知义务的条款。这种约定是否合理？是否属于加重投保人或被保险人义务的行为？笔者以为，这种约定看似是保险人一方“强权”的体现，但实际上书面通知其实为争议的解决提供了证据和支持。口头通知的优势在于便捷，但是由于其缺乏运行轨迹，使得通知义务人一方很难证明自己已经履行了义务。因而不宜认定这种书面通知的约定是无效的。当保险合同中约定了“书面通知”的条款时，口头通知行为是否具有效力？笔者认为，无论是以书面方式履行该义务还是以口头形式履行义务，其实质都在于使保险人及时获知保险标的危险状况发生变化的事实。因而应当允许通知义务人在一段合理的时间以多种合理的方式履行通知义务。在当事人仅进行了口头通知的情形下，应当具体分析。若存在紧急情况，当书面通知不适用时，应当认定口头通知是履行该义务的有效方式，但义务人应当在之后合理时间内补交书面通知函或其他形式的书面通知。但是在其他非紧急情况下，若保险合同中明确约定书面的通知形式，则口头通知不能被认定为履行该义务的有效方式。对于书面通知，通过快件或者其他书面形式来履行法律上的注意义务或通知义务都是有效的。这有利于通知义务人知道通知已经发出的事实，但是在许多情况下通知义务人并不能确定通知是否被收到。而且，在出现争议的情况下，通知义务人提供该通知快件单往往比要求保险人提供签收单更容易。此外，这种义务也可以不由义务人亲自履行而是由他人代为履行。

六、危险增加通知义务之法律效果

（一）履行通知义务的法律效果

当保险标的危险程度显著增加时，通知义务人应当在规定期限内通知保险人，在重新评估风险后保险人可以决定解除保险合同或增加保费。法律赋予保险人以选择权，目的在于使得保险人可以依据保险标的及其他因素等具体状况合理确定是否承保。这种选择权的行使是否是无限制的，抑或是完全以保险人的意志为转移的似有继续讨论之空间。

1. 保险人重新考虑风险的期间

在保险期间内当显著的危险增加情形出现时，保险人可能依据保险合同赋予他们的权利终止保险合同。法律要求这种危险的增加必须是重大的，法律同时规定义务人不存在不适当的损害行为。保险人应当在被保险人或投保人或其他负有通知义务之人知道或应当知道危险增加情况下，在其履行通知义务后一定时间内行使解除权。如《德国保险合同法》第 24 条第 3 款规定“如果保险人在发现承保风险增加的事实后并未在 1 个月内按规定行使终止合同的权利，上述终止权消灭”。[①] 我国《澳门商法典》第 979 条第 2 款规定“保险人有权知悉风险增大之日起 1 个月内按知悉风险增大时适用之价目表提议增加保费”，

① 孙宏涛：《德国保险合同法》，中国法制出版社 2012 年版，第 68 页。

第4款则规定了投保人拒绝保险人增加保费的情况下，有权在15日内解除保险合同。[①] 而其他法律中也有相关的规定，如《欧洲保险合同法原则》第4：203条第1款规定“保险人应当在知道或者应当知道之日起1个月内以书面形式通知保单持有人”。[②] 若保险人长时间未行使解除权，将导致被保险人被置于一种保险人是否继续承保的高度不确定性之中，这显然是不合理的。

保险人此种解除权的及时行使与保险合同另一方当事人的危险增加的通知义务应当是对等的。法律在规定负有通知义务之人应在规定期限履行义务的同时，也应对保险人一方解除权行使期限作出相应规定。我国《保险法》在此处未作明确规定。保险人解除权的行使应当附有明确的期间，综合域外经验及我国《保险法》第49条来看，该期间应当理解为除斥期间。保险人应当在法律规定的期限内行使权利，超过法定期间未解除合同的，解除权消灭。至于该期间的具体期限，结合我国《保险法》第49条之规定，可以设定为30日。

2. 解除权行使的有条件性

一般来讲作出终止承保或者不终止承保，应将其交给市场来解决。但保险之目的，在于集中团体之力量分散风险，保全个体之利益。尽管现阶段保险产品的多元化使保险具有了投资的属性，然大众投保群体购买保险的主要目的仍然用以对抗风险社会的不确定性。较之保险人来讲，一份保险合同的解除对投保单一个体的影响更为重大，其直接结果便是个体失去群体之保障。现今保险市场上保险公司的强势已经导致保险群体对保险本身的误解，若任由保险人选择解除保险合同，只会加重社会大众对保险的错误认知。因而在保险标的危险显著增加的情况下，在保险人径直选择解除保险合同这一点上，笔者持保留态度。一方面，保险人直接选择解除保险合同，将会使投保人失去保险保障，这显然与法律要求恢复均衡使保险继续存续的精神相悖。另一方面，解除保险合同相较于增加保费继续承保而言，实际上也会增加双方的成本。投保人需要寻找替代保险，投保双方需要履行解除合同中各种程序，由此导致解除合同可能并非经济之选。当然，上述论断是建立在一般情形下而言的。倘若保险标的危险的增加是故意造成的，即投保人或被保险人或其他义务人存在主观恶意，抑或这种危险增加的程度已经远远地超出了保险人所能承受的最高限度导致即使增加

---

① 商法典，澳门特别行政区政府印务局，http：//bo. io. gov. mo/bo/i/99/31/codcomcn/codcom0901. asp，访问日期2019年1月5日。

② Basedow，Jürgen；Birds，John；Clarke，Malcolm；Herman；Heiss，Helmut . Principles of European Insurance Contract Law，2nd Expanded Edition ottoschmidt，p. 198.

保费也无法恢复“均衡给付”的状态，保险人则可以直接选择解除保险合同。此外，从相关立法经验来看，解除权的行使也非法律所鼓励的第一选择。如我国《澳门商法典》第979条，[①] 在体例编排及表述上，实际表达了保险人在知道保险标的危险显著增加后应当先选择增加保费，若投保人拒绝保险人提议后始得解除保险合同的立法精神。笔者以为，从鼓励交易的维度考虑，可以借鉴上述之规定。当保险人知悉增加之危险时，可以结合投保人一方主观责任、保险标的的状态、危险增加的程度等，优先考虑增加保费以继续承保的路径。若风险经过重新评估后已超出保险人最大承保之可能或投保人不愿增加保费，则保险人可以选择解除保险合同。

3. 除外责任的设定

《德国保险合同法》在危险增加后保险人的应对措施的设置上，除了我国法中所规定的解除（或终止）合同、增加保险费外，还赋予保险人添加“除外责任”的权利。[②] 由于“危险增加”的未被估计性，这种增加的风险在最初订立保险合同时并未为保险人所预见和认知，自无承保之理。而“除外责任”正是将未被估计的危险排除承保范围之外。相较于终止保险合同或增加保费，“除外责任”的设置实际更具便捷性，且更容易为被保险人所接受。在未来修法之时，似可考虑引入该制度。

4. 保险人“解除权”与“终止权”

《德国保险合同法》在表述保险人选择权的行使这一问题时，实际上使用“终止”这个概念，而非我国法中所使用的解除概念。究其原因，在于德国民法上，除了“解除”之外，尚有“终止”这一概念。一般来讲，“解除”适用于一时性合同，“终止”则主要应用于继续性合同。[③] “解除”往往是带有溯及效力的，这种溯及力的直接结果就是返还清算。而“终止”这一概念即使从文义上讲，其实也更能体现出向后发生的法律效果。但我国法中，特别是作为普通法的《合同法》实际上将“终止”作为了一个上位概念来使用。[④]《保险法》

---

① 我国《澳门商法典》第979条规定：“一、投保人应于知悉风险后8日内或约定之期限内，以完整及明确方式将一切于合同生效期间发生或知悉之风险增加之情况通知保险人。二、保险人有权知悉风险增大之日起1个月内按知悉风险增大时适用之价目表提议增加保费、约定新保费，应于风险增大时起计算新保费。三、投保人如决绝增加保险费，或于收到增加保险费建议之日起1个月内不回复，保险人有权于15日内提出解除合同，但合同之解除於通知后15日生效。四、保险人有权收取到期之保险费，包括直至就合同之解除作出通知时之保险期间之保险费。”

② 《德国保险合同法》第25条第1款规定：“……或将增加的那部分风险作为除外责任。”

③ 韩世远：《合同法总论》，法律出版社2011年版，第505页。

④ 如《中华人民共和国合同法》第六章为“合同的权利义务终止”，下设条款包括了合同的“解除”。

中保险合同部分也直接使用了“解除”的概念。但从现行立法来看，保险人的这种“解除权”一般应被认为是没有溯及力的，在此种意义上，“解除权”与“终止权”实际上是等同的概念，采用何种表述方式，皆不影响双方权利义务的履行。但在未来修法时，可以考虑引入“终止”这一概念。

5. 投保人或被保险人寻找替代保险之期间

保险之目的在于通过集中风险的方式来分散风险，通过保险利益整体补偿单一个体因危险发生所造成的损失。若出现保险标的危险显著增加的情况，法律赋予了保险人提高保费或者终止保险合同的权利。但终止保险合同只是解决投保双方利益失衡的一种手段，而非最终的目的。其最终目的是恢复双方的利益均衡，使保险关系得以存续。解除保险合同其实并非投保双方所期待出现的情况。一方面保险人利益受损，另一方面投保人或被保险人失去了群体的保障。因而，在保险人解除保险合同的情况下，投保人或被保险人必须有时间寻找替代保险。从另一角度来讲，即保险人对投保人或被保险人发出的终止保险合同的通知不应使保险合同立即失效，而应留有缓冲时间，无论保险标的危险状况的改变是主观的或者客观的。

从相关规定来看，许多国家的法律都允许保险人在危险增加的情况下终止承保，尽管其规定在危险增加后保险合同终止生效并且保险人终止承保的期间是多种多样的。丹麦规定 7 天①、法国规定 10 天②、希腊规定 15 天③、比利时和卢森堡规定 1 个月。意大利规定合同终止立即生效或者 15 天后生效④，这取决于危险增加的程度。我国是否也可以采取这种方式，似有讨论之空间，若采用此种规定，其间如何规定？笔者以为，在当前我国保险市场保险上各保险公司所处的强势地位来看，似有必要采用这种制度。我国保险市场近年来得到了迅速的发展，但是由于保险产品的专业性以及保险合同的复杂性，对于大部分保险群体来说，其对保险的认知还存在偏颇，另外其对保险合同及相关约定的理解也存在困难。投保人或者被保险人在很多情况下往往不能意识到自己的行为违反了保险合同之约定，从而丧失获得保险金的权利。在这种情况下，规定保险合同失效的期间就显得重要起来，这实际上是对被保险人或投保人的自身过失行为的一种补救。但无论怎样，上述国家法律之规定实际上体现了保险的本质，维护了保险作为一种危险分散手段的应有作用。至于从投保人或被保险

① 《丹麦保险合同法》第 47 条。

② 《法国保险合同法》第 113－4 条第 2 款。

③ 《希腊保险合同法》第 4 条第 2 款和第 3 条第 7 款第一句。

④ 《意大利民法典》第 1898 条第 3 款。

人受领解除合同通知至合同解除期间发生的保险事故，保险人仍应承担保险责任。具体而言，若保险事故是由于增加的危险所导致的，即二者之间存在因果关系，则责任承担方式如前所述，应采取按比例减少保险金的方式。若保险事故非由增加危险所导致，即二者无因果关系，则保险人仍应按照原保险合同之约定承担责任。

6. 义务人履行危险增加通知义务后至保险人行使选择权前发生保险事故的责任承担

作为履行危险增加通知义务的载体诸如函件等发出后，至保险人决定终止承保或继续承保之间，往往存在着一定的时间差。这段时间内发生的保险事故应如何处理在我国保险法中没有相关规定。

对此问题，有观点认为，"保险人因标的危险增加而解除合同，合同效力自解除之日起终止，无溯及力；倘投保方对通知义务无过错，合同解除前所发生的保险事故无论系因增加危险所致，还是原有危险所致，保险人均应承担保险责任"。[①] 笔者认为，此问题还应具体分为以下几种情形来考虑。第一种情况是保险事故的发生是由于保险标的危险显著增加引起的，即二者之间存在因果关系。在这种情况下，应当考虑危险增加的显著程度，相关义务人在主观上的可归责性。若这种危险的改变并未达到保险人无法承保之程度（如将家用车作为竞技用车）且投保人或被保险人可归责性较低即不存在恶意加重危险，骗取保险金的情况，保险人应当对由于危险增加导致的保险事故承担保险责任。一方面，在因违约而解除合同的情况下，"非继续性合同原则上有溯及力，继续性合同原则上无溯及力"。[②] 保险合同作为一种时间因素在合同履行过程中有着重要地位的合同类型，显然并不存在溯及力的问题。另外，法律规定，若保险人选择解除保险合同，对于保险合同解除前的保险费无须退还投保人。这也表明解除行为的效力仅向后发生。但是在这种情况下保险人应当按比例承担责任。即依照实际所收保费与保险事故发生前保险标的的危险状况所对应的应收保费之比计算应支付的保险金。[③] 若投保人或被保险人存在主观上的故意，为制造保险事故而有预谋的使保险标的所处环境恶化，加重危险从而导致事故发生，

① 偶见："保险法中的'危险增加'与合同法中的'情事变更'——兼与江朝国先生商榷"，载《上海保险》2010年第2期，第57页。

② 崔建远：《合同法》，法律出版社1998年版，第178—181页。

③ 这种规则同样存在于其他欧洲国家的法律中。如《比利时保险法》第81条第3款（b）、《法国保险合同法》第113-9条第3款、《希腊保险合同法》第4条第2款连同第3条第5款。《卢森堡保险合同法》第34条第2款（b）、《葡萄牙保险合同法》第94条第款（b）、《西班牙保险合同法》第12条第2款第三句。

保险人选择解除保险合同的，合同解除的效力溯及合同成立之时，则保险人不应支付保险金。

第二种情况是保险事故发生与保险标的增加的危险无关。在此种情形下，保险人应当按照保险合同约定承担保险责任，而无须考虑危险增加程度的大小或投保人、被保险人的可归责性。目前部分司法实践采用了该观点。如广东省高级人民法院《关于审理保险合同纠纷案件若干问题的指导意见》第 10 条规定："被保险人按照《保险法》第 52 条规定履行通知义务后，保险人与投保人就保费调整不能达成一致意见的，保险人主张解除保险合同的，人民法院应予支持。但保险合同解除前非因保险标的危险程度显著增加发生保险事故的，保险人主张保险人按原保险合同承担保险责任的，人民法院应予支持。"① 有观点认为，"其弊端主要在于当增加之危险与保险事故之发生无因果关系时，则保险人应全额支付保险金以弥补投保人全部损失，于此，保险人所收保险费与应收保险费间将发生差异，对其维持收支平衡及排除不良危险之观点而言，自非妥当"②。事实上，这种担忧并不成立。原因在于在无因果关系的情形下，属于保险合同规定的保险事故的发生，即使投保人或者被保险人的某些行为使得保险标的所处的环境恶化，但是这种环境的恶化与保险事故缺乏因果联系。在保险人选择增加保费以继续承保的情况下，其应当按照原保险协议的约定承担保险责任。这种情况下保险合同仍处于继续有效的状态，保险人自无拒绝赔付之理，但投保人应当补交保费。

（二）对保险人责任承担问题的再思考

现行法律赋予了保险人在收到危险增加通知后选择解除保险合同的权利，通过这种解除权来避免承担更大的风险，从而保护保险业的健康发展。但依多数观点，一般情况下，对于合同解除前发生的保险事故，保险人应当承担保险责任。申言之，纵然保险人选择解除了保险合同，由于解除通知是一种需要受领的意思表示，当其尚未到达投保人，保险人仍要承担责任。保险人解除保险合同的选择似乎没有任何意义，这种责任之承担是否存在着架空保险法所规定的保险人合同解除权的问题？问题的关键在于理解危险增加通知义务所设立的目的，上述观点实际上是以保险人为立场来考虑问题的。该义务的目的不是偏袒任何一方，而是在于恢复双方的均衡关系，使保险合同关系重回对价平衡的状态，这才是其奥义之所在。要求保险人在上述期间承担责任，一方面，体现着保险的本质即分散风险；另一方面，通过按比例减少保险金的方式对保险人

① 参见 http：//www. gdyjfy. gov. cn/html/？19. html，访问日期：2018 年 12 月 28 日。

② 邓纯："保险法上的危险增加通知义务研究"，湖南大学 2010 年硕士论文，第 39 页。

进行保护，正是这种试图恢复对价平衡的体现。

（三）违反通知义务的法律后果

我国《保险法》第52条后段规定了被保险人违反该通知义务的法律后果，即“因保险标的危险程度显著增加而导致的保险事故，被保险人未履行通知义务的，保险人不承担赔偿责任”。我国法采用了一种因果关系的模式，以“保险事故”和“增加的危险”之间的因果联系为出发点，这实际上可以看作是一种“全有或全无”原则在该领域的应用。因而，对于即使保险标的的危险程度显著增加，义务人未履行通知义务，但保险事故非由增加之危险所导致的，保险人仍应按合同约定承担保险责任。在一些司法实践中上也秉持了该观点，如永安财产保险股份有限公司贵州分公司与柏某某财产保险合同纠纷一案①中法院认为，“从交警部门的认定和现场照片来看，均不能证明本案事故是被保险车辆超载导致的，故永安保险公司贵州分公司不能以加高改装为由主张免责”。

比较于典型的大陆法系国家，德国法在义务人违反通知义务的问题上作出了十分细致的分类，并依据各种具体情况设置了不同的法律效果。当义务人故意违反通知义务时，保险人将免除保险责任。在义务人存在重大的过失时，保险人则需要考虑其过错程度来确定其保险责任的范围。这种更为精细的划分体现着法律期望适应多种情况从而最大限度地保护投保双方的正当利益。但是这种更为细致的规定是否必要值得探讨。危险程度增加的直接结果是投保双方的对价平衡被打破，保险人被迫承担了承保范围以外的风险。而法律要求相关义务人履行通知之程序，目的就在于使保险人及时知晓风险并作出应对。在保险事故因危险增加而发生且义务人未能履行通知义务的情况下，双方对价平衡早已被打破，且无恢复均衡之可能。义务人主观性态对于保险人是否承担保险责任其实已显得无关紧要。保险人自无承担保险责任之理，无论这种通知未履行是由何种原因导致的。

结论

法律需维护交易的公平性，需保护交易各方的合法权利。若合同上的正义无法得到保障，则交易自由也就失去了本身的意义。特别是保险合同，是投保双方利益的结合体，这种结合是建立在有偿对价的基础之上的。当“意外”之风险开始聚集，利益的天平开始向投保一方倾斜，保险人面临承受不利益之风险。这种不利益自然不应由保险人承担。基于上述考虑，法律要求投保方在出

① “永安财产保险股份有限公司贵州分公司、柏某某财产保险合同纠纷案”［贵州省安顺市中级人民法院（2018）黔04民终616号］。

现危险显著增加时履行通知义务。

我国《保险法》第 52 条规定了危险增加通知义务，但实践中对该条文的理解存在偏差，诸多事项未予以明确，因而给实践造成了困惑。综上所述，在解释上，危险增加应当概括为在保险合同有效存续期间内，由各种原因所引起的未被保险人事先评估的保险事故发生概率上升的情况。这种保险人未曾知晓的风险可能促使保险人拒绝承保或者适用与当前规则不同的合同文本。在其法律性质上，应将该义务理解为法定义务，不能因其他条款予以排除。由于该义务的法定性，纵使合同中未约定相关条款，义务人仍负有在保险标的危险程度显著增加时的通知义务。是否构成触发该通知义务之条件，应当以前述构成要件为判断标准，同时义务人对该种情况应予“知晓”。对于“不知”或“不应知道”之情况，自无通知义务。人身保险在危险变化这一可能上实与财产保险无异，在“给付之均衡”上也与财产保险相同，因而在适用范围上将该义务扩展到人身保险合同中。

在通知义务的履行文件中增加投保人，对于受益人，应结合具体情况确定其是否负有通知义务。在义务履行之期限上，不宜做概括式的规定，应明确义务履行之期间。在保险合同无约定下，口头或书面都可作为有效的履行方式。

保险人受领该通知后，可在法律规定之期间内重新考虑风险，并依风险重新评估之结果决定是否解除合同或继续承保。若保险人决定解除保险合同，这种解除行为不宜使合同立即失效，应当给予投保人或被保险人寻找替代保险之时间。此段期间因增加的危险而发生保险事故的，应当结合投保人或被保险人的主观可归责性，危险增加的重大程度来确定保险人责任承担的方式。若事故与增加危险之间无因果关系，则保险人不能免除责任之承担。在义务人违反通知义务的情况下，且因该增加的危险导致了保险事故的发生，依法律规定，保险人自无须支付保险赔偿金。

正如上文所论述，投保方最终能否获得保险保障对个体来说影响甚重。另外，在司法实践中，判定某种情形是否构成“危险程度显著增加”是一个相对困难的过程，其中夹杂着许多主观因素。因而在给出事实判定标准，确定法律后果和责任的过程中，需要综合考量投保双方地位，最终实现个体利益、保险人与保险群体三者关系的统一。

参考文献

1. 江朝国. 保险法基础理论［M］. 北京：中国政法大学出版社，2002.
2. 樊启荣. 保险法［M］. 北京：北京大学出版社，2011.
3. 张冠群. 台湾保险法关于危险增加通知义务之解构与检讨［J］. 政大法

学评论，2013（2）.
4. ［美］肯尼斯·S. 亚伯拉罕．美国保险法原理与实务［M］．韩长印，等译．北京：中国政法大学出版社，2012.
5. 王利明．法学方法论［M］．北京：中国人民大学出版社，2012.
6. 高宇．中国保险法［M］．北京：高等教育出版社，2015.
7. 潘红艳．论保险人的免责条款明确说明义务——以对保险行业的实践考察为基础［J］．当代法学，2013（2）.
8. 江朝国．保险法论文集（一）［M］．台北：瑞兴图书出版股份有限公司，1997.
9. 李政宵，孟生旺．相依风险条件下的汽车保险定价模型［J］．保险研究，2016（7）.
10. 卞耀武．《中华人民共和国保险法》释义［M］．北京：法律出版社，1996.
11. 李彩薇．保险合同免责条款提示说明义务研究［D］．中国社会科学院研究生院，2017.
12. 尹田，任自力．保险法前沿（第四辑）［M］．北京：知识产权出版社，2017.
13. 付海剑．论保险法中危险增加通知义务［D］．华东政法大学，2016.
14. 刘宗荣．保险法［M］．台北：三民书局，1995.
15. 樊启荣．保险契约告知义务制度论［M］．北京：中国政法大学出版社，2004.
16. John Birds，Birds' Modern Insurance Law，Sweet&Maxwell，Ninth Edition，2013.
17. Robert H. Jerry II，Douglas R. Richmond.：Understanding insurance law，LexisNexis Matthew Bender，2007.
18. 高燕竹．被保险人危险增加通知义务若干探讨［J］．法律适用，2010（8）.
19. 王利明．民商法研究（第六辑）［M］．北京：法律出版社，2004.
20. 贾邦俊．合同非约定义务确定的依据、范围和分类［J］．天津政法管理干部学院学报，2001（2）.
21. 温世扬．保险法［M］．北京：法律出版社，2016.
22. 贾林青．保险法［M］．北京：中国人民大学出版社，2013.
23. ［日］山本敬三．民法讲义Ⅰ总则［M］．谢亘，译．北京：北京大学出版社，2012.

24. 韩世远．合同法［M］．北京：法律出版社，2011.

25. 樊启荣．保险契约告知义务制度论［M］．北京：中国政法大学出版社，2004.

26. 许崇苗，李利．最新保险法适用案例精解［M］．北京：法律出版社，2009.

27. 孙宏涛．德国保险合同法［M］．北京：中国法制出版社，2012.

28. Basedow, Jürgen; Birds, John; Clarke, Malcolm; Herman; Heiss, Helmut. Principles of European Insurance Contract Law, 2nd Expanded Edition ottoschmidt.

29. 韩世远．合同法总论［M］．北京：法律出版社，2011.

30. 偶见．保险法中的“危险增加”与合同法中的“情事变更”——兼与江朝国先生商榷［J］．上海保险，2010（2）.

31. 崔建远．合同法［M］．北京：法律出版社，1998.

32. 邓纯．保险法上的危险增加通知义务研究［D］．湖南大学，2010.

第十二章 财产保险受益人纠纷案

一、财产保险合同中指定受益人合同约定的效力及理论基础

（一）《保险法》中受益人的规定

除保险合同当事人外，保险合同关系还可能由多方非合同当事主体参与并共同构成。《保险法》第18条第3款规定了保险合同应该包括的内容，其中明确写道，保险合同应该写明人身保险的受益人信息，并在此条第3款中明确界定，“受益人是指人身保险合同中由被保险人或者投保人指定的享有保险金请求权的人”①。可见我国《保险法》已明确地将合同中应写明的受益人局限于人身保险中。“人身保险多为以人身生命健康为保险标的，当被保险人出现重大疾病或生命事故时其本人当然的无法行使有关权利，人身保险中受益人制度的存在为实现保险目的提供了保证”。② 由于法律直接明确的规定，所以学界和司法实务中，对于人身保险中受益人的主体地位没有争议。

（二）财产保险中指定受益人存在的争议

在我国法律适用中，对人身保险中的受益人规定相对全面，但是关于在财产保险中指定受益人的规定较少，并且学界也无统一观点，因而产生了较多因为概念和主体地位界定不清而引发的纠纷。在财产保险中指定受益人的条款能否得到承认，其在保险合同中究竟发挥怎样的效力，是需要分析和探究的关键。下文将列举法律规定、学者观点和实践中涉及财险中指定受益人相关内容的案例。

1. 与财产保险受益人相关的法律法规

在我国保险法体系中，人身保险中的受益人地位得到了法律的明确确认，并且也有相关细节规定，但是财产保险中是否存在受益人却没有定论。遍寻整部《保险法》都不能找到任何有关财产保险中受益人的规定，相关司法解释也

---

① 《保险法》第18条第3款规定：“受益人是指人身保险合同中由被保险人或者投保人指定的享有保险金请求权的人。投保人、被保险人可以为受益人。”

② 叶启洲：《保险法实例研习》，元照出版公司2011年版，第87页。

没有对受益人在财险领域适用问题作进一步解释。但是在与社会保险业务实践相关的法律文件中越来越多地出现了在财产保险中涉及受益人的情形，或是订立合同时就指定保险受益人，或是约定在合同期间出现特定情况时变更受益人。不仅这样的保险形式已经在保险市场中被商事交易主体广泛应用，更有地方性法规明文规定了在特定类型的贷款保险中约定必须变更受益人为合同外第三人的情况。例如，宿迁市政府宿政办发〔2015〕62 号文①和泰州市政府的泰政办发〔2015〕132 号文②都提到在土地经营权承包的贷款业务中要购买农业保险，并在逾期还贷时直接变更受益人为银行。另外，《浙江省高级人民法院关于审理财产保险合同纠纷案件若干问题的指导意见》（浙高法〔2009〕296 号）第 15 条规定："财产保险合同中约定受益人条款的，在受益人与被保险人非同一人的情形下，被保险人未主张保险金请求权时，受益人可以作为原告向保险人主张权利。"在这一份文件中，承认了财险中约定的受益人的地位，并且对其权利顺位做了限制。另外，《中国银行业监督管理委员会、中国保险监督管理委员会关于加强涉农信贷与涉农保险合作的意见》也有相应规定："对保险受益人设定为银行的，要适当降低抵押担保要求，实行相对优惠的贷款利率。"表明承认财险中指定受益人的存在。综上所述，在相关文件中已经出现明确承认受益人法律地位的一系列规定，但是都仅限于个别及特定领域，并且文件效力级别不高。对这一概念在财产保险中是否能直接应用仍存在争议，即使可以应用，财产保险中这一主体的权利义务内容和人身保险中是否相同，在不存在有关文件规定的情况下保险合同出现约定有关受益人的条款效力如何。倘若承认，是否和其他主体在保险金的请求顺位上有所区别。这些问题都是需要讨论的。

2. 与财产保险中受益人有关的理论纷争

理论上对于受益人概念在财产保险中能否应用的态度各有不同。持反对态度的学者如杨仁寿认为："在财产保险领域不应有保险当事人以外的第三人成

---

① 《宿迁市人民政府办公室印发〈关于开展农村土地承包经营权抵押贷款的实施意见〉的通知》规定："在贷款行设立结算账户。贷款主体应足额投保政策性农业保险，签订贷款合同时，需与保险机构、银行机构签订三方协议，明确贷款发生逾期时，保险受益人即变更为贷款银行。"宿迁市政府办公室，宿政办发〔2015〕62 号，2015 年 6 月 1 日。

② 《泰州市人民政府办公室转发市委农工办等部门〈关于加快推进农村土地经营权抵押贷款试点工作实施方案〉的通知》规定："3. 贷款对象须积极参加政策性农业保险。签订贷款合同时，贷款对象应与保险及银行机构签订三方协议，明确贷款发生逾期时，保险受益人变更为贷款银行。"泰州市人民政府办公室泰政办发〔2015〕132 号，2015 年 12 月 31 日。

为保险关系的受益人，这有违保险的基本原则，保险的基本原则之一就是损失填平，禁止有人从中获利。"[①]确实，仅就表面单一的保险合同关系中的权利义务而言，合同以外的第三人直接享有权利却不负担义务，只从中获利，这是不符合保险市场原则的。但是具体到特定的保险关系中，往往涉事主体之间不是单纯只有一个保险合同关系，涉及的各方主体之间可能还有其他商事关系，因此对被指定或变更为受益人的这一主体来说可能不是单纯得利。结合不同法律关系进行交叉考虑，这一情形的出现实质上是市场发展所需，是对现行法律制度与法律关系提出的新要求，这在本书的后面将会进行详细的论述。笔者认为，财产保险中的受益人与人身保险中的受益人存在的理论基础和权利性质均不同，如果在财产保险合同中存在关于受益人的特别约定，其约定实质是权利让与，是一种继受权利，不需要单独设立财产保险受益人制度。[②] 此外，江朝国在论述这一问题时提出，基于财产保险与人身保险最大的不同，在财产保险中不存在投保人或被保险人因为重大疾病或者去世而不能行使权利的情况，财险中的受益人设定没有必要性。[③] 与前述相反，学者李玉泉认为受益人主体在财产保险中应该有其专属地位和存在合理性，其理论基础为这是投保人或被保险人为第三人设定权利，属利他性合同，是私法自由的体现，不应该为法律所禁止。[④] 同样持有积极观点的还有学者贾林青，他认为应该将保险受益人制度的适用范围扩大到财产保险领域，因为在保险关系中保险受益人有其独特作用，不同于其他主体，其在保险关系中的地位是投保人，被保险人都不可替代的。[⑤]

众多学者提出自己的观点并且立论有据，一个新概念的产生和应用在发展初期必然会存在不同观点的碰撞。综合以上学者的各种不同的观点，基本分为两类，不同意承认受益人概念的认为财产保险设定受益人有违保险法基本原则，财险中的受益人权利性质无须另外界定，以及受益人主体在财险中无存在必要。支持财产保险中指定受益人制度的学者，认为私法自由以及受益人有其他主体不可替代的作用。以上不同想法为本书论证提供了基本思路和基础。

---

① 杨仁寿："从财产保险契约之本质论为他人利益保险"，载《法令月刊》1995年第9期，第5页。

② 潘红艳："保险受益权研究"，吉林大学2008年博士学位论文，第10页。

③ 江朝国：《保险法基础理论》，中国政法大学出版社2000年版，第185页。

④ 李玉泉：《保险法》，法律出版社2003年版，第124页。

⑤ 贾林青、贾辰歌："论保险受益人的指定与适用范围——兼谈我国《保险法》关于受益人规则的完善"，载《保险研究》2015年第5期，第8页。

3. 与财产保险受益人相关的司法判例

由于相关法规的缺失，涉及财产保险指定受益人合同条款的效力的纠纷没有统一的裁判标准，在不同类型的保险案件中出现同案不同判现象。这十分不利于我国司法公信力的建立，也不利于维护当事人的合法权利。下文将选取几个典型案例进行分析。

案例一：中国大地财产保险股份有限公司、抚顺胜仁担保公司与清原满族自治县龙源木业有限公司、抚顺银行股份有限公司清原支行财产保险合同纠纷。①

本案中一审法院查明，龙源木业有限公司（以下简称龙源木业）于2014年2月17日与抚顺银行股份有限公司清原支行（以下简称抚顺银行）签订贷款合同，借款35万元用于购买大型生产设备，由胜仁担保公司提供担保，龙源木业又以此套设备进行抵押，与胜仁担保公司签订“反担保质押合同”。2014年2月19日，龙源木业将公司购买的这套生产设备在大地财产保险股份有限公司（以下简称大地财险）投保财产综合险，保险期间至2015年2月19日，在财产综合险合同中约定保险的第一受益人为抚顺银行，若龙源木业在约定期限内未归还贷款，则抚顺银行可向保险公司请求保险金用于偿还龙源木业的所欠贷款。在2014年8月龙源木业发生火灾，设备烧毁。龙源木业向大地财险索赔，大地财险因龙源木业并非保险合同受益人而拒绝支付保险金。龙源木业起诉大地保险要求其给付保险金，之后追加抚顺银行为第三人。2015年1月21日，第三人抚顺银行出具“受益人权利转移意见书”，将受益人权利转让给胜仁担保公司。因龙源木业未按照约定期限还款给抚顺银行，抚顺银行于2015年6月17日扣划胜仁担保公司保证金35万，第三人胜仁担保公司请求将抚顺银行受益人权利归自己所有并就保险金优先受偿。二审当事人没有提交新证据。抚顺市中级人民法院认为，受益人为人身保险中的概念，财产保险中约定的受益人不当然具有相同的法律内涵，案涉保险合同并未约定受益人直接享有向保险人主张保险金的权利，即该权利本身并不存在，因此本案中抚顺银行虽然是财产保险合同中约定的受益人，但是不能直接行使保险金请求权，胜仁担保公司也不能依据抚顺银行的“转让受益人权利的意见书”行使该保险金请求权。

本案法律关系分析如图12.1所示。

① 中国大地财产保险股份有限公司、抚顺胜仁担保公司与清原满族自治县龙源木业有限公司、抚顺银行股份有限公司清原支行财产保险合同纠纷二审［抚顺市中级人民法院（2016）辽04民终830号］来源：无讼案例：https：//www.itslaw.com/bj，访问日期：2019年3月6日。

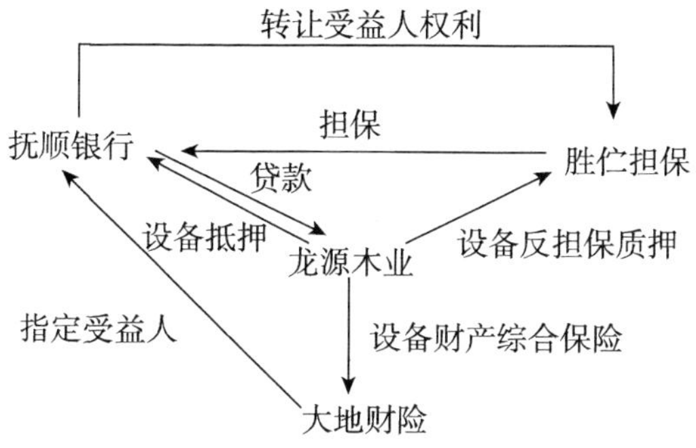

图 12.1　案例关系分析

此案中，投保人先从银行处借款，购买动产，此借款已有担保。而后以动产为被保险的财产与保险人签订保险合同并指定银行为受益人。投保人为其向银行的借款关系提供了两个保障。如果在保险事故发生时，保险中的受益人是否享有相应权利的问题不能得到准确的确认，将影响多个主体之间的利益关系。

案例二：邳州市华隆物流有限公司与中国太平洋财产保险股份有限公司徐州中心支公司保险合同纠纷案。①

原告华隆物流有限公司（以下简称“物流公司”）在中国太平洋财产保险股份有限公司徐州中心支公司（以下简称“太平洋徐州分公司”）投保交强险和商业三者险，指定德银融资租赁公司为第一受益人。物流公司驾驶员驾驶投保车辆发生交通事故，造成车辆损坏。物流公司向太平洋徐州分公司主张保险金时，太平洋徐州分公司主张原告对车辆不存在保险利益，根据保单第一受益人为德银融资租赁公司，赔偿对象也应该是德银融资租赁公司。徐州市泉山区人民法院认为，根据我国《保险法》的规定，只有在人身保险合同中可以指定受益人，本案系财产保险合同纠纷，故保险单记载的“本保单第一受益人为德银融资租赁有限公司”的条款没有法律依据，亦不产生法律效力；原告作为投保车辆的所有人，其权益因保险事故的发生而受到损害，与保险标的有法律上的利害关系，故被告应对原告承担保险理赔责任。

案例三：郭某与中国人民财产保险股份有限公司沧州市分公司财产保险合

① 邳州市华隆物流有限公司与中国太平洋财产保险股份有限公司徐州中心支公司保险合同纠纷一审［徐州市泉山区人民法院（2013）泉商初字第 1682 号］来源：无讼案例：https://www.itslaw.com/bj，访问日期：2019 年 3 月 6 日。

同纠纷案。①

郭某租用凯枫融资租赁公司（以下简称“凯枫融资租赁”）汽车，在中国人民财产保险股份有限公司沧州分公司（以下简称“人民财险公司”）投保，指定受益人为第三人凯枫融资租赁。任丘市人民法院认为，原被告签订的保险合同系双方真实意思表示，且不违反法律的强制性规定，本院予以确认，原告按照合同约定向被告交纳了保险费，保险车辆在保险期间内发生保险事故，且原告郭某主张的赔偿款项在被告人民财险公司保险限额内，被告人民财险公司当承担赔付责任。因原、被告双方保险单中指定了第三人凯枫融资租赁为第一受益人，故应当由人民财险公司向第三人凯枫融资租赁支付保险金。

案例四：玛纳斯县劲强商贸物流有限公司与中国人民财产保险股份有限公司乌鲁木齐市分公司、中国人民财产保险股份有限公司玛纳斯支公司财产保险合同纠纷案。②

劲强商贸物流有限公司（以下简称“物流公司”）在人民财产保险股份有限公司玛纳斯支公司投保财产机动车损失险等多个保险，指定德银融资租赁公司为第一受益人。事故发生，物流公司请求保险金，一审法院认为已经指定受益人，物流公司无权请求保险金。二审法院认为约定受益人条款有效，但是德银融资租赁有限公司放弃第一受益人的资格。物流公司拥有保险金请求权。可见在这份判决中，不仅承认了指定受益人的合同条款有效，还将投保人或被保险人地位置于合同指定的受益人地位之后。具体如表 12. 1 所示。

表 12. 1　案例情况

	原因关系	保险类型	受益人	法院裁判
案例一	设备贷款	财产综合险	银行	未承认受益人权利
案例二	金融借款	商业第三者保险	金融机构	无法律依据条款无效
案例三	融资租赁	机动车损失险	融资公司	意思自由条款有效
案例四	购车借款	机动车辆损失险	融资公司	承认受益人地位

① 郭某与中国人民财产保险股份有限公司沧州市分公司财产保险合同纠纷一审［任丘市人民法院（2017）冀 0982 民初字第 432 号］来源：无讼案例：https：//www. itslaw. com/bj，访问日期：2019 年 3 月 6 日。

② 玛纳斯县劲强商贸物流有限公司与中国人民财产保险股份有限公司乌鲁木齐市分公司、中国人民财产保险股份有限公司玛纳斯支公司财产保险合同纠纷二审［新疆生产建设兵团第八师中级人民法院（2017）兵 08 民终 39 号］来源：无讼案例：https：//www. itslaw. com/bj，访问日期：2019 年 3 月 6 日。

结合以上案例，司法实践中涉及的实际操作结果或是认为条款无效或是依照合同约定承认了受益人地位，个中理由归纳如下。

第一，判决条款无效的主要理由是法律没有对财险中存在受益人作出规定，直接否定了合同约定受益人的条款，从根本上就不承认财产保险中存在受益人概念。

第二，有的判决即便没有否认合同条款的效力，没有直接否认财险中存在受益人概念，但是认为财产保险中受益人不应该当然地享有人身保险中受益人的权利，虽然绕过了对合同条款效力的判断，但是仍旧没有承认财险中指定的受益人的权利，实质上的效果相当于否认条款效力。

第三，判决相关条款有效的理由基本以合同约定自由为主，其中焦点集中在财产保险中约定受益人的条款无效是否违背契约自由原则。相对比较折中的处理方式是案例四中的判决，承认财险中的受益人的存在，但是对其地位与保险关系中其他主体做出区分，承认受益人的存在，没有完全排斥其他保险主体的保险金请求权。

综上所述，在针对保险合同中出现指定受益人的情况，为解决司法实践困境，需要具体明确的界定地财产保险中约定受益人条款的效力。

（三）判定财产保险指定受益人合同条款效力的理论基础

“保险法属于私法领域”，“私法自治以意思自治为灵魂”。[①]“按照意思自治的理论，人的意志可以依其自身的法则去创设自己的权利义务，当事人的意志不仅是权利义务的渊源，而且是其发生的根据”。[②]故而在自由的市场交易中，当事人各方可以依照自己的想法，自由地订立合同，并且对约定内容负责。那么基于以上法律原则，有人提出，在保险合同中当事人可以依照双方达成的共同真实意思表示，约定保险关系以外的第三人成为保险合同的受益人，倘若在出现纠纷时直接否定这种形式产生的受益人的法律地位，就违反了契约自由原则。

笔者认为，司法判决中否定财产保险指定受益人条款效力的判断并没有违反契约自由的原则。契约自由并非无限的契约自由，而是在一定限度之内的契约自由。很多学者都曾提出有限的私法自治的观点：学者谢鸿飞曾提出“虽然民法奉行私法自治，但也必须有各种自我设限的规则来协调自由，民法从来都不是一个独立王国，代表公意和权力的国家出于各种名目，诸如社会正义、市

① 刘凯湘：“论民法的性质与理念”，载《法学论坛》2000年第1期，第28页。

② 尹田：《法国现代合同法》，法律出版社1995年版，第13页。

场失灵、民生、环境正义、经济发展、消费安全等，不断蚕食民法。”[①] 即在由人组成的社会群体环境中，考虑到社会整体利益，绝对的契约自由是不存在的，公权力必然会对契约自由进行一定的干预。罗尔斯曾说：“自由可以因公共安全和秩序而得到限制，因为公共秩序的维持是实施任何自由所不可缺少的先决条件。”[②] 自由约定大部分限制在不涉及第三方的双方交易中，一旦涉及他人利益，契约自由原则的适用就会慎之又慎，这也为众多学者所认同。“契约的相对性原则也是契约自由制度保障，它是指契约效力的相对性。契约的相对性原则是古典契约法体系构建的第一块基石，其基本含义是：非契约当事人不得请求契约权利，也不必承担契约义务”。[③]

保险合同关系突破了合同相对性的理论，保险合同领域的契约自由已超出契约自由原则本应适用的范围。对保险合同的法律干预是在保护保险市场秩序，间接地匡正了契约自由的历史之意。司法机关出于对整体社会效果调控的考虑，作出否定保险合同约定条款效力的判断，并不是违反契约自由原则。在近年来经济快速发展的社会环境中，保险的形式也悄然产生了新的变化，迎合市场发展的需要，在多种交易关系的交叉下，衍生出“财产保险中的受益人”这一引起争论的商事关系主体。虽然指定保险受益人是保险双方主体达成的共同意思，但是由于这样的保险关系往往涉及其他的法律关系，涉及利益广泛，尤其是在法律概念适用本身就有争议时，否定这样的条款效力的理由不应与契约自由原则直接对应。绝对的不加限制并不是契约自由的真实的、核心的理念，尽量相对减少干预才是契约自由的现实基础。对契约自由的限制应当是有条件的，即对自由达成的约定的限制应该是正当的，而且限制的量要与社会生活条件相适应，合适的干预是对契约自由原则真实意义的恢复和匡正。

笔者反对的是有学者以契约自由否定司法判决将财产保险指定受益人合同条款判断为无效的做法。笼统的、绝对的契约自由已经无法作为否定司法判决的理论基础；精准的和保险合同关系直接对应的有限的契约自由理论才能成为否定上述司法判决的支撑。下文论证指向对与财产保险合同属性精准对应的契约自由理论探查。

---

① 谢鸿飞：“论法律行为生效的‘适法规范’——公法对法律行为效力的影响及其限度”，载《中国社会科学》2007年第6期，第124页。

② ［美］E·博登海默：《法理学法律哲学与法律方法》，邓正来译，中国政法大学出版社1999年版，第578页。

③ 李永军：“从契约自由原则的基础看其在现代合同法上的地位”，载《比较法研究》2002年第4期，第12页。

二、有限契约自由理论下财产保险中的受益人

在财产保险中指定受益人的合同条款因有限契约自由原则的限制而可以因具体情况在裁判中被肯定或是否定。应该如何对待财产保险中约定受益人的条款将成为下文论证的重点。笔者结合多个基本法律原则对财产保险中指定受益人的合理性进行一系列的分析论证，力求在分析中探究受益人独立存在的理论基础和现实需求，并且提出处理这样合同条款的一个合理可行的方法。

（一）权利义务一致原则在财产保险合同指定受益人条款中的体现

有法谚言：“权利义务，如影之随形，响之随声，在法律上具有相互之关系，故权利之所在，即义务之所在，义务之所在，亦为权利之所在。”在法律关系中，权利与义务应该是相对存在的，没有无权利的义务，也没有无义务的权利。因此，在保险法律关系中，也应是其中各个主体各司其职，各自享受权利并且履行义务。但是法律监管有限性决定了可能会出现常规外情形，例如，在财产保险中指定保险关系当事人以外的主体为受益人。倘若完全承认条款效力，那么这个被指定的受益人在保险关系中就没有承担任何义务，但是在保险情况发生时却可以享有保险金请求权。针对这个问题，笔者认为分析权利义务关系要从整体进行考虑，财产保险的受益人往往也在由此保险关系主体构成的其他法律关系中扮演重要角色。因此要通盘考虑，不能断章取义，社会交易的复杂性对分析法律关系提出了更高的要求。“大多数法律关系都不是一种单一的关系，而是一个由许多法律上的联系附加于其中的复杂的综合体”。[①] 也就是说我们在分析这样的条款是否有违权利义务相对原则时，要结合多种法律关系共同进行分析，不能只在单一的保险关系内进行思考。

从另一方面来说，“权利与对应义务的关系的实质是公民等社会个体之间的利益关系”。[②] 对社会主体享有权利和负担义务的分析，应在社会集体层面上进行，有人负担义务才有人可以享有权利，但是这种关系却并不一定在社会主体之间 ·对应。只要权利的整体和义务的整体总量相等，便符合权利义务一致性原则。综上所述，当我们分析权利义务一致性原则在保险法关系中的应用时，不仅应该扩大待分析的法律关系范围，更应该是从社会整体的角度出发，以全局性的思维看待权利义务关系。

在本书前述的案例一中，龙源木业为自己购进的设备投保了财产保险，指

---

① 申卫星：“对民事法律关系内容构成的反思”，载《比较法研究》2004年第1期，第44页。

② 童之伟：“对权利与义务关系的不同看法”，载《法商研究》（中南政法学院学报）1998年第6期，第24页。

定受益人为抚顺银行，直观上看起来抚顺银行在保险关系中只是单纯享有利益的主体，并不承担任何义务。但是结合抚顺银行和保险主体之间其他法律关系考虑时，就会发现，抚顺银行不是没有承担义务的。在抚顺银行和龙源木业之间存在着借贷关系，抚顺银行在此关系中承担了向龙源木业提供借款的义务，即在保险合同关系之前存在着一个“原因关系”。抚顺银行负担了长期借出大额资金的义务以及一旦无法收回借出款项将有巨额金钱损失的风险。同样情况的还有在市场交易中出现较为频繁的贷款购房保险业务，在个人因购房向银行贷款时，要购买相应的保险并指定受益人为银行。银行和投保人之间存在着可以称之为“原因关系”的贷款关系。因此当综合多个法律关系考虑时，权利义务确实是相伴存在的，在借款人未还款之前，由此特殊的财产保险来平衡长期借款风险以及借款期间财产损毁的风险。这种保险形式的出现，保证了在发生保险事故后借款人不能按照约定还款时，银行能成功收回贷款，不会带来较大金钱损失。实质上，不同法律关系中权利义务的交叉，是对社会主体间利益交换的平衡，各主体之间的权利总和和义务总和是相等的。可以说在交易关系中，会有这种保险形式的出现正是因为既存权利义务在实质上不对等。所以，在财产保险中指定受益人虽然没有相关法律规定，但是从权利义务角度分析，这种形式不违反法律的基本原则，是交易需求催生了新的经济模式。从这个角度来说，权利义务一致性原则要求在财产保险中指定受益人必须建立在存在先前“原因关系”的基础上。否则受益人的存在将违背基本法律原则，破坏利益平衡。

（二）保险利益原则在财产保险合同指定受益人条款中的体现

保险利益原则作为保险法的基本原则之一，要求请求保险金的被保险人在保险事故发生时要对保险标的具有保险利益。这项原则存在的主要目的是要保证保险金的赔付确实填补了事故损失，以及降低社会道德风险。在交易形式已经成熟的普通财产保险中，当投保人和被保险人非同一主体时，“保险利益的归属决定保险合同利益的归属。”① 我国《保险法》第 12 条第 5 款直接赋予了被保险人请求保险金的权利，并且在同一条的第 2 款中给出了理论基础。② 是否能享有保险金请求权的最直接相关因素是保险利益，被保险人对投保的财产具有保险利益，所以享有保险金请求权。在财产保险合同中指定受益人这一约

---

① 潘红艳：“被保险人法律地位研究”，载《当代法学》2011 年 25 卷第 1 期，第 96 页。

② 《保险法》第 12 条第 2 款规定：“财产保险的被保险人在保险事故发生时，对保险标的应当具有保险利益。”该条第 5 款规定：“被保险人是指其财产或者人身受保险合同保障，享有保险金请求权的人。”

定，缺乏能够赋予其权利的法律法规。但是受益人可否享有保险金请求权这一问题可以参考被保险人享有权利的理论基础来进行分析，即从这个主体在保险关系中是否对保险标的享有保险利益来判断其是否可以享有保险金请求权。

何为“保险利益”？我国《保险法》第12条规定：“保险利益是指投保人或者被保险人对保险标的具有的法律上承认的利益。”保险利益应该为法律所承认和保护。学界将保险利益分为现有利益、期待利益和责任利益。财产保险中最直观的保险标的就是被投保的财产，这个财产可能是有形财产也可能是无形财产。在指定受益人的财产保险中，受益人和投保财产之间确实存在某种关系，但是很难简单地把这种关系直接归结为以上任何一种。结合学界对保险利益的各种观点，概括出财产保险中的保险利益应该具有适法性、公益性、确定性和可计算性等特征。① 因此探究指定的受益人对投保的保险财产是否享有保险利益，可以从已得到广泛认可的保险利益的特征角度入手分析。笔者认为被指定的受益人与投保保险的财产之间具有保险利益，有以下理由。

首先，虽然指定的受益人对保险财产没有直接的占有、使用、收益和处分的权利，但是具有一种相当紧密的其他关系。一般是被指定的受益人通过投保人或被保险人而对保险财产具有间接利益关系。多数指定受益人的财产保险合同都建立在投保人或被保险人因为购买或利用保险财产而需要被指定的受益人提供相关利益支持上，而投保人或被保险人能否从被保险财产中取得预期收益或者实现利用目的，是被指定的受益人能否收回自己先期付出的决定因素。这种利益关系不能从表征上直接归于前文提到的任何一种，但是这种利益关系的存在是不能被否认的。以前文的案例一为例，龙源木业向抚顺银行借款购买设备，并且以设备为保险标的向大地财险投保，指定抚顺银行为受益人，抚顺银行和所购设备之间没有任何直接的法律上的关系，但是因被被保险人龙源木业指定为受益人而具有利害关系，龙源木业拥有和正常使用这套设备成为能够还款给抚顺银行的关键。抚顺银行和设备之间没有直接的法律关系，自然在法律上不会有被禁止的情况。而且以社会普遍价值观来看，这种间接受到影响的关系存在利益上的相关性。受益人因为和投保人之间存在借款的关系而和设备之间产生了一个相当密切的关系，这个关系的产生过程完全合法合理。

其次，指定的受益人和保险标的之间的利害关系具有公益性，保险利益原则要求这个利害关系不应该仅仅是为了保护保险人，而且还应该是为社会公益所追求的。不仅是为了降低社会道德风险，更是保证将社会群体所需要的利益内容成为价值导向。在指定受益人的财产保险中受益人和保险财产之间的利害

① 邹海林：“论保险利益原则及其适用”，载《中外法学》1996年第5期，第28页。

关系，往往是为促进市场交易而产生，这种保险模式的存在为已有交易提供了保障，降低了一方可能面临的交易风险，转嫁交易风险给承受能力更强的保险公司。受益人对保险财产的这种间接利害关系可以促进社会交易进行，推动社会经济发展。从实务角度考察，在财产保险中指定受益人应用最广泛的领域就是社会主体向银行贷款，这种指定银行为受益人的财产保险的存在能推进贷款的顺利进行。与其他传统担保方式例如抵押或者保证相比，减少了银行工作的复杂性，一旦出现还款危机，银行不需要拍卖抵押财产和寻找保证人，便可以确保资金顺利快速回笼。

最后，这种利害关系具有确定性，受益人和保险标的之间的关系是基于投保人和被指定的受益人之间的原因关系而存在，而这个原因关系具体而言就是权利义务明确的合同关系，被保险财产的价值也具有可评估性，所以受益人和保险标的之间的价值关系有具体明确的衡量标准。但是这种利益关系既不属于现存利益也不能被认为是期待利益，而是基于双方先前约定而产生的确定性利益。

综上所述，财产保险中指定的受益人和被保险的财产之间具有可以称为保险利益的利害关系，这种利害关系因被保险人和受益人之间的先前关系而产生，因被保险人指定受益人而得到加强。在保险中约定的受益人在保险事故发生时应该享有保险金的请求权。即应该承认财产保险中约定受益人的条款的效力，让被指定的受益人在事故发生时可以从保险关系中获得与权益等额的价值。

（三）损害填补原则在财产保险合同指定受益人条款中的体现

保险的根本目的在于弥补损失，诸多学者认为在财产保险中指定受益人的合同条款无效，原因之一就是认为这一约定将导致保险合同不符合保险的一般性原则。“保险金被划入银行账户，投保人的损失没有得到弥补，有违保险的根本目的”。[①] 但是在财产保险中，“并非谁付费谁得利，而应该是谁损失谁受益”。[②] 投保人虽然交付保费，但是这不是其必须获得保险金的原因。应该列入考虑范围的是被保险人的损失是否被弥补。

笔者的观点是，指定受益人的财产保险并没有违反保险的基本原则。保险事故发生时的保险赔付金额由投保财产的损害情况决定，在《保险法》中基本可以沿用民法中关于损害的概念。但是《保险法》中的损害的本质还是需要和

---

① 李毅文：“浅析财产保险合同约定受益人的效力”，载《上海保险》2012年第12期，第38页。

② 潘红艳：“房屋抵押贷款综合保险法律问题研究”，载《海商法保险法评论（第六卷）》，知识产权出版社2014年版，第200页。

民法中有所区分，学者樊启荣认为损害的本质是保险利益之反面。[①] 根据文章前面的论证，已认定在此类财产保险中被指定的受益人对于保险财产具有保险利益，当保险事故发生时保险利益受到损失，保险人给付的保险金补偿给有保险利益的受益人自然是合情合理。那么如此说来，是否被保险人的损害没有得到弥补呢？笔者认为不是。事实上，被保险人和受益人的损失可以归结为同一个损失，这两个主体对同一保险标的拥有共同保险利益，共担一份损害。在实际市场交易中，保险金的赔付金额应该是和财产的损失相匹配的，重要的是保险金的分配问题。例如在案例一中，龙源木业和抚顺银行都对设备享有保险利益，当设备损毁时，抚顺银行获得大地财险的赔付，此时龙源木业不再需要向抚顺银行还款。因为龙源木业之前的借款全部都没有归还给抚顺银行，则大地财险的保险金就将全部赔付给抚顺银行。可能有所不同的是在购房贷款保险中，买房人即投保人或者被保险人在还款过程中发生保险事故，此时，保险金的赔付就将出现分配问题，现实中的做法是评估保险事故后赔偿的保险金将在弥补未还银行的贷款后剩余给买房人。因此，在指定受益人保险中，笔者认为理论上其实不存在损失没有得到弥补的情况。但是，实践中复杂的现实情况会使得保险金在分配时出现问题，因为关于指定受益人的权利地位规定不明时，各主体之间的逐利性思想就会尤其突出，引发纠纷。笔者的观点是承认指定受益人的地位和应该享有的权利，但是在交易关系中要对享有的权利作出限制，被保险人和受益人是否同时享有保险金的请求权，或者其权利分配应该如何，将成为后文将要论证的重点。

（四）财产保险合同中指定受益人与保险标的的关系

保险标的，是指保险合同保障的对象。在一般财产保险中，要保障的对象是一个可以被实际估值的财产对象。在指定受益人的保险中，因受益人通过投保人而对被保险的目标财产具有保险利益，但是实际上却对被保险的财产没有任何直接的法律关系。有学者持以下观点："财产保险标的既不是被保险的有体物，也不是相关的财产权利与利益，而是保险利益。以保险利益之保险的观念取代我国现行的物之保险的观念是保险理论发展的大趋势"。[②] 我们已经看到的是随着市场的发展这种模糊保险标的的保险形式已经出现，可以暂作出设想，在这样的保险关系中，将保险标的理解为保险利益。比如在案例一中，财产保

---

① 樊启荣："保险损害补偿原则研究——兼论我国保险合同立法分类之重构"，载《中国法学》2005 年第 1 期，第 61～74 页。

② 李新天："论保险标的与保险利益——从物之保险到保险利益之保险"，载《法商研究》2005 年第 3 期，第 40 页。

险的实质是要保障当龙源木业因设备毁损不能按期归还贷款时，抚顺银行可以收回贷款。所以实质上大地财险保障的风险是龙源木业使用设备正常经营，抚顺银行的长期借贷能按期收回贷款。如此，当投保人基于一个先前的合同关系，想要对自己的一项财产投保并指定受益人时，就可以在保险合同中直接将先前合同关系写入，并指定这个先前合同关系中的另外主体为受益人。这样将简化交易的复杂性，在出现纠纷时也更方便界定各主体之间的权利范围。

至此也出现另一种观点，这似乎和保证担保存在相似性，将其认为是对债权的保障，进而理解为一种保证担保。但是这两种合同无论从何种方面来考虑均有很大的区别，比如指定受益人的财产保险是需要投保人支付保费的独立于主合同的双务合同，但是保证担保是一个从属于主合同的单务合同。而且在指定受益人的财产保险中，指定受益人条款只是其中一小部分，合同的其他部分还另外需要各个主体各自负担相应的义务。在借款人不履行还款义务时，担保人和借款人需要共同履行剩余的贷款归还义务。但是发生保险事故时，财产保险的赔付有其实现的要求，需要对保险事故及受损财产进行评估。从最根本上来说，两种方式的最重要的区别在于最终目的的不同，保证担保是要保证借款人还款，而指定受益人财产保险的保险金赔付不仅要弥补先前对投保人提供经济帮助的受益人，还要弥补投保人自己的损失。另外，有保险公司介入的保险关系也可以增加交易的稳定性。这样的功能和作用使得指定受益人的财产保险形式不能简单地为保证担保所代替。

当我们对指定受益人的财产保险的保险标的作出新的界定时，就会发现似乎和保险实务中已经存在的一类保险十分相似，就是保证保险合同。保证保险在我国广泛应用于汽车消费贷款，确实在指定受益人的财产保险类型中有一部分是和保证保险十分类似的，例如购房贷款保险，但是指定受益人的财产保险的特殊之处在于，它既要实现保证贷款的收回，还要实现一般财产保险的作用即对被保险人的财产损失作出弥补，因此不能完全等同于保证保险。此外，保证保险曾经在立法界和学界也有过相当的争议，主要焦点是保证保险合同中的被保险人应解释为债权人还是债务人？这其实就是对保险的实质标的的争议，如果认为要保证的是债务人的利益，那么被保险人就是债务人，如果认为保险实质标的是债权人的债权，那么被保险人就是债权人。学者徐卫东认为在狭义的保证保险合同中被保险人应该是债权人，如果依照中国保监会的观点，把债权人排除在合同主体之外作为第三人，把债务人作为被保险人，将会引发关于保险利益和保险金请求权的争议。[①] 这正是本书前述讨论的情况。指定受益人

---

① 徐卫东、陈泽桐："保证保险合同若干法律问题研究"，载《当代法学》2006 年第 3 期，第 61 页。

的财产保险和保证保险有部分的相似之处，目前引发争议和讨论的情况正如徐教授提出的想法一样，如果不能明确保险的实质标的，就会引发关于保险金请求权的争议，这在实务中将引发很大问题。[①] 笔者认为，在财产保险中指定受益人将保险的实质变成了对一种利益的保险，这种保险利益同时归属于被保险人和被指定的受益人。所以应该认可财产保险中被指定的受益人可在保险关系中享有相应的权利。

三、财产保险受益人的法律地位

近年来有关财产保险中受益人地位的论证层出不穷，众多学者都在相关问题上提出过自己的观点。根据我国《保险法》第 39 条规定："人身保险的受益人由被保险人或者投保人指定。投保人指定受益人时须经被保险人同意。"可见在我国《保险法》中，人身保险合同指定受益人的权利是赋予被保险人和投保人的，而且被保险人的权利级别优于投保人。指定，即由有权指定的人单方面决定，指定人具有绝对的权利决定保险的受益人。但是在财产保险中指定受益人多是通过各方协商，即被指定的受益人也会在指定前参与保险合同的缔结过程中，甚至要求投保人或是被保险人必须将自己指定为受益人。投保人或者被保险人的决定权不能得到体现。所以财产保险中指定的受益人和人身保险中的受益人含义应该有所区别，其权利性质有待讨论。

有学者认为财产保险中受益人的主体地位应该由被保险人吸收，不应该单独存在。有的学者虽然承认受益人的地位，但是认为其法律效果与抵押权相差无几，尤其是在以房产为保险标的贷款保险中。还有学者认为可将其视作一种利他合同，套用合同法相关规定进行处理。笔者认为以上概念都不能直接取代财产保险中受益人的地位，财产保险中的受益人不同于传统意义上的受益人，财产保险中约定受益人的条款应该予以承认，并且受益人应该拥有自己的权利地位。

（一）财产保险受益人与被保险人的关系

有学者认为，如果认定被指定的受益人对保险财产享有某种保险利益，受益人在财产保险中的地位与被保险人十分相似，专门赋予被指定的受益人专有地位已经无此必要，直接将它称为被保险人即可。但是笔者认为，受益人在财产保险中的独立存在是有必要的。

最直接的论据就是其产生和发展的根本原因——市场选择。这种保险形

① 徐卫东、陈泽桐："保证保险合同若干法律问题研究"，载《当代法学》2006 年第 3 期，第 61 页。

式是在商事交易中发展起来的，受益人的存在使得参与交易的非专业人员也能最直接地领会合同条款的含义。如果因为受益人和被保险人在许多方面有内在联系上而将其直接合并为同一概念，难免会阻碍业务的发展。其实，应该说所有参与交易的主体，关于指定受益人的作用和意义在各自心中是有基本一致的期待的，只是由于法律规定尚不完善，没有统一标准，在实践中引发了一系列的问题，因此需要完善受益人相关规定，而不是“一刀切”地予以否认。被保险人是基于对被保险的财产的占有、使用、收益等直接法律关系而享有保险利益，在保险关系中的地位不言而喻，是保险利益毫无疑问的归属主体。而受益人的保险利益来源于被保险人，受益人从保险关系中受益但是在保险关系中不承担义务，如果将受益人和被保险人的概念合二为一，将导致原来应该被指定为受益人的主体在保险关系中的权利义务不明，这是不能为社会所接受的，应用起来会产生更多纠纷。所以财产保险中指定的受益人和被保险人不同，也不能被其取代。

（二）财产保险受益人权利和抵押权的关系

在众多类型的指定受益人财产保险中，其中较为常见的模式是以房产为抵押向银行贷款，再为抵押的房产投保财产保险并指定银行为第一受益人。如，《国家开发银行关于印发〈签订信贷合同的指导意见（一）〉的通知》规定：“3. 关于保险权益转让问题：(1) 对抵押或质押给开发银行的财产，其保险受益人应为开发银行；在抵（质）押合同签订前已投保的，应将保险权益转让给开发银行。(2) 对其他保险权益，应由开发银行与借款人、保险公司协商，当发生保险事故，保险公司赔偿时，保险公司在赔偿前，应先通知开发银行，将有关赔偿的情况告知开发银行。由开发银行根据损害对建设项目、对借款人造成的影响做出决定。”可以说，指定受益人的行为目前在房产抵押贷款中已经应用十分广泛。在这种类型保险存在的场合，产生了其与抵押权权利区分和适用的冲突问题。如果承认指定受益人的效力，当发生保险事故时，银行基于保险合同获得保险金请求权。同时因为抵押人没有还款，银行作为抵押权人对抵押物享有抵押权。抵押物损毁时，抵押权人因物上代位性而对其保险金拥有优先受偿权。此时如果银行直接应用保险金请求权，将免去很多操作上的麻烦。[①]这种在一个经济关系中有同时存在两种权利体系的情况在交易实践的处理中方式基本成熟，已有相关法律文件作出规定。当对抵押的房地产投保时，抵押权

① 潘红艳：“房屋抵押贷款综合保险法律问题研究”，载《海商法保险法评论（第六卷）》，2014 年版，第 200 页。

人即为受益人。[①] 虽然两种权利归属于同一人，但是并不能直接认为在这样的关系中保险金请求权和抵押权完全相同，也不能因为在指定受益人保险中出现纠纷而直接适用抵押权相关制度来规制，更不能因为已存在抵押担保而否认财产保险中的受益人制度的适用。

受益人的保险金请求权和抵押权人的优先受偿权在实质上有很大区别。《中华人民共和国物权法》第195条规定："债务人不履行到期债务或者发生当事人约定的实现抵押权的情形，抵押权人可以与抵押人协议以抵押财产折价或者以拍卖、变卖该抵押财产所得的价款优先受偿。"因此抵押权一般应该在债权已届清偿期时实现，当然当事人也可以约定发生特定情况时实现抵押权。但是在实务中，基本不会出现约定房产损毁时实现抵押权的情况。因为在法律中对抵押物损毁的处理方式已经有明确规定。[②] 在抵押期间一旦发生被抵押房产损毁或灭失但是债权没有到清偿期的情况，如果不承认财产保险中指定的受益人的权利，此时因被抵押房产损毁而产生的保险金将成为替代的抵押财产，保险金的货币属性决定了很难对抵押人对保险金的用途进行限制，极有可能会造成更混乱的情况。虽然法律规定可以对抵押物获得的保险金进行保全，[③] 但是保全金额不易确定，倘若全部保全，在被保险财产未全损的情况下将会影响被保险人使用保险金弥补自身损失。所以承认受益人地位能够同时保证被保险人和受益人的权益。

应该明确的一点是，指定受益人的财产保险在保证弥补受益人基于先前关系享有的保险利益基础上，其根本作用还是要保证被保险人利益损失的弥补，当抵押房产全损时，保险人将保险金赔付给银行，这与抵押起到的作用相似。但是当房产损毁没有完全丧失价值时，被保险人可能会希望使用保险金来进行房屋修缮等。所以，在指定受益人的财产保险中，对于受益人的权利应该独立理解，抵押权制度不能完全覆盖受益人制度的作用，不能将二者混淆。

（三）指定受益人与利他合同中第三人的关系

利他合同，又称第三人利益合同，是指在合同关系中为合同外第三人设定权利，此合同外第三人在合同关系之中享有权利不负担义务。保险合同作为特

---

① 《城市房地产抵押管理办法》（建设部令〔2001〕第98号）第23条规定："抵押当事人约定对抵押的房地产投保的抵押人应当将保险单移送抵押权人保管，在抵押期间，抵押权人为保险赔偿的第一受益人。"

② 《中华人民共和国担保法》第58条规定，抵押权因抵押物灭失而消灭。因灭失所得的赔偿金，应当作为抵押财产。

③ 最高人民法院《关于适用〈中华人民共和国担保法〉若干问题的解释》（法释〔2000〕44号）第80条。

殊类型合同的一种，在财产保险中设定受益人，此受益人在保险关系中的权利义务情况与利他合同十分相似，因此有人提出可以将指定受益人的财产保险合同视为利他合同。[①] 笔者对此观点持保留意见。任何在市场交易中发展起来的经济模式都有其存在的道理，这种新法律关系的出现必定是旧的法律关系不能满足发展的结果。因此对于处于争议中的新兴主体，应该全面地考虑其具有的特征和地位，虽然两种合同形式都是使合同关系外第三人受益，但是不能直接地将指定受益人的财产保险合同归为其他类型中。

且不讨论指定受益人财产保险和利他合同的不同之处，仅就其各自所属的基础分类而言，保险合同就因其独特的交易性质和市场作用独立于普通的合同形式。虽然在财产保险中指定受益人引发众多争议，其中就包括这种做法是否改变了财产保险的性质，致使不能实现保险目的。但是通过前文分析，指定受益人的财产保险仍然以实现保障为根本目的，以弥补相应主体损失为中心，符合保险基本原则。指定受益人的财产保险合同的特殊性使其在交易过程中引发各方关注和争议，但是没有跳出最基本的保险特征范围。

利他合同和指定受益人的财产保险合同存在本质上的差别。利他合同是确定的为第三人赋权的合同，合同成立后第三人毫无疑问地将享有合同中约定的权利。而根据对经济环境中实际交易情况的分析，在指定受益人的财产保险中，受益人的权利有待确定，虽然承认受益人的地位后，其可以享有一定的权利，但是这个权利的范围不是合同负载权利的全部。而且受益人行使权利可能受到其他限制。但是利他合同没有这些限制。另外，根据保险合同的射幸性，在保险事故发生时，需要保险人对保险事故进行评估，在判定事故性质和损失后确定赔付的保险金额，这与利他合同有很大的不同。

在众多差异中还有最重要的一点，就是关于合同的缔结要求。依上文对指定受益人的财产保险合同的分析，虽然目前没有明确立法要求被指定的受益人必须对被保险的财产拥有保险利益，但是未来的完善方向应该是倾向于对这项内容作出限制。另外已存在的法律文件也对指定受益人作出了限制性规定，例如必须指定某主体为受益人。利他合同则完全没有这些要求，其缔结和指定彻底地体现了合同缔约自由。

指定受益人的财产保险的类型化一直是讨论的焦点，学者们提出了各种不同分类方式。但是经过相关论述的总结，笔者认为很难有完全契合的已存法律关系模型与之匹配，也难以在立法空白时套用其他的相关规定，所以财产保险中指定受益人的制度的适用仍然需要立法完善，在这一过程中应该赋予受益人

---

① 转引自薛军："利他合同的基本理论问题"，载《法学研究》2006 年第 4 期，第 116 页。

独立的法律地位，构建行之有效的法律制度保护其合法权益，同时对其请求保险金的权利进行限制，为减少交易纠纷提供支持。

四、财产保险中受益人制度存在的法律问题及解决路径

通过前文分析，得出结论，在财产保险中约定受益人的合同条款应当有效，且受益人应当拥有独立地位并且享有相应权利。但是在实际的应用中还面临很多问题需要解决。立法不完善，相关法律文件和现行立法冲突，对一些重要问题没有做出界定。对于新的保险形式，要从法律上承认其地位需要进行全盘考虑，要顾及社会影响和可能存在的风险。承认受益人的权利，要和原本在保险关系中已经享有保险金请求权的主体进行权利顺位的区分。另外，在指定受益人的财产保险中，因为其和普通财产保险相比的特殊性，对此类保险中对义务的承担问题也要进行具体分析，还需要确定相应主体在没有履行相关义务时的法律后果。

（一）财产保险金请求顺位

在保险事故发生时，享有保险金请求权的主体有向保险人请求保险金的权利，但是当这种主体有多个时，就会产生关于权利顺位的问题。

关于权利的本质，基本有3种观点，一是意思说，罗马法学者温特夏德（1817～1893）认为权利之本质是意思自由。二是利益说，德国学者耶林（1818～1892）认为权利本质是为法律所保护的利益。三是法力说，德国学者梅克尔（1836～1896）提倡权利总由“特定利益”和“法律上的力”组成。[①]比较3种学说后，笔者更赞成第三种，即采法力说，是法律上的力结合生活利益构成权利的本质。通过前文论证，在指定受益人的财产保险中，受益人对被保险的财产享有保险利益，其在保险关系中的地位不可取代，指定第三人为受益人的条款应该被承认。因此受益人拥有被法律保护的合同效力加上保险利益，财产保险中被指定的保险受益人应该在保险事故发生后享有保险金的请求权。

但是，在当前引发纠纷的一个关键因素是，当保险事故发生时，保险人和投保人以及被保险人都存在关于保险金请求权归属的疑问。当被保险人或投保人以及受益人都向保险人请求保险金时，保险人应如何处理。根据《保险法》第12条规定：“被保险人是指其财产或者人身受保险合同保障，享有保险金请求权的人。投保人可以为被保险人。”可见，在保险法体系中，被保险人的保险金请求权已经被明确规定，被保险人当然地享有保险金请求权，当投保人和

① 梁慧星：《民法总论》，法律出版社2011年版，第69页。

被保险人为同一人时，投保人也享有保险金请求权。因此在指定受益人的财产保险中，受益人的保险金请求权和投保人或被保险人的保险金请求权的权利地位等问题需要作进一步分析。鉴于在实践中可能存在被保险的财产没有全损时，被保险人可能希望将保险金主要用于修复受损财产的情况。有学者提出："应该规定在财产保险中指定受益人时，要写明区分部分损失和全损的情况，只有当全损时，保险金请求权才部分属于受益人，这个部分以受益人和被保险人之间已存在的债权为限。"① 这种解决办法确实可以从一定程度上解决目前实务中的应用问题，但是不具有可推广性。问题仍然被推向了合同设立时，这对当事人对此问题的注意程度要求很高。而且对解决已经签订的指定受益人的财产保险合同出现的矛盾没有直接的指导作用。

浙江省高级人民法院对此问题作出过指导意见，《浙江省高级人民法院关于审理财产保险合同纠纷案件若干问题的指导意见》（浙高法〔2009〕296 号）第 15 条规定："财产保险合同中约定受益人条款的，在受益人与被保险人非同一人的情形下，被保险人未主张保险金请求权时，受益人可以作为原告向保险人主张权利。"在这份指导意见中，将受益人的权利顺位置于被保险人权利顺位之后。但是笔者认为这样过于"一刀切"的规定实际上削弱了受益人相对被保险人的权利地位，如果将保险金先行赔付给被保险人，保险金的属性决定了用途可能不可控或者和被保险人已有资产混淆致使设立保险的目的无法实现，导致在实际应用过程中给各方当事人的交易带来一些不便。更何况，住房和城乡建设部有文件进行了相反的规定，《城市房地产抵押管理办法》第 23 条规定："抵押当事人约定对抵押的房地产投保的抵押人应当将保险单移送抵押权人保管，在抵押期间，抵押权人为保险赔偿的第一受益人。""第一受益人"又强调了被指定的受益人的首要权利地位。但是倘若立法完全将顺位反过来，笔者认为也不甚合适，毕竟相对于保险人和受益人来说，很多时候被保险人处于相对弱势地位，借助先前原因签订这样的必须指定受益人的财产保险合同很可能会损害被保险人的利益。

在保险关系中讨论主体的权利顺位时，首先要分析指定受益人的财产保险合同的价值取向。在一般的财产保险中，毫无疑问的是要保障被保险人的财产损失，但是在指定受益人的保险合同中就发生了一些变化，尤其因为先前原因关系的存在，使得保险的主要目的可能更多地转向确保受益人先前付出能得到弥补。从投保人角度出发，投保人在签订这样的保险合同时，应该已经对一旦发生保险事故的处理有相当的预期，存在先前原因关系的保险合同指定受益人

① 董庶："财产保险中受益人的地位与权利"，载《上海保险》2016 年第 4 期，第 58 页。

时，更为明显。在美国保险法体系中存在“合理期待原则”，即法官应该从非专业的被保险人角度去思考对于保险合同应该会抱有怎样的期待，在被保险人签订合同时可能存在的合理期待标准内进行案件裁判，即便与合同约定有违。这样的观点引起了争议，认为违反了合同的基本原则。[①] 笔者认为，这样的原则在指定受益人的财产保险纠纷案件中在一定程度上可以应用。首先，在保险合同中应用这样的裁判原则没有直接违反合同约定，关于受益人的保险金请求权是合同约定和法律界定不明问题。其次，由于指定受益人财产保险合同的特殊性，以及市场交易类型复杂，立法无法穷尽列举的问题，充分考虑订立合同时被保险人的合理期待是解决目前纠纷的适宜办法。

因此，承认被指定的受益人的独立权利地位是有必要的，但是其和保险关系内其他主体的权利地位还有待在实际裁判中具体分析，不能强下定论。

（二）投保人或被保险人不履行义务

财产保险中，承认被指定的受益人的主体地位后，仍有其他问题需要解决。在涉及先前的原因关系而产生的指定受益人财产保险中，保险关系外第三人被指定为受益人。虽然在保险关系中受益人只受益，不负担义务，但是因为先前关系的存在使得受益人在保险关系中受益成为一件必要的事，所以被指定的受益人在保险关系中较为被动，一旦投保人或者被保险人故意不履行保险合同义务或私自退保，将导致保险合同解除以及保险人拒绝承担保险责任的风险，这将给受益人带来损失。[②] 承认受益人在财产保险中不可或缺的地位也需要对相关制度进行完善。

为防止投保人私自退保，在房贷保险领域已有明确法律文件，住建部《城市房地产抵押管理办法》第23条规定：“抵押当事人约定对抵押的房地产投保的抵押人应当将保险单移送抵押权人保管。”房贷保险属特殊类型的财产保险，有特殊文件规定。在其他的指定受益人的财产保险中应该更加完善相关规定，比如，如果在签订保险合同时确定存在先前的原因关系，如果投保人在保险期间退保，投保人应该通知受益人，取得受益人同意后才能退保，以此保护受益人权利。

此外，因在财产保险中指定受益人多数是为受益人先前付出的收回提供保证，但毕竟是以被保险人的财产进行投保，且在保险期间被保险的财产处于投保人或被保险人的管理控制下，如果在保险期间被保险人或投保人故意不履行

---

① 樊启荣：“美国保险法上《合理期待原则》评析”，载《法商研究》2004年第3期，第117—126页。

② 《保险法》第51条规定：“投保人、被保险人未按照约定履行其对保险标的的安全应尽责任的，保险人有权要求增加保险费或者解除合同。”

相关的注意义务导致财产毁损，可能会导致保险人拒绝给付保险金，受益人不能得到相应的补偿，当初投保时指定受益人的目的就无法实现。笔者认为，应该作出立法规定，在存在先前原因关系而设立指定受益人的财产保险中，保险人应该对因被保险人或投保人故意没有履行义务而发生事故的情况也进行赔付。只是，当保险事故原因鉴定为被保险人或投保人故意时，保险人有权在向受益人支付保险金后，向造成损失的被保险人或投保人追偿。

（三）以指定受益人的方式转移财产

在保险实务中很重要的一个问题就是防止保险当事人借助保险关系转移财产，在指定受益人的财产保险中这种情况更应该注意。虽然指定受益人的财产保险多数具有一个先前的原因关系，本书的大部分讨论也大多是以银行等借款机构为受益人的情况。但是当前立法并没有对可以指定受益人的财产保险类型作出限制。可能会有人出于不正当目的将自己的财产投保，并指定亲友为受益人，伪造保险事故以转移财产。这将可能引发极大的社会道德风险，并造成市场交易混乱，浪费社会经济资源，危害公共利益。为防止出现这些情况，应立法完善相关规定。在签订指定受益人的财产保险合同时，应该督促保险人对受益人和投保人或被保险人之间的所有法律关系进行查验，确定这个被指定的受益人对被保险的财产存在本书论证的“保险利益”，才能进行投保。即将投保人或被保险人和受益人之间的关系审查作为这类保险合同签订前审查的一个必要部分，充分衡量是否有可能转移财产的危险。不能否认这一过程的推进还面临很多问题，因为保险人在审查这一事项时并不明显受益，将这样的审核义务强加给保险人还需要在其他方面的制度设计上进行利益平衡。

对于指定受益人的财产保险的缔结做出一定的限制，能有效地减少保险纠纷和更利于保险市场的健康发展。

（四）财产保险指定受益人地方性规章的法律效力

合同讲求当事人双方出于真实意思表示并达成一致，保险各方当事人在签订合同时要具有真实自由的意思表示。《保险法》第 11 条规定：“订立保险合同，应当协商一致，遵循公平原则确定各方的权利和义务。除法律、行政法规规定必须保险的外，保险合同自愿订立。”在我国的法律体系中，《保险法》当然尊重合同自愿原则，但是部分指定受益人财产保险的产生是基于一些地方政府的法律文件，例如在文章前部分列举的一些地方政府的法律文件和部门规章中都涉及在财产保险中强制保险当事人必须指定某某主体为受益人，否则就不能实现当事人的其他交易目的。这些规定使得签订保险合同的当事人没有选择，必须指定受益人。这与《保险法》的规定存在一定的冲突，也很难实现真正意义上的交易公平。我国《立法法》第 88 条规定："法律的效力高于行政法规、地方性法规、规章。"加上《立法法》第 96 条规定，下位法违反上位法时应该被改变或撤销。但是关于财产保险中的受益人的相关地方性法规明显与《保险法》矛盾，却能够在日常交易中广泛应用。对于这种现象应该及时作出调整。

投保人或被保险人本身可能就已经处于相对弱势的地位，又在保险合同的签订中被限制意思自由。这已经极大地影响了交易公平性，固然是出于社会公共利益考虑制定这样的地方性法规或部门规章，但是笔者仍旧认为应该高度保证当事人交易的自由，而不是必须强制指定。

在此建议各法律从业者推动高位阶立法，对财产保险中强制指定受益人问题进行明确的规定，以消除现存各种法律文件和《保险法》的冲突。若要强制在财产保险中指定受益人，就要完善相关法律规定，减少因概念应用界定不清而引起争议和纠纷的情况。

结论

关于财产保险中的受益人问题的相关争论在学界和实务中存在已久，在法律规定、学界观点、司法实践中多有冲突。为释明问题，并试图探究解决办法，本书针对在财产保险中指定受益人合同条款的效力问题，进行了相关论证。

本书从受益人概念和相关的基本法律原则入手，为财产保险的受益人在法律关系中的合理存在寻找理论基础。首先，对于在财产保险中指定受益人是否符合权利义务一致原则的问题，对权利义务相对应作出深层次的理论理解，在指定受益人的财产保险中，各关系主体之间的权利义务符合一致性原则。其次，是指定受益人与保险利益原则，从保险利益应具有的特征性进行论证，分析得出被指定的受益人和被保险的财产之间具有保险利益。再次，是围绕保险补偿原则，通过对财产保险中保险利益的具体分析，得出结论，在财产保险中指定受益人没有导致财产保险丧失基本作用，发生保险事故时保险人按照规定给付保险金将可以弥补应该受到保障的利益。最后，分析在指定受益人的财产保险中实质上的保险标的问题，从基础概念入手探寻指定受益人财产保险的实质，认为这样的财产保险中的标的实质上是对一种利益关系的保障。所以财产保险中受益人的存在是符合众多法律原则的。

对几组概念进行了区分和界定，论证财产保险中受益人应该独立存在。首先，受益人和被保险人的概念区分，财产保险中被指定的受益人的一些特征使得部分学者认为其和被保险人十分相似，但是通过一系列比较和分析，认为受益人的地位不能被被保险人吸收。其次，受益人权利和抵押权的区分，因为在经济关系中作用上的相似，极易将二者一并而论。通过对性质进行比较和区别，对易混概念的区分，明确二者各有其作用和优势。最后，关于利他合同中的合同外第三人和财产保险合同中指定受益人的比较分析，认为两种主体虽然外表相似，但是存在实质上的差别。所以受益人在法律关系中应该具有独立地位不能被取代。

通过相关论证，发现在财产保险中指定受益人存在相关的问题，并探寻可行合理的解决办法。承认财产保险指定受益人合同条款效力后，受益人应该在保险关系中享有向保险人请求保险金的权利，所拥有的权利与保险关系中其他主体例如被保险人相比，二者的权利顺位应该基于“合理期待原则”，对订立合同时各方主体可能具有的可能心理预期进行判断；承认受益人的法律地位后，在保险关系中还应该注意对其权益的保护，当被保险人或投保人不履行应负担的义务时应当规定必须赔付的情况，以促进保险根本目的的实现。

综上，对财产保险中指定受益人合同条款的效力问题，最终论证的结论是，在当前的司法实践中应该承认这类条款的效力，承认受益人主体地位，但是其享有的权利地位需要依照合理期待原则来具体分析。并且在这一制度正式的广泛适用之前应该对相关立法予以完善。在立法中对设立受益人的条件进行相应限制，必须具有先前的“原因关系”才能在财产保险中指定受益人。增加保险人审核合同的义务，以免发生借机转移财产的道德风险。还有在合同订立后为保证受益人的权利得到保证，规定的投保人欲解除保险合同时必须得到受益人的同意。为防止恶意侵害公共利益，立法完善保险金赔付的特殊情况，以保证实现保障受益人利益的目的。正如本书论证，面对保险市场的发展，不能畏难逃避，面对复杂的交易环境，需要不断的实践探索和立法进行保驾护航。

参考文献

1. 叶启洲. 保险法实例研习 [M]. 台北：元照出版公司，2011.

2. 杨仁寿. 从财产保险契约之本质论为他人利益保险 [J]. 法令月刊，1995 (9).

3. 潘红艳. 保险受益权研究 [D]. 吉林大学，2008.

4. 江朝国. 保险法基础理论 [M]. 北京：中国政法大学出版社，2000.

5. 李玉泉. 保险法 [M]. 北京：法律出版社，2003.

6. 贾林青，贾辰歌. 论保险受益人的指定与适用范围——兼谈我国《保险法》关于受益人规则的完善 [J]. 保险研究，2015 (5).

7. 刘凯湘. 论民法的性质与理念 [J]. 法学论坛，2000 (1).

8. 尹田. 法国现代合同法 [M]. 北京：法律出版社，1995.

9. 谢鸿飞. 论法律行为生效的“适法规范”——公法对法律行为效力的影响及其限度 [J]. 中国社会科学，2007 (6).

10. [美] E·博登海默. 法理学法律哲学与法律方法 [M]. 邓正来, 译. 北京: 中国政法大学出版社, 1999.

11. 李永军. 从契约自由原则的基础看其在现代合同法上的地位 [J]. 比较法研究, 2002 (4).

12. 申卫星. 对民事法律关系内容构成的反思 [J]. 比较法研究, 2004 (1).

13. 童之伟. 对权利与义务关系的不同看法 [J]. 法商研究 (中南政法学院学报), 1998 (6).

14. 潘红艳. 被保险人法律地位研究 [J]. 当代法学, 2011 (1).

15. 邹海林. 论保险利益原则及其适用 [J]. 中外法学, 1996 (5).

16. 李毅文. 浅析财产保险合同约定受益人的效力 [J]. 上海保险, 2012 (12).

17. 潘红艳. 房屋抵押贷款综合保险法律问题研究 [J]. 海商法保险法评论 (第六卷) [M]. 北京: 知识产权出版社, 2014.

18. 樊启荣. 保险损害补偿原则研究——兼论我国保险合同立法分类之重构 [J]. 中国法学, 2005 (1).

19. 李新天. 论保险标的与保险利益——从物之保险到保险利益之保险 [J]. 法商研究, 2005 (3).

20. 徐卫东、陈泽桐. 保证保险合同若干法律问题研究 [J]. 当代法学, 2006 (3).

21. 薛军. 利他合同的基本理论问题 [J]. 法学研究, 2006 (4).

22. 梁慧星. 民法总论 [M]. 北京: 法律出版社, 2011.

23. 董庶. 财产保险中受益人的地位与权利 [J]. 上海保险, 2016 (4).

24. 樊启荣. 美国保险法上"合理期待原则"评析 [J]. 法商研究, 2004 (3).

后　　记

本书的成书过程，是本书第一作者18载保险法律教学科研的过程答卷，更是吉大保险法论坛5载以及保险判例教室3载的智慧成果汇集，还是本书第二作者何伟先生7载保险法律实务智慧精华的展现。保险判例教室是吉大保险法论坛的凝结之作，吉大保险法论坛走到今天历经5个寒暑，论坛的第一批毕业生已经成为法曹里的一员，第二批毕业生也即将走出象牙塔。保险判例教室萌芽于学生们除了保险法领域以外不设限的自由选题，随着大师姐宋美惠子第一次把论坛的视角转向对网约车涉及的保险问题的研究，保险判例教室概念模型已经初步形成。最终于2018年推出了保险判例教室的企划案，与以往学生们单打独斗不同的是，保险判例教室变个体智慧为集体智慧，变个体主导为集体推进，每个判例教室的参加人都同时同步对案件进行起诉状、答辩状、判决书的撰写。在每个法律文书撰写之后进行汇集宣读和评点，推选出模范典型法律文书，再由模范法律文书的作者负责将其他人法律文书中的精华部分进行选取和综合，整合为每个案件的集体智慧法律文书纳入本书当中。教师负责选取案件，对案件做初步预设，引导案件规程的进行，对学生们的疑问做出解答，对学生们所欠缺的知识进行引导性教学，对案件进行最终评析。全部流程进行之后，由高雅同学对案件进行大数据分析并制作大数据分析图。象牙塔内，学生们阻隔了对俗世的沉浸，心无旁骛又宁静笃定地进入对判例的分析和法律文书撰写之中。在或阳光明媚或雨雪纷飞的星期日上午，在其他人都选择了电影、游戏、恋爱、亲情的时段，学生们和我一道，在成长中体味奋斗者的知足与快乐。

与北京德恒（广州）律师事务所合伙人、优秀的保险法专业律师何伟先生的相识，使得保险判例教室有了更切实的案件走向、律师职业视角的智慧补足。何伟先生不仅仅将其处理的案件提供给我们作为案件演练的素材，更尽心尽力地将7年从事保险案件诉讼代理及仲裁代理过程的智慧凝结纳入成为本书的重要组成部分，形成了展现广东省乃至全国保险法律专业律师风采的保险律师实录的内容。从而彻底消除了象牙塔内外的距离，使得不仅是保险法律律师，乃至保险公司法务、保险公司理赔人员的职业形象和职业智慧与学院派的教学过程完全融合。

本书的出版特别感谢吉林省高级人民法院负责审理保险案件的法官李广军、薛淼先生，以及黑龙江省高级人民法院的优秀人民法官贾岩红女士，本书所涉的案件，我们积极征询他们的意见和建议，力求将法官的司法审判智慧融入案件的评析过程之中。他们孜孜不倦的奉献精神鼓舞了我们，他们深邃的保险司法智慧激发了我们。特别感谢国浩律师（武汉）事务所宋美惠子、广东信达（北京）律师事务所王婷、中建二局基础设施建设投资有限公司袁世伟、珠海格力电器股份有限公司刘宇建，他们的辛勤劳动，汇集成本书的保险判例纵览，成为本书的有机组成部分。

书稿的统筹、校对要感谢我的学生张蕾、高雅和我所有的男孩儿女孩儿们，他们不畏惧东北冬日的严寒和夏日的酷暑，在吉林大学法学院的教师工作室、图书馆、自修室，都留下了他们勤勉的身影。几载寒暑几载收获，乐，自在其中。

潘红艳

2019 年 12 月 16 日

于吉林大学法学院